C·H·Beck

PAPERBACK

Margareta Mommsen

Das Putin-Syndikat

Russland im Griff der Geheimdienstler

C.H.Beck

Mit 12 Abbildungen

Originalausgabe

© Verlag C.H.Beck oHG, München 2017
Satz, Druck u. Bindung: Druckerei C.H.Beck, Nördlingen
Umschlaggestaltung: Kunst oder Reklame, München
Umschlagabbildung: Der russische Präsident Wladimir Putin (Mitte)
mit Verteidigungsminister Sergei Schoigu (links) und FSB-Direktor
Alexander Bortnikow (rechts) in Sewastopol, 9. Mai 2014
© ullstein bild / Reuters / Maxim Shemetov
Printed in Germany
ISBN 978 3 406 71355 2

www.chbeck.de

Inhalt

Einleitung: Putinismus als Herrschaftssystem

In Russland herrscht ein verborgenes Netzwerk von mächtigen Männern, in dem die politischen und ökonomischen Interessen der regierenden Eliten Russlands ausgehandelt werden. Diese Spitze der Machtpyramide aus informellen Gruppen, die während der Präsidentschaften Wladimir Putins Russlands Geschicke lenkten und lenken, nenne ich das Putin-Syndikat. Fernab aller öffentlichen Kontrollen werden in Russlands «tiefem Staat»[1] weitreichende Entscheidungen getroffen. An diese reale Machtkonstellation sind die formellen Institutionen der gleichzeitig herrschenden Scheindemokratie angedockt, etwa das Parlament und das Ministerkabinett. Sie sind jedoch bei der Ausübung der politischen Macht dem geheimen Syndikat unter- und nachgeordnet. Wie funktioniert ein so beschaffenes Herrschaftssystem, wie legitimiert es sich und wie stabil ist es? Und wie kann man das neuartige Phänomen in Russland überhaupt benennen? Der Begriff des «Putinismus» ist dafür schon seit geraumer Zeit im Umlauf.

Mit dem Putinismus als einem besonderen Herrschaftssystem werden die unterschiedlichsten Inhalte verbunden. Während in Russland selbst offiziell Vorstellungen von einer «souveränen Demokratie», von einem «Dritten Weg» und von einer eigenen «Staatszivilisation» hochgehalten werden, sprechen russische Gegner des Putinismus von einer bestenfalls «imitierten» und «gelenkten Demokratie». Kritiker weltweit sehen in dem «System Putin» eine mindestens «semiautoritäre», wenn nicht rundweg «autoritäre» oder auch autokratische Herrschaftsform. Nicht selten ist von «Einmannherrschaft», ja von «Diktatur» die Rede. Doch oft wird dabei übersehen, dass Putin nicht allein herrscht.

Kritiker des Putinismus betonen mal die obrigkeitsstaatliche politische Kultur, mal die Großmachtideologie, mal die «politische Technologie» und überhaupt die Propagandamethoden als zentrales Merkmal des Systems. Eine Reihe von Beobachtern hält die herausragende Rolle der Geheimdienstler für entscheidend, andere stellen eher auf den Trend zum Staatskapitalismus und zur sogenannten Kleptokratie ab. Der russische Soziologe Lew Gudkow bringt wichtige Merkmale des Systems in einer einzigen Überlegung zusammen: Für ihn ist der Kern des Putinismus «ein besonderes posttotalitäres Herrschaftssystem, in dem die Geheimpolizei die Macht zur Befriedigung der privaten Interessen bürokratischer Klans und staatlicher Unternehmen ausübt».[2] Zu dieser Diagnose passt die wiederkehrende Bezeichnung des Regimes als eine klassische Oligarchie, in der die mächtigsten Vertreter aus Staat und Wirtschaft das Sagen haben. Putin stehe einem Syndikat aus Geheimdienstlern und Wirtschaftsbossen vor, aber nicht als allmächtiger Verbandschef, sondern nur als «primus inter pares».

Für die kollektive Führung im Putin-Syndikat kamen auch andere Bezeichnungen in Mode, etwa Elitenkartell, Unternehmensvorstand, Kreml AG oder «The Russia Corporation». In Anlehnung an das allmächtige sowjetische Politbüro machte sogar die Vorstellung von einem wiedergeborenen, wenn auch informellen Politbüro Furore. Wie in der UdSSR lassen sich hier «Vollmitglieder» und die im Vorraum der Macht wartenden «Kandidaten» auf die Mitgliedschaft in diesem Politbüro unterscheiden.

Die Geschichte des Begriffs «Putinismus» fördert wichtige Kernelemente des neuen Herrschaftssystems zutage. Er wurde erstmals von William Safire in der *New York Times* vom 31. Januar 2000 verwendet. Damals bereitete sich der KGB-Oberst Wladimir Putin auf die Präsidentschaftswahlen in Russland vor. Er stand noch nicht lange im Licht der Öffentlichkeit, seit 1998 Leiter des Inlandsgeheimdienstes FSB, seit Sommer 1999 Ministerpräsident und, nach dem vorzeitigen Rücktritt Boris Jelzins zum Jahresende 1999, «geschäftsführender Präsident». Der amerikanische Journalist erkannte als erster internationaler Beobachter zentrale Merkmale eines ganz neuen, irgendwie beunruhigenden Phänomens in der Politik. Er stellte seinen Beitrag unter den Titel «Der Putinismus droht» («Putinism looms») und beschrieb diesen als eine «neue Art des Personenkults», als Tendenz zur «Unterdrückung der Wahrheit» und zum «Wiederaufleben von Russlands Machtanspruch». In den folgenden Jahren kritisierte er die Putinführung immer wieder dafür, dass sie Meinungsfreiheit und politische Opposition im Innern unterdrückte, in der Außenpolitik China als Gegengewicht zu den USA hofierte und die postsowjetischen Staaten in Russlands Einflusssphäre zwang. Frühen Alarm schlugen auch kritische Geister in Russland selbst. So warnte der Oppositionelle Boris Nemzow im Januar 2004 vor der «Gefahr des Putinismus», den er als eine «neue soziopolitische Formation» beschrieb, die sich insbesondere durch «ein Einparteiensystem, Zensur, ein Taschenparlament, die Aufhebung einer unabhängigen Gerichtsbarkeit und eine hypertrophe Rolle der Geheimdienste und der Bürokratie» auszeichne.[3]

Die allgemeine Verwendung des Begriffs Putinismus trat noch geraume Zeit hinter dem für Russlands Politik üblich gewordenen Label als «System Putin» zurück. Erst nach Putins Rückkehr ins Präsidentenamt 2012 und vollends nach der Annexion der Krim 2014 fand das Wort allgemein Eingang in Politik und Publizistik. Putinismus wurde nun assoziiert mit Russlands autoritärer Führung im Innern und einer expansiven Außenpolitik. Am 31. Juli 2014 veröffentlichte Fareed Zakaria, Reporter für CNN und *Washington Post,* einen Beitrag über den weltweit erstaunlichen Anstieg des «Putinismus», einer «illiberalen Demokratie», wie er den Systemtypus nannte. Dabei bezog sich Zakaria auch auf eine Rede des ungarischen Ministerpräsidenten Viktor Orbán, die im gleichen Monat Schlagzeilen gemacht hatte. Orbán hatte der liberalen Demokratie öffentlich abgeschworen und sich ausdrücklich zum «Putinismus» als einem attraktiven Herrschaftsmodell bekannt.[4] Etwa zur gleichen Zeit wurde es unter Politologen üblich, den Begriff Putinismus auf politische Systeme auszuweiten, die Ähnlichkeiten zum russischen Regime aufwiesen, darunter Ungarn und die Türkei. Es tauchte sogar die Überlegung auf, ob der Putinismus als ein eigener neuer Typus zu den bekannten klassischen Herrschaftsformen wie Demokratie, Oligarchie oder Autokratie hinzuzurechnen sei. Selbst das Adjektiv «putinesk» fand Eingang in den Sprachgebrauch. Mit dieser Bezeichnung kritisierte Martin

Schulz, damals Vorsitzender des Europäischen Parlaments, die autoritären Tendenzen der neuen sozialkonservativen polnischen Regierung.[5]

Bekannte westliche und russische Politologen wie Soziologen hoben jeweils unterschiedliche Merkmale des Putinismus hervor. Walter Laqueur schrieb als Erster ein ganzes Buch über den «Putinismus». Er suchte eine neue Ideologie, fand jedoch nur Elemente einer «Putin-Doktrin».[6] Der Politologe Brian Taylor entdeckte einen «Code of Putinism», zugleich mehr und weniger als eine Ideologie. Putin und seine Mannschaft folgten in ihrem Denken und Handeln einer gemeinsamen Richtschnur, einer Art Verhaltenskodex. Dazu gehöre der Glaube an einen starken Staat und an Russlands Bestimmung als Großmacht. Hinzu kämen Konservatismus, Antiamerikanismus, eine Präferenz für Kontrolle, Ordnung, Loyalität und sogar Maskulinität, schließlich eine übermäßige Empfindlichkeit gegenüber Kränkung, Geringschätzung und Herabsetzung.[7]

Versucht man den Putinismus auf das am stärksten hervorstechende, womöglich einzigartige Merkmal eines politischen Regimes zu reduzieren, so kann man auch dabei fündig werden. Beispiele sind Definitionen des Putinismus als «Personenkult», «Propagandastaat», «polittechnologisches Regime», «Videokratie», «Telepopulismus», «Kleptokratie», «Korruption», «Neopatrimonialismus», «Neofeudalismus» oder «Sultanismus». Die Soziologin Alena Ledeneva offerierte den Catch-all-Begriff «Sistema» (System), um die besonderen informellen Strukturen der Macht und die Vernetzung der offiziellen staatlichen Organisationen mit den geheimen Lebensadern des Schattenstaates auf einen gemeinsamen Nenner zu bringen.[8] Das Wort «Sistema» ist beliebt, vor allem im Sprachgebrauch der Kreml-Auguren, wenn diese auf die reale Funktionsweise des Regimes und die hier herrschenden Spielregeln Bezug nehmen und dabei davon ausgehen können, dass ihre Leserschaft über «Sistema» Bescheid weiß.

In diesem Buch soll beschrieben werden, wie der Putinismus entstand, sich behauptete und über die Jahre veränderte. Was waren die Umstände seiner Entstehung und mit welchen neuartigen Methoden wurde er als Herrschaftssystem begründet und konsolidiert? Dabei interessieren der Gründungsmythos ebenso wie die hauptsächlichen Mechanismen zur Legitimierung und Stabilisierung des Systems, die von Anfang an eingesetzt wurden. Wie ist es gelungen, diese immer wieder zu adjustieren oder zu erneuern, um die Funktionsweise und die Überlebenschancen des Regimes zuhause wie im internationalen Umfeld sicherzustellen? Welche Rolle kommt dem Putinkult und den staatlichen Medien im sogenannten «Propagandastaat» zu? Nicht minder wichtig erscheint die Frage nach den politischen Eliten, vor allem nach den auf den Höhen der Macht auffällig breit vertretenen Geheimdienstlern. Was wurde aus den mächtigen und reichen «Oligarchen» der Jelzinzeit, und wofür stehen die «Putingarchen»? Seit Putins Rückkehr auf den Präsidentensessel 2012 schien mit Hilfe der Russischen Orthodoxen Kultur die Ideologie des Konservatismus Fuß zu fassen. Vorstellungen von Russland als einem «europäischen» Land kamen ins Schwanken, dagegen erstarkten Tendenzen zur Wiedergeburt des «Eurasianismus». Dieses gesamte Imbroglio konnte nicht ohne Auswirkungen auf die anhaltenden Debatten um Russlands nationale Identität und um den wünschenswerten Platz des Landes in einer neuen Weltordnung bleiben. Jede Analyse des Putinismus wäre unvollständig, ohne sich den neuen russischen Antworten auf die alten Fragen zuzuwenden: Wer sind wir, woher kommen wir und wohin gehen wir? Es erscheint indessen verfrüht, den heute beschreibbaren «Putinismus» als einen voll entwickelten und beständigen Herrschaftstypus anzusehen. Vielmehr präsentiert er sich als eine weiterhin ergebnisoffene, mit den bisher drei Präsidentschaften Putins verbundene Periode in dem langwierigen Prozess der Staats- und Nationsbildung, der nach dem Ende der UdSSR in Gang kam.

Im vorliegenden Buch werden entwicklungsgeschichtliche, ideenhistorische und systemanalytische Ansätze verknüpft. Die Betrachtung setzt ein mit dem Blick auf Jelzins Wiederwahl 1996 und die dabei erstmals sichtbaren neuen Herrschaftsmethoden der «politischen Technologie». Nicht zufällig erblickte man darin eine

Art zweiter Staatsgründung nach der ursprünglichen Konstituierung der Russischen Föderation 1991. Es soll gezeigt werden, wie der «Putinismus» aus dem «System Jelzin» herauswuchs und gleichwohl ein neues politisches System entstand, ein Propagandastaat und ein Regime des Führerkults. Dabei war das propagierte Image des neuen Präsidenten wichtiger als dessen politische Identität und Authentizität.

In einem nächsten Schritt richtet sich das Augenmerk auf die Entwicklung einer «gelenkten Demokratie», auf die Herausforderungen an das Regime durch Terrorakte und «Farbrevolutionen». Ebenso aufschlussreich für die Entstehung eines Staats der Geheimdienstler erscheinen der Zuzug der «Petersburger» und die Verdrängung der Vertreter der «Jelzin-Familie». Die «Operation Nachfolger» löste vorübergehend Konvulsionen im Inneren des Regimes aus. Dies bot tiefe Einblicke in die informelle Oligarchie und in die tatsächlich pluralistische Basis hinter der vorgetäuschten monolithischen Fassade der Macht. Als die Gesellschaft in einer «Twitterrevolution» und mit eindrucksvollen Massendemonstrationen Ende 2011 gegen die geheimen Absprachen hinter der erneuten «Operation Nachfolger», diesmal zurück von Medwedew auf Putin, revoltierte, war eine Krise des Putinismus unvermeidbar.

Wie begegnete man den Erschütterungen des Regimes? In neuer Gestalt, mit verstärkten Repressionen und ersten ideologischen Abwehrversuchen gegen den Bazillus des Widerstands hielt 2012 ein neuer Putinismus Einzug. Der Schulterschluss mit der orthodoxen Kirche wurde deutlicher. Die aufsässigen Girls von «Pussy Riot» mussten hinter Gitter. Putin stellte Russlands Zugehörigkeit zu Europa in Frage und reagierte auf Annäherungen zwischen der Ukraine und der EU und auf den damit drohenden Verlust des eigenen Einflusses auf das slawische Nachbarland mit der handstreichartigen Annexion der Krim. Die Ukrainepolitik des Kreml brachte in besonderem Maße Grundelemente des Putinismus ans Licht, so die Schlagkraft eines Propagandastaats, der sich auf hybride Kriegführung versteht, ob mit Hilfe von Desinformationen oder mit verdeckten Militärinterventionen in der Ostukraine.

In einem eigenen Kapitel fokussiert sich der Blick auf Russlands Justiz. Dabei wird die Frage geprüft, ob und inwieweit Russlands Putinismus über einen Propagandastaat hinaus auch einen «Unrechtsstaat» verkörpert. Kriterien dafür wären die nachweisliche korrupte Gängelung der Justiz durch die Exekutive sowie sonstige Manipulationen und der Einsatz von Täuschung und Lüge. Dies soll an Fallbeispielen wie den Chodorkowski-Prozessen, dem Fall Magnitski und den verbrecherischen Ereignissen in Kuschtschowskaja dargelegt werden. Weitere Aspekte eines Unrechtsstaats treten uns im Fall des spektakulären Giftmords an dem abgefallenen Agenten Litwinenko entgegen, ebenso in den Ermordungen hartnäckiger Regimekritiker wie der Redakteurin der *Nowaja Gaseta*, Anna Politkowskaja, und des Oppositionspolitikers Boris Nemzow.

In einem letzten Kapitel rücken besonders hervorstechende Elemente des späten Putinismus und jüngste Adjustierungen wie Innovationen ins Blickfeld. Die bisherige Choreographie des Putinkults wird als ultimative Ressource der politischen Legitimierung des Regimes betrachtet und zu deuten versucht. Als systemstabilisierendes Novum des Regimes fällt die Gründung einer Nationalgarde auf. Das Abtreten einiger lang gedienter hochrangiger Gefährten Putins und die Auffüllung der politischen Eliten mit jungen Technokraten signalisieren wiederum eine neue Ausbalancierung der informellen Kremlgruppen. Vielleicht sind es auch Vorzeichen der Stabübergabe Putins an einen maßgeschneiderten Nachfolger? Als neue Form der politischen Legitimierung tritt die Demonstration militärischer Stärke und strategischer Weitsicht bei Russlands Engagement im Syrienkonflikt entgegen. Außerdem fällt eine neue Geschichtspolitik ins Auge. Die Vermittlung einer möglichst positiven Sicht auf die Geschichte des Landes könnte, so wohl das Kalkül, Hilfestellung leisten bei der nach wie vor angestrengten Suche nach nationaler Identität und nach einem angemessenen Platz in der Welt. Das Großmachtsyndrom erscheint weiterhin virulent und nährt das Selbstbild von dem unstrittigen Status einer Weltmacht. Demgegenüber vermisst der Beobachter im Jahr 2017 jedwede Anstrengungen zur Einleitung grundlegender Reformen im Lande selbst, etwa im Sinne einer wünschenswerten Neuauflage von Gorbatschows Kurs der Glasnost und Perestroika.

1. Von Jelzin zu Putin: Wie der Kreml zur Geisel der Geheimdienste wurde (1991–2000)

Monarchische Präsidentschaft und oligarchischer Kapitalismus

Der Putinismus ist aus dem «System Jelzin» herausgewachsen. Das politische Regime, das während der Präsidentschaft Boris Jelzins seit der Auflösung der Sowjetunion Ende 1991 entstand, war ein Torso geblieben. Die Konturen des Staates waren ebenso unscharf wie die Organisation der Gesellschaft. «Die Macht in Russland hatte kein Gesicht, auch wenn es im Land Gesichter gab, die über Macht verfügten», schrieb Witali Portnikow Anfang 1994.[1] Das kurzlebige «System Jelzin» trat uns als «monarchische Präsident-schaft» und «oligarchischer Kapitalismus» entgegen. Die Ära Jelzin markierte erst die zweite Phase in dem epochalen Prozess der Sys-temtransformation, der bereits unter Michail Gorbatschow in Gang gekommen war. Die von dem letzten Generalsekretär des Zentral-komitees der KPdSU angestoßene politische Liberalisierung war weltweit als Perestroika bekannt geworden. Sie fand ihr vorzeitiges Ende etwa zeitgleich mit dem Zerfall der UdSSR als Staat. Boris Jelzin, der erstmals vom Volk gewählte Präsident des russischen Teilstaates, schlug zusammen mit seinen Mitstreitern aus der de-mokratischen Bewegung einen resoluten Kurs in Richtung Demo-kratie und Marktwirtschaft ein. Aufgrund der Wirren des abrupten Übergangs entstand ein höchst eklektisches Regime, das Elemente der Demokratie, der Autokratie und der Anarchie in sich vereinte.[2]

Die unter den politischen Akteuren verbreiteten Vorstellungen von Demokratie waren während Jelzins Präsidentschaft äußerst diffus. Vorbilder für ein neues Herrschaftssystem wurden hektisch gesucht. Bald orientierte man sich an dem präsidentiellen System der USA, bald an europäischen parlamentarischen Regimen, bald an den aus der eigenen Geschichte ererbten Vorbildern, ob Zarismus oder Sowjetzeit. Jelzins Verhalten und Selbstverständnis schwankte zwischen dem eines demokratisch gewählten Präsidenten, eines kommunistischen Parteisekretärs und eines russischen Zaren. Publizisten bezeichneten das System Jelzin daher als «elektorale Monarchie» oder als «monarchische Präsidentschaft».[3]

Unter den Bürgern machte sich aufgrund des Chaos im Lande eine allgemeine Unsicherheit breit. In Umfragen von 1995 überwog der Eindruck von einem «Verlust der Ordnung» und von «Anarchie». Rufe nach einem Führer «mit eiserner Hand» wurden laut.[4] Da der Ölpreis auf den internationalen Märkten niedrig war, machten sich Verarmung und Unzufriedenheit breit.[5] Nicht zufällig sprach man von einer neuen «Smuta», einer «Zeit der Wirren», wie sie im Übergang von Zar Boris Godunow auf Michail Romanow zu Beginn des 17. Jahrhunderts geherrscht hatte. Auch von der «Weimarisierung» des Landes war immer wieder die Rede.

Zu den hauptsächlichen Hindernissen und Stolpersteinen auf dem Weg Russlands zur Demokratie gehörten die verbreitete Unkenntnis demokratischer Prinzipien und der fehlende Konsens unter den politischen Eliten über Inhalt und Dynamik der Transformation. Zu der anhaltenden Konfrontation zwischen dem demokratisch orientierten Lager und den kommunistischen Kräften kamen Machtkämpfe zwischen den verschiedenen Pionieren des Übergangs hinzu. Schließlich mussten die gewendeten Vertreter der alten Führungsklasse, der «Nomenklatura», auch noch den Kommunisten in sich selbst besiegen. Für viele neue «demokratische» Amtsträger galt das geflügelte Wort, dass der «Iljitsch zwar die KPdSU verlassen habe, doch die KPdSU nicht den Iljitsch». Dies war eine Anspielung auf die mentalen Barrieren, mit denen die Reformer beim Abstreifen ihrer Sozialisation mit Wladimir *Iljitsch* Lenins Ideologie zu kämpfen hatten.[6]

Zu den treibenden Kräften der Transformation traten die neuen Industriekapitäne hinzu, die bei der Privatisierung der sowjetischen Großunternehmen Fortune gemacht hatten. Sie sorgten dafür, dass eine Art Raubtierkapitalismus entstand. Da die neuen Wirtschaftsbosse den Schulterschluss mit Jelzins Mitstreitern suchten, um Einfluss auf die große Politik zu nehmen, bürgerte es sich ein, sie als «Oligarchen» zu bezeichnen. Zu ihnen gehörten Öltycoons wie Michail Chodorkowski und Medienmagnaten wie Boris Beresowski und Wladimir Gusinksi.[7] Sie beherrschten die zwischen der staatlichen Bürokratie und den neuen Wirtschaftsmächten entstehenden informellen Kommunikations- und Verhandlungskanäle. Nicht zufällig beobachtete man eine «Privatisierung des Staates».[8]

Zum «oligarchischen Kapitalismus» und der «Privatisierung des Staates» trat der «Superpräsidentialismus» als weiteres Grundmerkmal des Systems Jelzin hinzu. Dieses Phänomen kam zugleich mit der neuen Verfassung im Dezember 1993 auf die Welt. Es hatte eine Reihe von Ursachen. In erster Linie gründete die Vorstellung von einem allmächtigen Präsidenten in einem Missverständnis des Verfassungsmodells, das man der Fünften französischen Republik entliehen hatte. Die große Flexibilität dieser Verfassung sollte einen Ausweg aus dem Chaos der Vierten Republik Frankreichs weisen, die sich in der Übermacht des Parlaments, einer Überzahl an Parteien und zahllosen Regierungswechseln ausgedrückt hatte. Die Verfassungsordnung der Fünften Republik würde das Parlament zähmen, das Staatsoberhaupt stärken und somit für eine bessere Balance der Gewalten sorgen. Da die neue russische Verfassung die Stellung des Staatsoberhaupts aber noch deutlicher stärkte, als dies in Frankreich der Fall gewesen war, machten sich die russischen Politiker sofort daran, die neue Ordnung in Abweichung von dem französischen «semi-präsidentiellen» Vorbild als «präsidentiell» auszulegen. Der irrigen Deutung folgte die sogenannte «superpräsidentielle» Handhabung der Verfassung in der politischen Praxis auf dem Fuße. Während Verfassungsgerichtspräsident Waleri Sorkin den semipräsidentiellen Charakter der russischen Verfassung stets betonte, orientierten sich Russlands politische Akteure bei der Behauptung der vermeintlich «präsidentiellen» Natur der Verfassung vor allem an dem Modell der starken Präsidentschaft in den USA, das für viele im neuen Russland attraktiver war als das französische Modell.[9] Aber auch das amerikanische Vorbild wurde falsch verstanden, übersah man doch vor lauter Begeisterung für eine starke Präsidentschaft deren Einhegung durch «checks and balances».

Jelzin trachtete jedenfalls nach schneller Durchsetzung einer möglichst mächtigen Präsidentschaft. Er war traumatisiert von den langen Verfassungskämpfen mit dem Übergangsparlament um die Vormachtstellung von Legislative oder Exekutive. Die Konflikte hatten im Oktober 1993 zu der gewaltsamen Erstürmung des Parlamentsgebäudes geführt, in dem sich die aufständischen Abgeordneten unter Führung des Parlamentssprechers Ruslan Chasbulatow und des Vizepräsidenten Alexander Ruzkoi verschanzt hatten. Jelzin wollte zusammen mit seinen «Jungreformern» nach der Annahme der neuen Verfassung, die in einem Plebiszit bestätigt werden sollte, den endgültigen Triumph der Exekutive ausspielen und auf dem Weg zur Marktwirtschaft keine weitere Zeit mehr verlieren. So fasste der «Superpräsidentialismus» rasch Wurzeln. Dabei half die landesübliche obrigkeitsstaatliche Kultur, die sich in der tiefen Überzeugung ausdrückte, dass die Nummer Eins im Staate, ob Zar, Generalsekretär oder Präsident, alle anderen staatlichen Institutionen an Autorität überrage. Tatsächlich wechselte Jelzin vom «Typ des Meuterers», den er im Machtkampf gegen die KPdSU verkörpert hatte, zum «Typ des Gebieters», als er die Führung der russischen Politik übernahm.[10]

Jelzin selbst verteidigte in einem Interview in der *Iswestija* vom 16. November 1993 die von ihm angestrebte beherrschende Stellung des Präsidenten und überhaupt der Exekutive: «Aber was wollen Sie? In einem Land, das an Zaren und Führer gewöhnt ist; in einem Land, in dem sich keine klaren Interessengruppen herausgebildet haben, in dem die Träger der Interessen nicht bestimmt sind, sondern gerade erst normale Parteien in der Entstehung begriffen sind; in einem Land, in dem der rechtliche Nihilismus überall zuhause ist – wollen Sie in einem solchen Land das Hauptgewicht allein oder in erster Linie auf das Parlament legen? Nach einem halben Jahr, wenn nicht früher, werden die Leute nach einem Diktator rufen. Dieser Diktator wird sich schnell finden, davon bin ich überzeugt. Und wahrscheinlich in diesem Parlament. Jede Zeit hat ihr eigenes Machtgleichgewicht in einem demokratischen System. Heute neigt sich die Waage in Russland zugunsten des Präsidenten.» Nur kurze Zeit nach diesen Behauptungen sollte sich in den ersten Dumawahlen herausstellen, dass von der Bildung «normaler Parteien» und folglich von einem funktionsfähigen Parlament tatsächlich noch wenig zu merken war. Dies bestärkte Jelzin in seinem persönlichen Führungsanspruch und in der Geringschätzung der Parteien wie des Parlaments.

In der Hand der Kremlfamilie

Jelzin war von der Wahlschlappe der Demokraten schockiert. Er zog es deshalb vor, ein Präsidialkabinett ohne parlamentarische Basis zu bilden. Dieser fatale Schritt machte fortan Schule. Er bewirkte, dass sich Parteien kaum entwickeln konnten und dass die politische Verantwortung der Regierung nicht zum Tragen kam. Das politische Gewicht verlagerte sich dafür umso mehr in die Administration des Präsidenten, ein Organ, das in der Verfassung nur nebenbei erwähnt wird. Demgegenüber trat die Bedeutung der Ministerkabinette in den Hintergrund. Außerdem setzte sich die bereits in der Sowjetunion gängige Praxis durch, in der Regierung in erster Linie ein Wirtschaftskabinett zu sehen. Während in der UdSSR die eigentliche Regierungsmacht beim «Politbüro» und dem Generalsekretär des Zentralkomitees der KPdSU lag, entstanden in Jelzins Entourage informelle Zirkel seiner engsten Vertrauten. Dazu gehörten seine Tochter Tatjana, einzelne Oligarchen und oberste Beamte, die Einfluss auf politische Entscheidungen nahmen. In der Publizistik setzte sich dafür der Begriff der «Jelzin-Familie», der «Kremlfamilie» oder einfach nur der «Familie» durch. Die Kommunisten sprachen von «Jelzins hauseigenem Politbüro». Unter Anspielung auf den unseligen Einfluss des vorgeblichen Gottesmannes Rasputin auf den letzten Zaren Nikolaus II. wurden Jelzins Taschenkabinette auch «Kollektiver Rasputin» genannt.[11]

Angesichts der Schwäche der politischen Parteien versuchte Jelzin erst gar nicht, sein politisches Spitzenpersonal aus diesen zu

rekrutieren. Er holte sich junge Ökonomen wie Jegor Gaidar, seinen ersten Ministerpräsidenten, aus wissenschaftlichen Instituten.
Diese zogen weitere Kollegen nach. Jelzin griff aber auch auf altgediente sowjetische Apparatschiks und auf sogenannte Rote Direk-
toren aus der Großindustrie wie Wiktor Tschernomyrdin, seinen
langjährigen Regierungschef und Leiter von Gazprom, zurück. Für
Jelzin zählten Loyalität und Teamgeist und nicht die Zugehörigkeit
zu einer der demokratischen Parteien. Immer wieder gab er tatkräftigen und reformorientierten jungen Politikern, den «Jungreformern» eben, eine Chance im politischen Spitzenpersonal. Überhaupt scheute sich Jelzin nicht, das Führungspersonal schnell zu
wechseln. Mit Hilfe seines sprichwörtlichen «Kaderkarussels» versuchte er, das politische Gewicht zwischen den einzelnen Institutionen auszutarieren und Gegengewichte zu schaffen. Das war die
russische Version von «checks and balances».[12]

Ebenso große Dynamik wie im Personalpool herrschte bei der
Bildung außerkonstitutioneller staatlicher Institutionen. Alle Ar-
ten von Räten (*sowjety*) schossen aus dem Boden. Diese hatten
meist nur beratende Funktion und waren von begrenzter Lebens-
dauer. Ihre Gründung erklärte sich auch aus Jelzins wiederholter
Abwesenheit aufgrund von Erkrankungen. Auffällig war jedoch
die herausragende Rolle des Sicherheitsrates, der eine Nachbildung
des amerikanischen National Security Council war, ein Organ, das
bereits Gorbatschow am Ende der Sowjetunion eingeführt hatte.
Der russische Sicherheitsrat diente der Kremlführung unter Jelzin – wie später auch unter Putin – immer wieder als eine Art
Oberregierung.[13] In dem institutionellen Wildwuchs und in der
wechselnden Gewichtung der obersten Staatsorgane drückte sich
in den frühen Jahren des postsowjetischen Russlands vor allem
Unsicherheit über das ausgewählte Verfassungsdesign und über
den Umgang mit den Verfassungseinrichtungen aus. Dies be-
feuerte die Schaffung immer neuer Institutionen und sogar den
Abschluss von «Machtabgrenzungsverträgen» zwischen einzelnen
Organen, etwa zwischen der zentralen Staatsmacht und den Ober-
häuptern der regionalen «Subjekte», also der Provinzen und autonomen nationalen Republiken.[14] Lediglich mit Tschetschenien ver-

sagte eine vertragliche Verständigung. Moskau ging Ende 1994 mit
Gewalt gegen die abtrünnige Provinz vor. Die bewaffneten Auseinandersetzungen konnten erst im Sommer 1996 im Abkommen
von Chasawjurt beigelegt werden.

Jelzin war nicht nur um die Loyalität der Provinzoberhäupter
bemüht, sondern auch um die politische Unterstützung der Armee
und der Geheimdienste. Er versäumte es jedoch, die Sicherheitsdienste grundlegend zu reformieren und eine Reihe von Entlas-
sungen vorzunehmen. Stattdessen beschränkte er sich darauf, die
Dienste neu aufzugliedern. So ersetzte er den «Leviathan», wie der
Jelzin-Biograph Timothy Colton schreibt, praktisch durch eine
«Hydra».[15] Die Gefährlichkeit einer vielköpfigen Hydra sollte aber
erst unter Putin sichtbar werden. Jelzin selbst schuf sich mit seinem persönlichen «Präsidentiellen Sicherheitsdienst» eine fragwürdige politische Stütze. Der Dienst wurde von Jelzins früherem
obersten Leibwächter Alexander Korschakow geleitet. Jelzin, der
dessen Gesellschaft wie die eines Kumpans genoss, räumte ihm wie
dem Sicherheitsdienst überhaupt einen unangemessen hohen Status und selbst politischen Einfluss ein, etwa auf die staatliche Personalpolitik. Als sich Korschakow jedoch soweit verstieg, die für
1996 anstehenden Präsidentschaftswahlen zu hintertreiben, griffen
Jelzins «Jungreformer» ein. Aufgrund ihres Druckes musste sich
Jelzin von seinem Günstling trennen.[16]

Die Macht der Spindoktoren

Die Präsidentschaftswahlen fanden turnusgemäß im Sommer 1996
statt. Formal wurde dabei der demokratische politische Wettbewerb respektiert, tatsächlich aber Jelzin gegenüber allen anderen
Kandidaten deutlich bevorzugt. Für die Regierungskräfte wie für
die «Oligarchen» ging es darum, um jeden Preis einen Sieg des
Kommunistenführers Gennadi Sjuganow zu verhindern. Da die
elektronischen wie die Printmedien für diesen Fall um das Ende
ihrer Meinungsfreiheit und die neuen Großunternehmer um das
Aus für die gerade erst angebrochene Marktwirtschaft fürchteten,

bündelten sie ihre Kräfte für die Wiederwahl Jelzins. Bei diesen Wahlen kamen erstmals auch «Polittechnologen» zum Einsatz, also Spindoktoren und Imagemakers (im Russischen als *imidsch-mejkery* übernommen) zur strategischen und werbetechnischen Unterstützung Jelzins. «Polittechnologie» als wahlwerbende Expertise und «Polittechnologen» als Ratgeber im Umgang mit «öffentlicher Politik» tauchten in Russland erstmals vor den Wahlen von 1996 auf.[17] Ihre Aufgabe war es, das Bewusstsein der Wähler nachhaltig zu beeinflussen und zu steuern. «Überzeugungsstrategien, Sympathiesteuerungen und ästhetische Inszenierungen» sollten, wie Ulrich Schmid das Vorgehen beschreibt, «die Seelen der Menschen» gewinnen. Die Adressaten sollten sich allerdings nicht der Tatsache ihrer Manipulation bewusst werden.[18] Ein deutlicher Unterschied zu den Public Relations in Demokratien liegt darin, dass hier verschiedene Wahlkampfzentren mit ihren PR-Beratern um die Gunst der Wähler konkurrieren, während in Ländern ohne funktionierenden politischen Pluralismus die Gefahr groß ist, dass das vorherrschende Machtzentrum die Werbung um «die Seelen der Menschen» monopolisiert. So setzten Mitte der neunziger Jahre die Polittechnologen alles daran, Jelzin als alternativlos zu präsentieren und den kommunistischen Herausforderer Sjuganow skrupellos zu diskreditieren. Der bekannte Publizist Gleb Pawlowski, seit 1995 Leiter der «Stiftung für Effektive Politik», spielte dabei eine wichtige Rolle. Er vertrat die Auffassung, dass nur diejenige Wirklichkeit real sei, die ins Bewusstsein dringe. Die Übereinstimmung von «Image» und «Wirklichkeit» müsse manipulativ hergestellt werden. Dazu müsse eine allgemeine Atmosphäre geschaffen werden, in der eine bestimmte politische Option maximale Durchsetzungschancen erreichen könne.[19]

In einer derartigen Atmosphäre gewann Boris Jelzin die Präsidentschaftswahlen nach offiziellen Angaben im zweiten Wahlgang mit 53,8 Prozent der Stimmen gegenüber 40,3 Prozent für Sjuganow. Vor den Wählern wurde verheimlicht, dass Jelzin kurz vor dem zweiten Wahlgang aufgrund einer schweren Herzattacke nahezu amtsunfähig geworden war. Diese Geheimhaltung, der intensive Einsatz von Polittechnologen wie überhaupt die klare Bevorzugung Jelzins im Wahlkampf wiesen bereits deutliche Merkmale einer «gelenkten Demokratie» auf, auch wenn dieser Begriff erst mit Putins Amtsantritt im Jahr 2000 in Mode kommen sollte. Im Übrigen verstummten die Stimmen nicht, die das Ergebnis der amtlichen Stimmenauszählung in der Präsidentschaftswahl in Zweifel zogen.

Die Umstände der Wiederwahl Jelzins brachten einmal mehr die Kluft zwischen Verfassungsnorm und tatsächlicher Staatsbildung zu Tage. Von einer demokratischen Konsolidierung des Herrschaftssystems konnte keine Rede sein. Parallel zu der holprigen Staatsbildung vollzog sich eine schwierige Nationsbildung. Bei der Suche nach nationaler Identität und nach dem besten Platz Russlands in der Welt zeigte die russische Führung von Anfang an Unsicherheiten. Immer wieder wechselten die Selbst- und Fremdwahrnehmungen. Man war sich im Unklaren darüber, wie die Außenwelt Russlands neue Geschicke sieht und beurteilt. Ebenso unsicher war man, ob sich das nationale Selbstverständnis und folglich die Außenpolitik an der eigenen Geschichte und an Russlands traditioneller Rolle in der Welt oder eher an neuen Partnerschaften und Bündnissen orientieren soll.

Die gekränkte Großmacht

In den Anfängen des postsowjetischen Russland war die «Rückkehr nach Europa» das Leitmotiv des Systemwechsels. Darunter verstand man ganz ähnlich wie in den ehemaligen Satellitenstaaten der UdSSR die Hinwendung zu den europäischen Institutionen und die Übernahme der mit ihnen verbundenen Werte. Mit dem herkömmlichen Selbstverständnis als imperiale Großmacht ging man zunächst auffällig zurückhaltend um. Jelzin betonte, «ein starkes und demokratisches Russland» werde «niemals mehr ein Imperium» sein. Sein junger Außenminister Andrei Kosyrew schwärmte von Russland als einer «normalen», «freundlichen Großmacht». Solche Aussagen charakterisierten die sogenannte «romantische» Periode der russischen Außenpolitik.[20] Dass diese nicht lange anhielt, hatte mehrere Gründe. Zum einen sah sich die politische Führung wegen der scharfen Kritik der russischen Kommunisten und Nationalisten an der starken Westorientierung zum Einsteuern veranlasst. Zum andern entstand im Kreml der Eindruck von einem zu geringen Interesse und einer lahmenden Unterstützung durch den Westen. Deshalb kehrte die Jelzin-Führung bereits 1993 wieder zu den vertrauten sowjetischen Kategorien der Außenpolitik zurück. Dazu gehörte das Denken in Einflusszonen, Geopolitik und Nullsummenspielen, die jeden Gewinn in der internationalen Politik nur zum Preis eines Gegengewinns oder von Kompensationen möglich erscheinen ließen. Nach der Bestellung von Jewgeni Primakow zum neuen Außenminister Anfang 1996 verstärkte sich dieser Trend. In den Vordergrund rückten jetzt eine multipolare Weltsicht und der absolute Vorrang eigener geopolitischer Interessen. Bald dominierte die Vorstellung, dass Russland in der multipolaren Welt einen eigenen machtvollen Pol bilden müsse, um den sich andere Staaten scharen würden. Doch trotz dieses neuen nationalen Anspruchs blieb eine Integration Russlands in die europäischen Einrichtungen für lange Zeit auf der Agenda.[21]

Allerdings erntete die Kremlführung bei ihren konkreten Bemühungen, das Interesse der EU und selbst der NATO für eine enge Partnerschaft, wenn nicht Mitgliedschaft Russlands zu wecken, nicht den gewünschten Widerhall. Immerhin hatte Moskau mit der EU im Juni 1994 einen Vertrag für Partnerschaft und Kooperation geschlossen, der 1997 ratifiziert wurde. Die Jelzin-Führung streckte mehrfach vorsichtig die Fühler in Richtung NATO aus. Für Kosyrew und andere Liberale war ein Beitritt Russlands sogar unabdingbar. Die sich seit 1993 anbahnende Erweiterung des Nordatlantikpakts nach Osten wurde in Moskau jedoch als Beeinträchtigung des eigenen Anspruchs gesehen, neben den USA und anderen Kräftepolen auf dem Globus die Weltgeschicke mitzugestalten. Man sah in der NATO-Osterweiterung eine schmachvolle Zurücksetzung Russlands und einen gewaltigen internationalen Statusverlust. Jelzin sprach von einem «Kalten Frieden». Die 1997 zwischen Russland und dem Nordatlantikpakt abgeschlossene

«Grundakte» konnte die negative Wahrnehmung der NATO-Osterweiterung nicht ausgleichen.[22]

Um den Prozess der postsowjetischen Nationsbildung voranzutreiben, machte Jelzin im Juni 1996 die Suche nach einer neuen «gesamtnationalen Idee für Russland» zum öffentlichen Wettbewerb. Die so ausgelösten Diskussionen drehten sich vornehmlich um die mythische «Russische Idee» und die damit verbundene zivilisatorische «Einzigartigkeit» *(samobytnost)* Russlands.[23] Im Zusammenhang damit pochte man verstärkt auf den herkömmlichen Großmachtstatus des Landes. Da dieser Anspruch in der westlichen Welt weiterhin kein hörbares Echo fand, verwandelte sich der Großmachtanspruch in das Syndrom einer gekränkten Großmacht.

Als über Russland im Sommer 1998 eine schwere Finanz- und Wirtschaftskrise hereinbrach, verstärkte sich diese prekäre nationale Gemütslage. Identitäts-, Staats- und Wirtschaftskrise kulminierten auf dramatische Weise. Das ganze demokratische Projekt stand vor dem Scheitern. Was war geschehen? Noch 1997 hatte es nach einem neuen Aufbruch in Richtung liberaler Marktwirtschaft und Rechtsstaat ausgesehen. Nach seiner Wiederwahl und der Rückkehr aus dem Krankenstand hatte sich Jelzin erneut einige «Jungreformer» in die politische Führung des Landes geholt. Er wollte nicht in einem «Banditenstaat» leben, wie er sagte. Und die «Jungreformer» hatten sich ihrerseits das Ende des «oligarchischen Kapitalismus» auf die Fahnen geschrieben.

Neben Sergei Kirijenko (geb. 1962) und Anatoli Tschubais (geb. 1955) war Boris Nemzow (geb. 1959) ein Hoffnungsträger der jungen Demokraten an der Spitze. Jelzin gab zu erkennen, dass er in ihm einen möglichen Nachfolger im Präsidentenamt sah. Infolge des plötzlichen Einbruchs der Staatsfinanzen wurden die Karten jedoch ganz neu gemischt. Es kam zu großen Turbulenzen in Politik und Wirtschaft. Das Wort vom «Herbst der Oligarchen» kam auf.[24] Es bedeutete, dass die Großunternehmer aufgrund der Finanzkrise deutlich an Wirtschaftskraft wie an politischer Macht einbüßten. Doch nicht nur die Grundlagen des «oligarchischen Kapitalismus» gerieten ins Wanken. Dies galt auch für die Voraussetzungen des «Superpräsidentialismus» im Sinne der unstrittigen Hegemonie des Staatsoberhaupts gegenüber allen anderen Staatsgewalten. Zwischen den «Jungreformern» und den «Oligarchen» spitzten sich die Spannungen zu. Intrigen kamen ins Spiel. Als der Internationale Währungsfonds dem Kreml am 17. August 1998 mitteilte, dass Russland keine Kredite mehr erhalten würde, stand Jelzins Politik vor dem Aus. Die «Jungreformer» mussten gehen, schob die Bevölkerung doch gerade ihnen die Hauptschuld an der Staatspleite zu. In dieser prekären Situation kam es zu einer Art «zweiten Staatsgründung», diesmal mit autoritärer Ausrichtung, wie Ben Judah die Ereignisse auf den Punkt brachte.[25] Jelzin verabschiedete sich von Boris Nemzow als Kronprinzen. Nun setzte er die Hoffnung auf ein ganz anderes Kaliber. Kein Liberaler mehr, sondern ein «Konservativer», ein «starker Mann», «ein robuster, militärisch geschulter Mann» sollte Russland aus der Krise führen. Wie Jelzin in seinen «Präsidentenmarathon» genannten Erinnerungen aus dem Jahr 2000 ausführte, hatte er nur ein Jahr später eine solche Persönlichkeit in Wladimir Putin gefunden.[26]

Mit der Nominierung des allseits hoch geachteten Außenministers Jewgeni Primakow zum Kandidaten für das Amt des Premierministers bahnte sich im September 1998 ein vorläufiger Ausweg aus der Staatskrise an. Der siebzigjährige Arabist, ehemaliger Kandidat für das Politbüro des ZK der KPdSU, wurde mit einer Rekordzahl von Abgeordnetenstimmen zum Regierungsvorsitzenden gewählt. Jelzin war politisch geschwächt und musste es dem neuen Helden der Duma überlassen, das Kabinett selbständig zu bilden und ein eigenes Regierungsprogramm auszuarbeiten. Tatsächlich trat der Präsident ebenso in den Hintergrund wie die Präsidialadministration, die bisher immer das Regierungshandeln angeleitet hatte. Ein beachtlicher Vorteil der neuen Machtkonstellation war, dass erstmals die semipräsidentiell angelegte Verfassung umgesetzt wurde. In Presseorganen sprach man schon vom Anbruch einer «parlamentarischen Republik».

Unterdessen türmten sich an der außenpolitischen Front Probleme auf, die kurz nach den im August 1998 erlittenen Erniedrigungen erneut kräftig am nationalen Selbstverständnis als

Großmacht rüttelten. Im Fokus stand die NATO-Intervention in Jugoslawien, gegen die sich Moskau heftig wehrte, nicht zuletzt wegen des traditionellen Treueverhältnisses zu Serbien. Doch Russland war mit seiner Position isoliert und wurde so ein weiteres Mal mit seiner Ohnmacht in der internationalen Politik konfrontiert. Immerhin kam es zu spektakulären Gesten des symbolischen Widerstands. Als Primakow am 23. März 1999 zu seinem ersten Staatsbesuch in Washington unterwegs war und die Nachricht vom Beginn der Bombardierung Serbiens erhielt, ordnete er mitten über dem Atlantik die unverzügliche Rückkehr des Flugzeugs nach Moskau an. Dies war der erste Akt eines staatlichen Antiamerikanismus im postsowjetischen Russland. Neben Kritik in der demokratischen Presse erntete Primakows Bravourstück zuhause viel Beifall. Erstmals wurde vor der amerikanischen Botschaft in Moskau wieder demonstriert. Offenkundig war mit dem wiederbelebten Antiamerikanismus in einer Gesellschaft gut Stimmung zu machen, die sich ihres Nationalstolzes beraubt fühlte.[27]

Hinzu kam ein weiterer symbolischer Akt des Widerstands gegen das amerikanische Vorgehen in Serbien: Ein Kontingent der an der Friedensmission im Kosovo beteiligten russischen KFOR-Truppe besetzte am 11. Juni 1999 vorzeitig den Flughafen von Priština. Durch trickreiche Überlistung der NATO zeigte Russland mit diesem «Coup von Priština» kurzfristig eine eigenständige Siegesflagge. Jelzin hatte sich den militärischen Schelmenstreich gemeinsam mit dem russischen Generalstab ausgedacht, während Außenminister Igor Iwanow in Unkenntnis davon blieb und den Vorgang vor der Weltpresse als «Fehler» und «Missverständnis» kommentierte. Jelzin hingegen erfreute sich mit anderen Vertretern der politischen Elite eines zumindest diplomatischen Sieges «über den Westen». Allerdings wurde damit keineswegs eine Linderung des allgemeinen Syndroms der gekränkten Großmacht erzielt, denn in Wirklichkeit hatte die Marginalisierung Moskaus im Balkankonflikt Russlands Gesellschaft zutiefst erschüttert. Umfragen ergaben eine breite Ablehnung der NATO-Intervention in Jugoslawien. Auch unter russischen Liberalen und Demokraten verlor der Westen seinen Nimbus als moralische Autorität. Generell wurde deutlich, dass das Syndrom der gekränkten Großmacht ein fester Bestandteil des russischen Nationalbewusstseins geworden war. Manche sahen in der allgemeinen «patriotischen Entrüstung» sogar die endlich gefundene «neue Idee für Russland».[28]

Je weniger es der Jelzin-Führung gelang, Russland weltweit die nötige Anerkennung seines Anspruchs auf die Rolle einer Großmacht oder gar eines weltpolitischen Spielers zu verschaffen, desto mehr bemühten sich die Kremlregisseure darum, nationalen Stolz aus Ruhmestaten der russischen Geschichte abzuleiten. So häuften sich die Versuche, das politische Regime mit kulturpatriotischen Ereignissen und Siegesfeiern zu legitimieren. Dazu gehörten prunkvolle Feiern zum fünfzigsten Jahrestag des Sieges über Hitlerdeutschland und zum achthundertfünfzigjährigen Bestehen der Stadt Moskau. Einen Höhepunkt bildete das Fest zum zweihundertsten Geburtstag des Nationaldichters Alexander Puschkin im Juni 1999. Der Staatsfeiertag wurde unter das Motto «Puschkin ist unser Alles» gestellt. Es ging sichtlich darum, sich den Dichter als unschätzbares Kulturerbe und Gütesiegel russischer Größe anzueignen.[29]

«Operation Nachfolger»

Während die historischen Feste unter Beteiligung der gesamten politischen Prominenz und im Geiste eines gemeinsamen patriotischen Konsenses gefeiert wurden, lieferten sich die Mächtigen auf offener Bühne einen heftigen Schlagabtausch. Er hielt für die Allgemeinheit viele Überraschungen und für die betroffenen Akteure schmerzhafte persönliche Erfahrungen bereit. Es ging um nicht weniger als um das Vorspiel zu der für das Jahr 2000 anstehenden «Operation Nachfolger» an der Spitze des russischen Staates. Ein von der «Kremlfamilie» auserkorener Kandidat für die Nachfolge Jelzins war in die Pole Position zu bringen und der Öffentlichkeit bekannt zu machen. Schließlich musste eine Mehrheit für den neuen Präsidenten in der Volkswahl sichergestellt werden. Dass es sich bei all diesen Manipulationen um ein äußerst schwieriges und riskantes Unterfangen handelte, bezeugte Jelzin gegenüber niemand Geringerem als dem amerikanischen Präsidenten Bill Clinton. Dieser verabschiedete sich von seinem langjährigen Partner Boris am 5. Juni 2000 mit einem persönlichen Besuch in dessen Moskauer Residenz. Jelzin lobte sich bei der Gelegenheit selbst dafür, wie gut es ihm doch gelungen sei, Putin «aus der Obskurität und gegen starken Widerstand in das Präsidentenamt zu manövrieren». Jelzins Tochter Tatjana nickte zustimmend und flüsterte Clintons Staatssekretär Strobe Talbott ins Ohr: «Es war wirklich sehr schwierig, Putin auf den Posten zu bekommen. Es war eines der schwierigsten Dinge, die wir je durchgezogen haben.»[30]

Wie also gelang es der «Jelzin-Familie», dieses schwierige Unterfangen «durchzuziehen»? Das Manöver erforderte zuallererst ein Revirement an der Spitze der Regierung, um den Wunschkandidaten zum Premierminister zu machen und ihn so in den Vorhof der Macht zu katapultieren. In der «Kremlfamilie», zu der jetzt neben der Tochter Tatjana auch der damalige Leiter der Präsidialadministration Walentin Jumaschew sowie Oligarchen vom Typ Boris Beresowski und Roman Abramowitsch gehörten, wurde noch eine Weile um den besten Kandidaten gefeilscht. Jelzin behauptete später, er habe aber schon früh auf Wladimir Putin, den damaligen Leiter des Föderalen Sicherheitsdienstes FSB, des Nachfolgeorgans des KGB, als seinen Wunschnachfolger gesetzt.[31]

Mit der Entlassung Primakows aus dem Amt des Premierministers wurde am 12. Mai 1999 die erste Hürde in der «Operation Nachfolger» genommen. Dies ging nicht ohne Widerstand über die Bühne. Während der persönlichen Verabschiedung Primakows durch Jelzin schlugen die Emotionen auf beiden Seiten hohe Wogen. Bei Jelzin löste der Vorgang sogar einen körperlichen Schwächeanfall aus. Primakow akzeptierte die Entlassung, stellte aber deren politische Zweckmäßigkeit in Frage. Außerdem schlug er Jelzins Angebot aus, seine Entlassung «unter Angabe eines beliebigen Grundes» selbst einzureichen. Eine Großzügigkeit, die das Fehlen seriöser Gründe für die Entlassung bloßlegte und zudem gegen alle demokratischen Gepflogenheiten verstieß. Primakow erklärt in seinen Memoiren Jelzins Vorgehen mit dem übermäßigen Einfluss der «Kremlfamilie».[32] Doch auf Primakow folgte nicht unmittelbar Putin als Premierminister. Jelzin erklärt das in seinen Erinnerungen damit, dass man der Öffentlichkeit nicht zumuten konnte, den völlig unbekannten Putin auf den renommierten Primakow folgen zu lassen. Darum wurde zunächst Sergei Stepaschin, der bereits mehrere Ministerämter bekleidet hatte, zum neuen Premierminister ernannt. Die Duma stimmte mit großer Mehrheit für den bekannten Politiker. Dieses Vertrauensvotum hinderte Jelzin und die Kremlregisseure indessen nicht daran, bereits drei Monate später die Entlassung Stepaschins auf die Tagesordnung zu setzen. Er musste Wladimir Putin Platz machen. Die Entlassung Stepaschins kam für viele und vor allem für diesen selbst völlig überraschend. Sie löste breite Kritik aus. Wie Primakow fühlte sich Stepaschin von Jelzins Willkürakt persönlich verletzt und machte geltend, dass seine Entlassung ein politischer Fehler sei. In seinen Erinnerungen räumte Jelzin ein, dass es in der Tat «keinen Grund für seine Entlassung gegeben» habe, Stepaschin sei «nur nicht der Richtige für den jetzigen Kampf» gewesen.[33] Unter diesem «Kampf» waren die im Zusammenhang mit der Beförderung Putins zum Präsidenten zu erwartenden politischen Machtkämpfe zu verstehen.

Versuche von Anatoli Tschubais, in letzter Minute eine Lanze für den Verbleib Stepaschins zu brechen und Jelzin von seiner halsbrecherischen Politik zugunsten Putins abzubringen, schlugen fehl. Tschubais wurde in seinen persönlichen Interventionen von der Sorge angetrieben, das unbegründete «Kaderkarussell» könnte der Legitimität und damit dem Fortbestand des Regimes überhaupt schwer schaden. Bekannte russische Politologen sahen die politischen Verhältnisse dermaßen außer Rand und Band geraten, dass in ihren Augen «ein Regime ohne System» entstanden war, ein Regime also, das keinerlei Regeln mehr folgte und deshalb überhaupt keiner Herrschaftsordnung mehr zuzuordnen war.

Die «Kremlfamilie» war allerdings unbeirrt von dem politischen Chaos und bestand weiterhin auf Wladimir Putin als Jelzins Nachfolger. Aber was versprachen sich die Königmacher von Putin? Sahen sie in ihm eine Führerfigur, einen starken Mann, der im

Land für Ordnung und in der internationalen Politik für Russlands Größe sorgen würde? Eine Person, die als Leiter des Geheimdienstes Bescheid wusste über alles, was in Russland vorging, und die schon deshalb geeignet war, für die Rechtssicherheit von Jelzin und dessen Familie zu sorgen? Offenkundig spielten solche Überlegungen eine Rolle. So charakterisierte Jelzin in dem erwähnten Gespräch mit Bill Clinton Putin wiederholt als «jung und stark». In seinen Erinnerungen zeigte sich Jelzin überzeugt davon, dass Putin – im Unterschied zu Stepaschin – das Zeug zu «einem politischer Führer» habe.[34]

Der Geheimdienstoffizier Putin empfahl sich aus mehreren Gründen als Kandidat für das Präsidentenamt. Er leitete den mächtigen Geheimdienst FSB und war zugleich Sekretär des russischen Sicherheitsrats, wodurch er erhebliche Macht im Hintergrund gewonnen hatte. Seine Kumulation von Ämtern sprach für großes Durchsetzungsvermögen. Außerdem hatte Putin stets größte Loyalität und Zuverlässigkeit gegenüber Höhergestellten im Amt bewiesen, und damit wäre jetzt erneut zu rechnen. Zwei Begebenheiten belegten diese Eigenschaften Putins. Putin hatte seinem Förderer und Vorgesetzten, dem Petersburger Bürgermeister Anatoli Sobtschak, aufopferungsvoll Hilfe geleistet, als sich dieser in großen Schwierigkeiten befand. Als Leiter des FSB hatte er alles getan, um Präsident Jelzin in der Causa Skuratow die erhoffte Unterstützung zu leisten. Er sorgte für die Herstellung eines Videos, das die Diskreditierung des Generalstaatsanwaltes Juri Skuratow bezweckte. Diesen fürchtete die «Familie» wegen etwaiger weiterer Untersuchungen von Korruptionsaffären in eigener Sache. Jedenfalls war Putin für das Video verantwortlich, das, wie es hieß, «eine Skuratow ähnliche Person» wegen möglicher unsittlicher Verfehlungen kompromittierte. Auf dem Video wurde der vorgebliche «Doppelgänger» Skuratows im vergnüglichen Umgang mit zwei Prostituierten gezeigt. Die Intrige hatte die gewünschten Wirkungen. Es gelang, den Generalstaatsanwalt aus dem Amt zu zwingen und damit die «Familie» von einem Alptraum zu befreien.[35]

Der Mann aus dem Nichts

Es bleibt unklar, ob die Wahl Putins seinen persönlichen Eigenschaften und Verdiensten zuzuschreiben war oder ob die «Familie» auf ihn aufmerksam wurde, als sie das Spitzenpersonal des FSB systematisch auf einen Kandidaten für die Nachfolge Jelzins hin durchkämmte. Eine Reihe namhafter Kommentatoren wie Lew Gudkow und Georgi Satarow meinen, dass die Herkunft aus dem FSB für die Selektion Putins in jedem Fall ausschlaggebend war, da sich das System Jelzin in erster Linie auf die Sicherheitsdienste stützte. Dass die Wahl auf Putin fiel, sei dagegen eher Zufall, der Kandidat hätte auch eine andere Person aus den «Diensten» sein können.[36] Jelzins Tochter Tatjana schob im Dezember 2009 noch ein Argument nach, warum gerade Putin zum Nachfolger ihres Vaters ausgewählt worden war. Sie schrieb in einem Blog, dass alle anderen potentiellen Kandidaten – von den Liberalen bis zu Primakow – «noch schlechter» und in den Wahlen noch aussichtsloser gewesen wären.[37]

Am 9. August 1999 wurde Putin von Präsident Jelzin in einer Fernsehansprache als der neue Kandidat für den Regierungsvorsitz vorgeschlagen. Darüber hinaus wurde er zugleich als sein Wunschkandidat für die Nachfolge im Präsidentenamt vorgestellt. Jelzin begründete dies damit, dass Putin ein «erfahrener Verwaltungsfachmann» und ein «Politiker» sei, der einen «Menschen neuen Typs» verkörpere, «da er nicht zwischen Vergangenheit und Zukunft lavieren» müsse. Die Nachricht schlug ein wie eine Bombe. Vertreter der politischen Eliten reagierten mit Skepsis bis Ablehnung. Angesichts der Herkunft Putins aus dem KGB fragte man, ob er überhaupt ein «Mensch neuen Typs» sein könne. Vielmehr müsse man in Putin eher einen «Andropow» von heute sehen. Mit der Anspielung auf Juri Andropow, der 1982 von der Leitung des KGB an die Spitze der Kremlführung gerückt war und sich als Verfechter einer strengen Law-and-Order-Politik einen Namen gemacht hatte, verband sich die Vorstellung, dass von Putin grundsätzlich keine andere Politik zu erwarten war. Tatsächlich hinterließ

Putin in ersten Pressereaktionen den Eindruck eines «sowjetischen Fossils» oder eines «Andropow von heute». Man schrieb ihm den «Charme eines getrockneten Haifisches» zu. Führende Vertreter aller politischen Lager gossen Spott und Häme über die Nominierung aus. Der demokratische Abgeordnete Wladimir Ryschkow sah in Putin einen rein «technischen Premierminister». Der liberale «Jungreformer» Nemzow sprach von einem «Akt des Wahnsinns», der Kommunistenführer Gennadi Sjuganow von einem «klinikreifen» pathologischen Vorgang. Moskaus Oberbürgermeister Juri Luschkow zufolge war jetzt der «höchste Grad an Absurdität im politischen Establishment» erreicht.[38] Wie wenig Respekt dem «Mann aus dem Nichts» entgegenschlug, zeigte sich auch daran, dass die Duma Jelzins Schützling mit nur 233 Ja-Stimmen die bisher niedrigste Zustimmung für einen neuen Regierungschef überhaupt gab.

Putin galt als «Mann aus dem Nichts», weil die wenigsten wussten, wer der neue Regierungschef tatsächlich war und wofür er stand. Lässt man Putins Lebenslauf bis zum Zeitpunkt seiner Nominierung für den Posten des Premierministers Revue passieren, so erhält man einen ersten Eindruck von seinen mutmaßlichen Prägungen: Kindheit und Jugend in einer Leningrader Arbeiterfamilie, Freizeit mit anderen Straßenjungen in den Hinterhöfen der Stadt. Jurastudium in Leningrad, anschließend siebzehn Lehr- und Wanderjahre im Dienste des sowjetischen KGB, darunter fünf Jahre im Range eines Obersten für die sowjetische Auslandsaufklärung in Dresden. Nach der «Wende» Rückkehr nach Leningrad, das jetzt wieder St. Petersburg hieß. Kontaktaufnahme mit seinem früheren Juraprofessor Anatoli Sobtschak, der zur demokratischen Bewegung gehörte und im Frühjahr 1994 zum Oberbürgermeister der Stadt gewählt wurde. Putin wurde Erster Stellvertretender Bürgermeister und tat sich als Sobtschaks «Grauer Kardinal» in der Stadtverwaltung hervor. Nach Sobtschaks Niederlage in den Wahlen 1996 wurde Putin von Tschubais nach Moskau in die Kremlverwaltung geholt. Ende März 1997 übernahm er hier die Leitung der Hauptkontrollverwaltung und stieg gleichzeitig zum Ersten Stellvertreter des Leiters der Präsidialadministration auf. Ende Juli 1998 wechselte Putin an die Spitze des FSB, Ende März 1999 übernahm er zusätzlich den Posten des Sekretärs des Sicherheitsrates. Zweifelsohne eine bemerkenswert steile Laufbahn eines russischen Geheimdienstoffiziers. Während seines Dienstes in der Petersburger Stadtverwaltung kamen kommerzielle Tätigkeiten als Manager von Wirtschaftsbeziehungen im Inland wie im Ausland hinzu. Sobtschak war auch Putins Mentor in Sachen Demokratie. Doch prägend für Putins Selbstverständnis war gewiss seine frühere Tätigkeit in den «Diensten», später als hochrangiger «Apparatschik» in verschiedenen Behörden. Tatsächlich verneinte Putin auf Fragen von Journalisten seinen Status als «Politiker». Nach seiner beruflichen Herkunft befragt, sprach er noch Ende 2001 von der eines «bescheidenen Beamten».[39]

In ihrem Buch *Mr. Putin. Operative in the Kremlin* suchen Fiona Hill und Clifford G. Gaddy Antworten auf die Frage nach Putins Identität. Sie stießen auf sechs verschiedene Identitäten, die sich in ihm bündelten, nämlich der Typ des «Outsiders», des Anhängers einer freien Marktwirtschaft, des Geheimdienstoffiziers, des Verehrers eines starken Staates, des geschichtsbewussten Akteurs und des «Überlebenskünstlers» (*survivalist*). Die Vorstellung von Putin als «Outsider», die auch von anderen Autoren geteilt wird, impliziert, dass Putin als Petersburger «von außen» kam und folglich nicht in irgendwelche Netzwerke und Klans der Moskauer politischen Eliten involviert war. Vor allem drei der sechs aufgedeckten Identitäten, nämlich der «Außenseiter», der «Geheimdienstoffizier» und der «Anhänger der freien Marktwirtschaft», hätten Putin den Einzug in den Kreml geebnet, so die Meinung der Autoren. Es seien freilich nicht die Eigenschaften eines politischen Führers. Immerhin machten sie Putin zu einem tüchtigen Betriebsleiter, eben zu einem «Operateur» hinter den Kulissen.[40]

Putin selbst hat in seinen biographischen Gesprächen mit drei russischen Journalisten, die unter dem Titel *Aus erster Hand* vor den Präsidentschaftswahlen zur Orientierung der Wähler erschienen, verschiedene Prägungen aus seiner Kindheit und Jugend beschrieben. Er hatte beste Erinnerungen an seine Jugendstreiche mit Gleichgesinnten in den Hinterhöfen von Leningrad. Dass er

erst vergleichsweise spät als «Pionier» in die Jugendorganisation
der KPdSU, den Komsomol, aufgenommen wurde, lag daran, dass
er es – nach eigenem Bekunden – vorzog, ein freies Leben als
«Hooligan» und «Rabauke» auf der Straße zu führen. Das Leben
eines «kleinen Gauners» mit Jugendbanden habe er erst als Teen-
ager zugunsten intensiver sportlicher Betätigungen drangegeben.
Die Freude am Sambo- und Judosport sowie die intensive Anleitung durch den von ihm hoch verehrten Trainer Anatoli Sem-
jonowitsch Rachlin habe sein «Leben auf dem Hof» endgültig beendet.[41]

Viele Jahre später, zur Zeit der Ukrainekrise 2014/15, wurde das
Rätselraten über Putins Identität neu aufgelegt. Vor allem westliche Beobachter fragten nach den Hintergründen der offensicht-
lichen Unberechenbarkeit Putins. Ist er ein Schurke, ein Diktator
oder eher ein höchst geschickter, einfallsreicher, ja bewundernswerter nationaler Führer? Der Moskauer regimekritische Politologe Georgi Satarow erklärte die Vielfalt der westlichen Meinungen
damit, dass der Typus eines «Weltenlenkers, der in Wirklichkeit
ein kleiner Straßenjunge voller Komplexe ist», im Westen unbe-
kannt sei. Dort habe man «Diktatoren und Schurken in Führungs-
positionen erlebt, aber noch keine kleinen Petersburger Hooli-
gans».[42]

Am Haken der Geheimdienste

Im Rahmen seiner Karriere als Geheimdienstler blieb Putin tatsächlich bis zuletzt der unsichtbare «Operateur» hinter den Kulissen, wie von Fiona Hill und Clifford Gaddy beschrieben. Der
«Mann ohne Gesicht», wie Masha Gessen ihr Buch über Putin
nannte,[43] musste jedoch spätestens als offizieller Kandidat für die
höchsten Ämter im Lande öffentlich Profil und Kante zeigen und
durfte keine Zweifel an seinen politischen Führungsqualitäten aufkommen lassen. Im Herbst 1999 war Putin in seiner neuen Rolle
offenkundig noch nicht völlig sattelfest. Reporter der deutschen
Wochenzeitung *Die Zeit* gewannen bei einem Gespräch mit Putin

im September 1999, das sie im Februar 2016 kritisch reflektierten, den folgenden Eindruck: «Wir trafen einen eher schüchternen, bescheidenen Mann, nicht laut, nicht muskelspielend, nicht autoritär respektheischend im Auftritt, sehr kontrolliert, fast ein bisschen linkisch in den Bewegungen … Der Putin von damals war ein eher unscheinbarer Bürokrat aus der Tiefe des Sicherheitsapparats, kein geborener Anführer. Ein Zufall hatte ihn, den ehemaligen Chef des Geheimdienstes FSB, in diese Position gebracht.» Doch die *Zeit*-Journalisten nahmen auch noch andere Eindrücke mit nach Hause. Als sie nämlich auf den nur kurz zuvor ausgebrochenen zweiten Tschetschenienkrieg zu sprechen kamen, habe Putin «auf einmal knallhart» reagiert. Sie folgerten daraus: «Hier zeigte sich schon damals die andere Seite dieses scheinbar unscheinbaren Bürokraten. Im Krieg verwandelte er sich. Der zweite Tschetschenienkrieg war sein Aufsteigerkrieg.»[44]

Putins Warmlaufen für die Präsidentschaft fand in einem Umfeld statt, das wie dafür geschaffen war, niemanden an seinen herausragenden Führerqualitäten zweifeln zu lassen. Er musste sich als Feldherr im Kaukasus und als oberster Schutzpatron gegen terroristische Anschläge in Moskau behaupten, er musste Entschlossenheit, Mut und Strenge an den Tag legen und sich darüber hinaus auch noch gewinnend und volkstümlich geben. Mit tatkräftiger Unterstützung von Polittechnologen und «Imidschmejkery» gelang es ihm, noch während seiner Amtszeit als Regierungschef all diese Rollen immer erfolgreicher auszufüllen. Putin zeigte eine eiserne Faust gegen den Terrorismus. Er startete eine gewaltsame «antiterroristische Operation» im Kaukasus, und er sparte nicht mit drastischen Worten über den Umgang mit Rebellen. Man sollte sie «auch auf der Latrine plattmachen», sagte er. Diese Aussage wurde später zum viel zitierten Beleg für seinen volksnahen Stil. Tatsächlich kam die grobe Sprache bei der Bevölkerung gut an. Man gewann den Eindruck, Putin «kommt aus dem Volk», er «ist einer von uns».[45]

Putin beherrschte als neuer nationaler Führer die Bildschirme der meisten Fernsehkanäle. Seine Popularität nahm vor allem durch seine medial herausgehobene Rolle als Feldherr im Kaukasus deutlich zu. Andrew Wilson und Michail Sygar zufolge war Putin nur ein virtueller politischer Führer. Er sei von den Polittechnologen und den Medienmoguln, die Jelzin zugetan waren, erschaffen worden.[46] Der bekannte Journalist Leonid Parfjonow sah in Putin eine «reine Kreation» und das «kollektive Produkt» der Spindoktoren sowie der vom Kreml angeleiteten Medienvertreter.[47] Die Zustimmung zu ihm schnellte jedenfalls rasant in die Höhe, von 1 Prozent im August 1999 auf 52 Prozent zum Jahresende. Der Putinismus als ganz neue Form einer offenkundig äußerst erfolgreichen Herrschaftsstrategie war geboren, wie wir im Folgenden sehen werden. Da Putins Führerherrschaft durch ganze Stäbe von Polittechnologen konzipiert und über die Bildschirme des Fernsehens verbreitet wurde, spricht Ben Judah vom Anbruch einer «Videokratie» und eines «Telepopulismus».[48]

Zum Jahresende 1999 erfolgten weitere wichtige Weichenstellungen auf Putins Weg in die Präsidentschaft. Gerade noch rechtzeitig für die Anfang Dezember 1999 angesetzten Dumawahlen wurde praktisch auf dem Reißbrett eine neue Partei mit dem Namen «Einheit – Der Bär» (Jedinstwo – Medwed) im Bannkreis Putins kreiert. Sie sollte keineswegs als Kremlpartei, sondern – mit Billigung Jelzins – als eine Gegenbewegung zu dessen korrupter politischer Elite wahrgenommen werden. Dank wirkungsvoller Fernsehwerbung gelang auch dieser Coup. Die Partei des «sozialen Optimismus» kam aus dem Stand auf den zweiten Platz nach den Kommunisten. [49]

Für die «Kremlfamilie» und die erfolgreiche weitere Förderung Putins war es entscheidend, dass der neben den Kommunisten bisher stärkste politische Block, eine von Moskaus Oberbürgermeister Luschkow angeführte Gruppe mächtiger Gouverneure mit dem anspruchsvollen Namen «Vaterland – Ganz Russland» (Otetschestwo – Wsja Rossija) in den Parlamentswahlen deutlich auf den dritten Platz abrutschte. Da diese politische Kraft zuletzt den weithin angesehenen Jewgeni Primakow für ihre Reihen gewonnen hatte und dessen mögliche Kandidatur für die Präsidentschaft dem Günstling des Kreml gefährlich werden konnte, fuhr man schwerstes Geschütz auf. Der als «Killer-Journalist» bekannte Sergei Dorenko sollte es richten. Der Oligarch und Medienmogul Boris Beresowski, der der Kremlfamilie und Putin nahe stand, engagierte Dorenko für den Ersten Fernsehkanal. Er erhielt den Auftrag, die Führungspersönlichkeiten von «Vaterland – Ganz Russland» öffentlich zu diskreditieren. Sergei Dorenko, seinem Selbstverständnis nach ein rhetorischer «Maschinengewehr-schütze» (*pulemjotschik*), kam diesem Auftrag erfolgreich nach. Er porträtierte Primakow als «alt, schwach und sowjetisch» und Luschkow als eine Art Mafia-Pate. Außerdem verbreitete er im Fernsehen mit passendem Bildmaterial Gerüchte über schwere körperliche Gebrechen und Krankheiten der beiden.[50] So gelang es der Kremlfamilie, den politischen Gegner niederzuringen und Putin wieder ein Stück näher an die Präsidentschaft heranzurücken.

Das nächste einschneidende Ereignis auf Putins Weg zum höchsten Amt war Jelzins vorzeitiger Rücktritt zum 31. Dezember 1999. Dieser Schritt katapultierte den Premierminister kraft Verfassung in den Rang eines «geschäftsführenden Präsidenten». Der Amtsbonus begünstigte Putin im Wahlkampf und stärkte seine Rechtssetzungsmacht. Prompt verabschiedete Putin ein Dekret, das Boris Jelzin die Freiheit vor Strafverfolgung zusicherte. Auf den ersten Blick mutete das Dekret als die politisch wenig korrekte Geste eines Neulings an. Tatsächlich kam dem Vorgang eine viel weiter reichende Bedeutung zu. Er drückte Dank und Anerkennung dafür aus, dass Jelzin die Tore für den Einzug der Geheimdienstler in die Korridore der Macht mit der Berufung Putins weit geöffnet hatte. Zugleich spiegelte sich darin die Tatsache, dass der russische Staat zur Geisel der Sicherheitsorgane geworden war. Staat und Gesellschaft hingen jetzt «am Haken der Geheimdienste», wie es einige Jahre später eine Führungsfigur aus den Diensten beschrieb.[51] Dass der Stabübergabe von Jelzin an Putin Abmachungen zugrunde lagen, zeigte sich nicht nur an dem genannten Dekret, sondern am deutlichsten an dem Verbleib der Jelzin-Elite in Spitzenämtern während Putins erster Präsidentschaft. Offiziell wurde natürlich stets die Existenz irgendwelcher Abmachungen geleugnet.

Als «geschäftsführender Präsident» und fortan als der höchstrangige Prätendent auf Jelzins Nachfolge meldete sich Putin zum Jahreswechsel 2000 mit einer «Milleniumsbotschaft» zu Wort. Der Text bot erste Einblicke in Putins Weltbild und in seine Vorstellungen von Russlands nationaler Identität. Auch wenn der Text von einem ganzen Team von Autoren verfasst worden sein soll, machte sich Putin die Botschaft förmlich zu eigen. Insofern handelte es sich bei dem Manifest um nichts weniger als um ein Manifest des «Putinismus» als ideologisches Projekt. In dem Text sticht die Betonung der zivilisatorischen Eigenständigkeit Russlands hervor.[52] Dies signalisierte eine klare Abkehr von den Strömungen des «Europäismus» und «Atlantismus», wie sie zu Beginn der postsowjetischen Ära Mode gewesen waren. In dem Manifest wurde behauptet, dass die Rolle der Staatsmacht in Russland stets größer gewesen sei als in der westlichen politischen Kultur. Daher könne Russland nicht eine Kopie der USA oder Englands werden, «wo liberale Werte lange historische Traditionen haben». Mit dieser Verneinung der «westlichen Werte» und mit der Betonung der notwendigen starken Rolle der staatlichen Macht desavouierte das Manifest ganz nebenbei Geist wie Buchstaben der demokratischen und rechtsstaatlichen russischen Verfassung. Außerdem bekräftigte das Manifest die allgemein wieder gängige Vorstellung, dass Russland stets Großmacht war und dies auch weiterhin so sein werde und sein müsse. Dieser Status sei durch die untrennbaren Merkmale von Russlands geopolitischer, wirtschaftlicher und kultureller Existenz vorgegeben. Sie hätten die Mentalität des russischen Volkes und die Politik der russischen Führung durch die ganze Geschichte der Nation geprägt.

Ausführungen dieser Art legen nahe, dass die seit dem Ende der UdSSR gesuchte nationale Identität mit der Übernahme des imperialen Denkens aus zaristischer wie sowjetischer Zeit fürs erste gefunden war. In dem Manifest heißt es weiter, dass die historisch überkommene Identität Russlands in der Gegenwart gefährdet sei. Das Land drohe zu einem zweitrangigen, wenn nicht drittrangigen Status herabzusinken. Um das zu verhindern, sei zuallererst die Staatsmacht zu stärken. Dies sei für die Russen ohnehin «keine Anomalie, nichts wogegen man kämpfen müsste, sondern im Gegenteil die Quelle und der Garant der Ordnung, Initiator und Motor für jegliche Veränderungen».[53]

Mit dem Manifest positionierte sich Putin klar als Anhänger des starken Staates (gossudarstwennik) wie der Großmachtidee (derschawnik). Der Text enthält darüber hinaus noch Bekenntnisse zu den «universellen Werten» der Redefreiheit und des freien Unternehmertums. Dies verschaffte der Botschaft einen etwas moderneren Anstrich. Zugleich wurde Gorbatschows Vision von den «allgemeinmenschlichen Werten» im Sinne der über alle ideologischen Gegensätze des Kalten Krieges hinausreichenden universellen Rechtsgrundsätze und Menschenrechte aufgegriffen. Das Echo auf die «Milleniumsbotschaft» fiel ziemlich gemischt aus. Gorbatschows persönliche Reaktion auf Putins Manifest hörte sich wenig schmeichelhaft an. Er kommentierte es despektierlich als ein «Sammelsurium von Schlagwörtern, purer Eklektizismus, kein Programm».[54]

Ein neuer Präsident wird designt

Da Putin nicht gewillt war, sich persönlich im Wahlkampf zu engagieren, blieb es den Spindoktoren und Polittechnologen überlassen, diese Aufgabe für ihn zu übernehmen. Eine Hauptrolle war dabei dem Politikberater Gleb Pawlowski und dessen Thinktank «Für effektive Politik» zugedacht. Der versierte «Imidschmejker» Pawlowski, der bereits die Präsidentschaftswahlen 1996 choreographiert hatte, erhielt von der Kremlfamilie den Auftrag, das «Projekt Putin» in die Tat umzusetzen und der Öffentlichkeit das Bild von einem charismatischen Politiker und nationalen Führer zu vermitteln. Zu diesem Zweck sollte der landesübliche «Habitus der Anbetung des nationalen Führers», der unter Jelzin nach und nach verloren gegangen war, aktualisiert werden.[55]

Die in den Medien von Putin im Vorfeld der Wahlen gezeichnete Charakterstudie war mit voller Absicht auf eine positive Abgrenzung von Jelzin zugeschnitten. Putin wurde folglich durch Nüchternheit, Durchsetzungsfähigkeit, Verantwortungsbewusstsein, Geradlinigkeit, Stärke, Jugend und Gesundheit präsentiert. Das gefällige Phantombild von Putin kam in der Öffentlichkeit gut an. Hinzu kam Pawlowskis Kampagne von der «Alternativlosigkeit» Putins. Den Trick hatten die Kremlregisseure bereits in den Präsidentschaftswahlen 1996 erfolgreich eingesetzt. Dass die Rechnung auch diesmal aufging, zeigt, in wie hohem Maße die Wähler Sowjetbürger geblieben waren, stellten kritische Kommentatoren fest. Sie hätten nicht nur den vom Kreml vorgegebenen Kandidaten in einer archaisch anmutenden Haltung akzeptiert, sondern ihn auch noch in vorgeblich demokratischen Wahlen bestätigt.[56]

Putins Wahlkämpfer zogen schließlich einen weiteren Trumpf aus dem Ärmel, um das Image des Kremlkandidaten aufzubessern. Er sollte als urbane, weltläufige Person in Erscheinung treten. Zu diesem Zweck luden Putin und seine Frau Ludmila den neuen britischen Premierminister Tony Blair und seine Frau Cherry zu einer feierlichen Opernaufführung in das traditionsreiche Petersburger Mariinski-Opernhaus ein. Das Ereignis fand viel Beachtung in den Medien. Blair äußerte sich voll des Lobes über Russland. Er nannte es «einen starken Staat, in dem Gesetz und Ordnung herrschen» und sprach von einem «demokratischen und liberalen Land». Blairs Reaktionen übertrafen alle Moskauer Erwartungen. Die Kremlregisseure sahen in dem britischen Premier überhaupt ein ideales Rollenmodell für Putin, da Blair die Vorzüge eines kraftvollen nationalen Führers mit denjenigen eines freundlichen weltoffenen Politikers verband. Genau so imaginierten sie Putin, als einen «tough guy», als Mann der harten Hand im Inland und als «smart guy», freundlich, intelligent und selbstsicher im Ausland.[57]

Das kunstvoll designte Bild von Putin verfehlte bei den Wählern seine Wirkung nicht. Er gewann die Wahlen am 26. März 2000 im ersten Durchgang mit knapp 53 Prozent der abgegebenen Stimmen, während der Kommunistenführer Sjuganow nur 29 Prozent erreichte. Soziologen zufolge hat das von Putin vermittelte Image eines Garanten von Ordnung die ausschlaggebende Rolle gespielt. Hinzu kamen Gefühle der Revanche für so manche in der Jelzin-Zeit erlittene nationale Erniedrigungen. So machte sich auch das Syndrom der gekränkten Großmacht in der Zustimmung zu Putin

bezahlt. Putins Sieg war zu weiten Teilen das Ergebnis der meister-
haften Arbeit von Spindoktoren und Politikberatern. Dabei erwies
sich der neue Leiter der Präsidialadministration, Alexander Woloschin, als begabter und energischer Powerbroker, der enge Verbindungen zur Kremlfamilie unterhielt. Pawlowski, Woloschin und
dessen neuer Mitarbeiter Wladislaw Surkow hatten einen beträchtlichen Anteil am Entstehen von «Putinismus» und «gelenkter Demokratie». Aus der unmittelbaren Anschauung des Putinkultes
und der gelenkten Präsidentschaftswahlen prägte der Publizist
Sergei Markow in einem Beitrag vom 2. März 2000 in der *Nesawisimaja Gaseta* den Begriff der «gelenkten Demokratie». Der Begriff
sollte Epoche machen.

Der «Putinismus» als Herrschaftsstrategie bestand mit der
«Operation Nachfolger», wie der Prozess des Machttransfers von
Jelzin auf Putin in der Publizistik genannt wurde, seinen ersten
großen Härtetest. Die Vorstellungen der Wähler von einem neuen
starken Führer und die Erwartung einer besseren Zukunft wurden
erfolgreich bedient. Hingegen wurde die von einer amerikanischen
Journalistin auf dem Weltwirtschaftsforum in Davos im Februar
2000 gestellte Frage «Who is Mister Putin?» nicht ernsthaft beantwortet. An die Stelle einer Antwort traten aussagekräftige Bilder, so
etwa Putin als siegreicher Judokämpfer oder als Flieger von Jagdbombern im Kaukasus, der eigenhändig Raketen abschießt. Dies
vermittelte die Vorstellung von einem starken Führer, der die russische Heimat beschützt. In die gleiche Richtung zielte Putins Rede
von der «Demokratie als Diktatur des Gesetzes».[58] In dieser Formel
verkommt die Demokratie zur Idee eines starken Staates, der auf
strengen Gesetzen beruht. Die bewusst irreführende Wortwahl
sollte Hoffnungen auf eine neue Ära der Ordnung und Rechtssicherheit wecken. Die Aussichten auf eine bessere Zukunft waren
tatsächlich gar nicht schlecht, weil sich noch 1999 der Preis für
Rohöl auf den Weltmärkten erheblich verbessert hatte. Dies war
die Voraussetzung für einen neuen Wirtschaftsaufschwung in Russland, der noch 1999 in Gang kam.

Bilanziert man den Übergang vom System Jelzin zum Putinismus, so ragen informelle und undurchsichtige politische Entschei-

«Der ideale Liebha-
ber»: Gemälde von
Dmitri Wrubel und
Wiktorija Timofejewa,
2001

dungsprozesse sowie eine enge Verquickung von Wirtschaft und
Politik heraus. Weiter treten Unsicherheiten hinsichtlich der Bedeutung der Verfassung hervor. Grundprinzipien der russischen
Verfassung wurden von den politischen Akteuren entweder nicht
verstanden oder bewusst falsch ausgelegt. Der Wesenskern von
Demokratie, der darin liegt, die Sicherheit der Verfahren zu gewährleisten, aber den Ausgang des politischen Wettbewerbs offen
zu halten, wurde mit Füßen getreten. Ein Machtwechsel als Ergebnis von Parlaments- oder Präsidentschaftswahlen war nicht mehr
vorstellbar. Zunehmend wurde mit Hilfe der «politischen Technologie» und mit wachsender Gängelung der Medien alles daran gesetzt, um die Abgabe der Macht an oppositionelle Kräfte zu verhindern. Die Rechnung ging auf, aber zu dem hohen Preis einer
«gelenkten Demokratie», von Kritikern auch «simulierte» oder «il-
liberale» Demokratie genannt.

2. Das System: Starker Präsident und informeller Pluralismus (2000–2007)

Den Polittechnologen war es also im Auftrag der «Kremlfamilie» gelungen, Russlands neue Führungsfigur glanzvoll in Szene zu setzen und so einen glatten Übergang der Macht von dem Reformkommunisten Jelzin auf den Geheimdienstoffizier Putin sicherzustellen. Der Putinismus als neuartige politische Herrschaftsstrategie zur Begründung und Behauptung politischer Macht entstand erst nach und nach. Wir wollen der Frage nachgehen, aus welchen Beweggründen und auf welche Weise die neue politische Führung daran ging, Jelzins «defekte Demokratie» in eine «gelenkte Demokratie» zu verwandeln. Und inwiefern dauerte der informelle Pluralismus fort, der im Rahmen der «kompetitiven Oligarchie» der neunziger Jahre die eigentliche politische Willensbildung im Lande bestimmt hatte?

Gelenkte Demokratie und Kreml AG

Der Begriff der «gelenkten Demokratie» war schon ganz am Anfang von Putins erster Präsidentschaft geprägt worden und er sollte ebenso wie das Schlagwort der «Machtvertikale» schnell Furore machen. Unklar war zunächst, ob den Neuerungen ein Masterplan zugrunde lag oder ob sie nach und nach aus einer Mischung von Ordnungswillen und Improvisation entstanden. Es wird zu zeigen sein, dass bedrohliche Ereignisse wie terroristische Anschläge oder Volksaufstände in Nachbarstaaten beträchtlich dazu beitrugen, autoritäre Abwehrreflexe der neuen Kremlführung auszulösen. Angesichts der vielen Geheimdienstoffiziere, die Putin nach Moskau holte, lag auch die Annahme nicht fern, dass eher Verschwörungsvorstellungen als Vertrauen in offene demokratische

Verfahren ihr Denken und Handeln dominierte. Dieser Umstand könnte den stetigen Aufstieg des Putinismus als ein zunehmend autoritäres System miterklären. Zu bedenken ist auch, dass Präsident Putin im redlichen Bestreben, einen zerfallenden Staat wieder zu einen und zu stärken, gleich in mehrere Fallen autoritärer Verlockung hineinstolperte. So schätzte wohl die neue Führungsriege aus Geheimdienstlern und Polittechnologen die negativen Auswirkungen allzu strikter Kontrollen über Medien, Parlament und Parteien nicht richtig ein. Sie sah wohl auch nicht, dass die starke Personalisierung der Macht einen starken Staat bestenfalls vorspiegelte, in Wirklichkeit aber propagandistische Technologien und einen exzessiven Führerkult förderte.

Die reale Herausbildung des Putinismus als Herrschaftssystem knüpfte an Grundmerkmale der Jelzin-Zeit an: an den «Superpräsidentialismus» und den «oligarchischen Kapitalismus». Das Missverständnis von einer alles überragenden Rolle des Staatspräsidenten setzte sich fort. Russischen Autoren zufolge entstand deshalb ein «monozentrisches System». Kundige Beobachter wussten indessen, dass von einer klaren «Einmannherrschaft» keine Rede sein konnte. Vielmehr teilte sich der Präsident die politische Entscheidungsfindung zunächst mit dem verbliebenen politischen Personal Jelzins, später mit engsten Vertrauten aus St. Petersburg. Es bildete sich ein innerer Kreis, ein informelles Machtkartell, das manche auch das «Putin-Syndikat», die «Kreml AG» oder das neue «Politbüro» nannten. Der undurchsichtige Charakter des Machtsystems nahm weiter zu. Der «oligarchische Kapitalismus» wandelte sich insoweit, als sich zu den Wirtschaftsbossen der Ära Jelzin nun auch Oligarchen gesellten, die aus Putins Entourage stammten. Die Verschmelzung von Politik und Wirtschaft blieb eine zentrale Grundstruktur des Systems.

Wie schon beim Design als erfolgreicher Nachfolger Jelzins spielten auch bei der Prägung und Propagierung Putins als neuem Staatsoberhaupt die Regisseure des Kreml, Politikberater, Spindoktoren und Werbefachleute, nach westlichem Vorbild auch *Prciki* (PR-Leute, Public Relations Agenten) genannt, zusammen mit ranghohen Beamten aus der Präsidialadministration eine wichtige

Rolle. Federführend waren hier Alexander Woloschin, Leiter der Präsidialadministration bis Juni 2003, und Wladislaw Surkow, Erster Stellvertretender Leiter der Administration von März 1999 bis Ende 2011. Woloschin stieß ursprünglich als ökonomischer Berater zu Jelzin. Er stand in engem Kontakt zur «Familie» und erwarb sich als Leiter der Präsidialadministration den Ruf eines exzellenten Powerbrokers zwischen den verschiedenen informellen Kremlgruppen. Wladislaw Surkow kam auf Woloschins Empfehlung in das neue Amt. Zuvor hatte er bereits als Werbefachmann unter anderem in dem von Michail Chodorkowski geleiteten Erdölkonzern Jukos gedient. Surkow war wie geschaffen für die polittechnologischen Bedürfnisse der neuen Kremlführung. Er wurde in den nächsten Jahren zum Architekten der «gelenkten Demokratie» und auch zum Designer des Präsidenten selbst. Nicht zufällig galt Surkow wegen seiner einfallsreichen Regie bei der Errichtung eines von oben her gesteuerten politischen Pluralismus als «Genie politischer Manipulation» und bei der Propagierung einer neuen Wertewelt als staatlicher «Chefideologe».

Den Charakter des «Systems Putin» sollten mehrere, sehr unterschiedliche Faktoren bestimmen: das Amtsverständnis und die politische Identität des neuen Präsidenten, seine mentalen Prägungen in den siebzehn Jahren beim Geheimdienst, die Regie seiner polittechnologischen Ratgeber, aber auch Hintermänner aus den Geheimdiensten und der «Familie» und schließlich erste Erfahrungen des jungen Präsidenten in der heimischen Politik und auf dem internationalen Parkett. Tatsächlich blieben Putins Identität und sein politisches Credo noch eine ganze Weile unklar. In den Präsidentschaftswahlen im März 2000 hatten die Kremlregisseure ihn gleichzeitig als liberalen Politiker und als autoritären Führer präsentiert. Die doppelbödige Regie war so erfolgreich, dass Putin gleich im ersten Wahlgang den Sieg mit 52,9 Prozent der abgegebenen Stimmen heimholte.[1]

Die Inauguration Putins zum Präsidenten ging mit großem Pomp über die Bühne. Die Zeremonienmeister nahmen ganz bewusst Anleihen bei Symbolen aus zaristischer, sowjetischer und postsowjetischer Zeit. Man präsentierte Putin als die Inkarnation des russischen Staates und der ganzen nationalen Geschichte des Landes. So wie die Kamera den Blick zu ihm hoch und auf das Auditorium hinab lenkte, entstand der Eindruck von Putin als Kultfigur und einem einzigen und unstrittigen Führer.[2] Der Beginn einer neuen Ära und die Geburt eines nationalen Führerstaates kündigten sich an. Neben der pompösen Amtseinführung sprang ins Auge, dass der alte wie der neue Präsident vor allem den erstmals demokratischen Charakter einer Amtsübergabe an der Spitze des russischen Staates lobte. Angesichts des in Wirklichkeit stark manipulierten Wechsels von Jelzin auf Putin kam dies einer zynischen Groteske gleich. Dem Beginn von Putins Präsidentschaft haftete daher das Odium eines großen Betrugs an der russischen Gesellschaft an. Darüber schrieb der bekannte Soziologe Juri Lewada in der *Nesawisimaja Gaseta* vom 11. Mai 2000. Er und andere kritische Geister führten das gefügige Verhalten der Gesellschaft auf den weiterhin vorherrschenden Typus des «Sowjetmenschen» zurück, der einer trickreichen Propaganda schnell erliege.

Der Mann ohne Gesicht

Lange blieb Putins politische Identität unklar. Putin selbst sprach von seiner Herkunft als ein «bescheidener Beamter» und leugnete den Status eines Politikers überhaupt. Noch im September 2006 machte er geltend, dass er gar «kein typischer Politiker» sei, da er weder «eine politische Ausbildung erhalten noch eine Karriere in der Politik» gemacht habe. In den ersten Jahren seiner Präsidentschaft identifizierte er sich gerne als «Managerpräsident», als ein vom Volk «angestellter Manager des Großunternehmens Russland».[3] Darin spiegelten sich technokratische Vorstellungen und unternehmerisches Interesse wider. Zugleich distanzierte sich Putin auf diese Weise von dem bisweilen monarchischen Gehabe seines Vorgängers. Er misstraute von Anfang an der Demokratie, da er befürchtete, diese würde zu Chaos oder gar zur Auflösung des Staates führen. Dabei spielte das Trauma des Zerfalls der Sowjet-

Nikas Safronow:
«Porträt Wladimir
Putins als François I.»,
Öl auf Leinwand, 2005

union im Gefolge der Gorbatschow'schen politischen Liberalisierung eine Rolle. Den Luxus der Demokratie könne man sich erst nach Konsolidierung der Wirtschaft leisten, äußerte Putin wiederholt. Ungeachtet solcher Vorbehalte verstand es Putin durchaus, immer wieder Lippenbekenntnisse zur Demokratie und sogar zu den «Werten der europäischen Integration» abzugeben. Als eine unaufschiebbare Aufgabe stellte Putin dagegen die Errichtung eines starken Staats wie überhaupt die «Wiederherstellung russischer Staatlichkeit» dar. Gleiches galt für sein Ziel, die Wirtschaft des Landes und Russlands Position in der Welt zu stärken.[4]

Putins Bekenntnisse zeugten ganz offensichtlich immer wieder von Widersprüchlichkeiten und Unsicherheit. Ein Journalist beschrieb dies so: «Schaut man auf ihn von einer Seite her, so ist er ein Liberaler, dreht man ihn, ist er ein Bolschewik, und dreht man ihn erneut, ist er ein Antikommunist.»[5] Soziologen bemühten sich vergeblich, bei Putin ein konsistentes Weltbild auszumachen. Sie sahen keine Ideologie, kein Programm hinter Putins Gesicht, nur eine «leere Ausbuchtung». Folglich sprachen sie vom Typus eines

Nikas Safronow: «Porträt Wladimir Putins», Öl auf Leinwand, 2000

«undefinierten Präsidenten» und von einer «eklektischen Ideologie» der russischen Führung.[6]

Boris Kagarlitsky publizierte im August 2001 in der englischsprachigen *Moscow Times* einen Beitrag mit dem Titel «The Man without a Face». Der Autor erklärte hier die anhaltend hohe Zustimmung zu Putin damit, dass sich die Menschen in erster Linie an der Würde des Präsidentenamts orientierten, nicht aber an Putins Leistungen oder an seiner Person. Während Jelzin mit seiner Persönlichkeit Farbe und politische Kraft ausgestrahlt habe und dieser einen Politiker präsentierte, den man entweder liebte oder hasste, erscheine Putin wenig einnehmend und gesichtslos. Er sei kaum mehr als ein Anhängsel seines Amtes, so dieser Soziologe. Die Bemühungen von Putins «Imidschmejkery», den neuen Präsidenten von Anfang an als nationalen Führer erscheinen zu lassen, verfingen bei kritischen Soziologen offenkundig nicht, im Gegenteil. Das Land habe heute überhaupt keinen Führer, so Kagarlitsky, sondern bestenfalls «den Manager eines Managers».[7]

Griff nach den Medien

Bei Putins Auftritten in der Öffentlichkeit war freilich in Rechnung zu stellen, dass er wegen der von ihm selbst zugegebenen «fehlenden politischen Ausbildung» das Einmaleins eines öffentlichen Politikers erst nach und nach lernen musste. Dieses Learning on the Job fiel ihm zunächst schwer, zumal dann, wenn seine Spindoktoren im Hintergrund plötzlich ausfielen. Ein Beispiel ist das Desaster mit dem Unterseeboot «Kursk»: Als die «Kursk» im August in der Barentssee mit ihrer ganzen Besatzung sank, vergnügte sich Putin im Urlaub am Schwarzen Meer und sah tagelang keine Veranlassung, sich an den Ort des Unglücks zu begeben oder in irgendeiner Form seine Anteilnahme zu bekunden. Die Presse reagierte darauf mit scharfer Kritik. Vorübergehend brach die Zustimmung zu Putin um 10 Prozent ein. Als sich der Präsident dann doch nach Murmansk zu den aufgebrachten Angehörigen der einhundertachtzehn Toten begab, warf er den Medien falsche Berichterstattung vor, offensichtlich um von dem eigenen Versagen abzulenken.[8] Bald darauf kündigte er die Verabschiedung einer «Doktrin zur Informationssicherheit» an, die die staatliche Kontrolle über die Medien erhöhen sollte.

Putin konnte und kann mit öffentlicher Kritik an seiner Person nicht umgehen. Unter Jelzin hatte die nach dem Vorbild der *Spitting Images* gestaltete satirische Fernsehsendung *Kukly* (Puppen) große Beliebtheit gewonnen. Jelzin war darin regelmäßig karikiert worden, was er hingenommen hatte. Als nun Putin Ziel des Spottes wurde, löste dies bei ihm geradezu Panik aus. Er fand es zum Beispiel unerträglich, in der von E. T. A. Hoffmann geschaffenen Figur des «Kleinen Zaches» lächerlich gemacht zu werden. Mit dem Zwerg Zaches wurde nicht nur Putins bescheidene Körpergröße glossiert. Darüber hinaus spielte die Satiresendung deutlich auf den manipulierten Machttransfer im Kreml an. Putin soll darüber vor Wut geschäumt haben.[9] Er setzte nun alles daran, um eine weitere öffentliche Verspottung seiner Person zu unterbinden.[10]

Putins Wunsch nach rigoroser Kontrolle der Medien und besonders der nationalen Fernsehkanäle reichte freilich noch viel weiter. Er duldete weder Kritik an seiner Person noch an seiner Politik. Dass Putin freien Medien allgemein mit großem Misstrauen begegnete, mochte den typischen Reflexen eines Geheimdienstlers geschuldet sein. Dem bekannten Journalisten Jewgeni Kisseljow zufolge lag dies in erster Linie daran, dass Putin eben ein «künstlicher Präsident» war, der in das Präsidentenamt manipuliert worden sei. Tatsächlich bezeichnete Putin schon in seiner ersten Botschaft an das Parlament alle von privater Hand finanzierten Medien als «Mittel der Massendesinformation» und als «Instrumente zur Bekämpfung des Staates». Aus Putins Sicht behinderten derartige «Staatsfeinde» die so dringende Bildung eines «starken Staates». Der Kreml ging deshalb unverzüglich mit Hilfe der Justiz daran, allen unabhängigen elektronischen Medien die Lizenz zu entziehen. Erstes Ziel waren die beiden großen Fernsehkanäle ORT und NTV, die sich in den Händen der beiden Medienmogul Boris Beresowski und Wladimir Gusinski befanden. Die Steuerpolizei bedrängte zunächst Gusinski, der den Medienkonzern Media-Most leitete. Er wurde der Steuerhinterziehung beschuldigt und verhaftet. Dann ging das Regime einen schmutzigen Deal mit ihm ein. Er konnte Russland verlassen, nachdem er zugestimmt hatte, Anteile an Media-Most an den Gasmonopolisten Gazprom, bei dem der Konzern verschuldet war, zu verkaufen. Der Kreml bediente sich also des größten Staatsunternehmens, um Kontrolle über den Kanal zu erhalten.[11]

Ein unmittelbares Motiv Putins für das Vorgehen gegen Gusinski war sicher auch die Rache dafür, dass der Sender NTV Putin im Kampf um die Präsidentschaft nicht unterstützt hatte. Beresowski hatte Putins Zorn auf sich gezogen, da sein Kanal ORT massive Kritik an Putins Versagen in der «Kursk»-Affäre geübt hatte. Putin wollte deswegen sogar höchstpersönlich die Leitung von ORT übernehmen, jedenfalls konfrontierte er Beresowski mit diesem Verlangen.[12] Dies zeigt, in welch hohem Maße der neue Präsident mittlerweile von der politischen Allmacht des Fernsehens überzeugt war. Tatsächlich hatte ja sein eigener politischer Aufstieg von der Kraft der elektronischen Medien stark profitiert. Der Medienmogul Beresowski zog im Konflikt mit dem Präsidenten den Kürzeren. Er wurde gezwungen, seine Anteile an ORT zu verkaufen. Der Käufer war der eng mit der «Kremlfamilie» verbundene Oligarch Roman Abramowitsch. Wie Gusinski setzte sich auch Beresowski ins Ausland ab. Als er von Reportern mit der Frage konfrontiert wurde, warum er selbst denn Putin als Jelzins Nachfolger protegiert habe, räumte Beresowski kleinlaut ein, dass dies in Ermangelung einer besseren Alternative geschehen sei. Dies ähnelt der späteren Aussage von Jelzins Tochter Tatjana, dass «alle anderen Kandidaten noch schlechter» gewesen seien.

Tatsächlich gelang es der politischen Führung unter Putin, sich nach und nach alle Fernsehkanäle botmäßig zu machen. Sie wurden zu Werkzeugen der Kremlpropaganda ausgebaut. Es entstand ein «paralleles Universum», in dem nicht nur Kritik an Putin unterblieb, sondern im Gegenteil unablässig für Putin wie für das Regime überhaupt Werbung gemacht wurde. Der liberale Politiker Wladimir Ryschkow beklagte zu Recht, dass «das nationale Bewusstsein Tag für Tag und Stunde für Stunde vom Fernsehen geprägt und manipuliert» werde.[13] In der regelmäßig hohen Zustimmung zu Putin spiegelte sich daher in erster Linie die propagandistisch sorgfältig gelenkte Hinwendung zum Präsidenten. Mit der vollständigen Anleitung der Fernsehkanäle entstand ein Propagandastaat, wie Andrew Wilson das Phänomen definierte. Ben Judah sprach, wie bereits erwähnt, von einem «Telepopulismus» und einer «Videokratie». Es sei das Ziel, mit Hilfe des Bildschirms «die Herrschaft über die Massen zu gewinnen».[14]

Die Machtvertikale: Kontrolle über Regionen und Parteien

Putins Wunsch, einen «starken Staat» zu errichten, kam nicht zuletzt daher, dass er sehr genau wusste, wie sich die Macht unter Jelzin vom Zentrum weg in die Regionen verlagert hatte. Dort setzte man sich über Moskaus Diktum hinweg und beschloss eigene Gesetze. Diese Einblicke in den Prozess der galoppierenden Dezentralisierung Russlands hatte Putin in seiner Eigenschaft als

Leiter der Hauptkontrollverwaltung bei Präsident Jelzin gewonnen. Deshalb war ihm daran gelegen, die Regionen schleunigst wieder der Moskauer Zentralgewalt zu unterstellen. Eine neue «Machtvertikale» sollte es richten. Die Idee, die regionale Macht durch Schaffung von sieben «Föderalen Bezirken» mit bevollmächtigten Präsidentenvertretern an ihrer Spitze unter Kontrolle zu bringen, ist ein Kernstück der Reformen.[15] Es erfolgte ein doppelter Schlag: Zum einen wurden die Gouverneure unter die Kontrolle der Präsidentenvertreter gestellt, zum anderen verloren die bislang so mächtigen Oberhäupter der Regionen ihren Sitz in der zweiten Parlamentskammer, dem «Föderationsrat». Die neuen Präsidentenvertreter erinnerten auffällig an die zaristische Einrichtung der «Generalgouverneure». Fünf der sieben neuen Präsidentenvertreter waren Generäle, und die neuen Großregionen stimmten weitgehend mit Russlands Militärbezirken überein – beides zeigte den Trend zur Militarisierung der Politik. Außerdem widersprach die «Machtvertikale», die als strikte Kommandokette vom Kreml über alle anderen staatlichen Organe gedacht war, dem in der Verfassung niedergelegten Prinzip der Gewaltenteilung.[16] Der plötzliche Übergang von Jelzins Methode der Aushandlung politischer Konflikte zu einer neuen Version des von Gorbatschow so benannten sowjetischen «befehlsadministrativen Systems» war unübersehbar.

Aus Sicht der neuen Kremlführung war man durch die Kontrolle über die Regionen – «Reform der Macht» genannt – dem ersehnten «starken Staat» etwas näher gekommen. Nun kam es noch darauf an, auch gesellschaftliche Organisationen wie Parteien und Verbände in die «Vertikale» einzubauen. Dies war insofern nicht schwierig, als die bestehenden Parteien künstliche Kreationen waren und daher schnell umgebildet werden konnten. Man nannte sie wegen ihrer bürokratischen Herkunft und der mangelnden sozialen Verankerung «administrative Parteien», im Unterschied zu der Kommunistischen Partei der Russischen Föderation (KPRF) und zu den kleineren demokratischen Parteien, die wegen ihrer sozialen Rückbindung als «gesellschaftliche Parteien» galten. Im Vorfeld der Parlamentswahlen 2003 erfolgte die Zusammenlegung der zwei administrativen Parteien «Einheit – der Bär» und «Vaterland – Ganz Russland» zu der neuen Partei «Einiges Russland» (Jedinaja Rossija). Sie war jetzt die neue «Partei der Macht». Bei den Wahlen erhielt sie knapp 38 Prozent der Stimmen, während die Kommunistische Partei auf 13 Prozent abrutschte. Die nationalistische Liberaldemokratische Partei (LDPR) von Wladimir Schirinowski landete bei 11,6 Prozent, eine weitere nationalistische Kraft, «Rodina» (Heimat), die vom Kreml zur Abschöpfung kommunistischer Wählerstimmen ins Leben gerufen worden war, erhielt auf Anhieb 9,07 Prozent des Votums. Die kleinen demokratischen Parteien «Jabloko» (Apfel) und die liberale «Union der Rechten Kräfte» (Sojus Pravych Sil) scheiterten an der Fünf-Prozent-Hürde.[17]

Für den neuen autoritären Trend war es typisch, dass sich der Kreml nicht mit der satten Mandatszahl für das «Einige Russland» und der sicheren Unterstützung seitens der Satellitenparteien «Rodina» und LDPR begnügte, sondern nach weiteren Parlamentssitzen jagte. Kaum hatte sich die Duma konstituiert, wurde auf offener Bühne eine umfassende Abwerbung aus den Reihen der unabhängigen Direktkandidaten zur Fraktion der neuen «Partei der Macht» betrieben. Auf diesem Weg erreichte das Wählervotum für die politische Führung eine virtuelle Höhe von 68,01 Prozent. Dies war eine verfassungsgebende Mehrheit. Die Kommunisten blieben mit 52 von 450 Mandaten weit abgeschlagen. Das siegreiche «Einige Russland» durfte sich wie schon ihr Vorgänger «Einheit – Der Bär» mit dem Beinamen «regierende Partei» schmücken, blieb aber von der Regierungsbildung wie überhaupt von politischen Entscheidungen ausgeschlossen. Dass an dem Etikettenschwindel niemand Anstoß nahm, offenbart die klare Unterordnung der Partei unter die Kremlführung. Das Parlament verkam bald zu einer reinen Abstimmungsmaschine für Gesetzesvorlagen aus dem Kreml. Tatsächlich wirkte die Duma nur als eine weitere Abteilung der Administration.[18] Das Ziel der politischen Führung, Parlament und Parteien erfolgreich in die angestrebte Machtvertikale zu integrieren, war erreicht. Aber war das Regierungssystem auf diesem Weg dem so sehr ersehnten «starken Staat» tatsächlich näher gekommen? Das ist zu bezweifeln, vielmehr wurde die für ein effektives und stabiles Regime unverzichtbare gesellschaftliche Rückkoppelung deutlich erschwert.

Loyalitätsbezeugungen:
Bürgersprechstunde und Oligarchentreue

Zur obrigkeitsstaatlichen politischen Kultur passte die Einführung eines direkten Dialogs zwischen dem nationalen Führer und den Bürgern. Die Idee, Gespräche Putins mit der «Bürgergesellschaft» zu organisieren, kam 2001 auf. Diese Initiative startete mit einem demokratischen Anstrich, da Vertreter namhafter Nichtregierungsorganisationen wie der Menschenrechtsgruppe Memorial und der Moskauer Helsinki-Gruppe zu dem ersten «Bürgerforum» geladen waren. Später verwandelte sich dieses Format in einen «Direkten Draht» zwischen dem Präsidenten und allen Bürgern, wobei die Kommunikation mit Hilfe der modernsten technischen Mittel erfolgt. Die Bürgersprechstunde wurde zu einer festen Einrichtung. In den jeweils mehrstündigen Gesprächen dominieren die alltäglichen Probleme des kleinen Mannes. Zugleich dient das Ereignis der glanzvollen Selbstinszenierung eines modernen Herrschers, der mit seinen stets kompetenten Antworten auf eine Vielfalt von – freilich vorab ausgesuchten Fragen – seine Rolle als exzellenter technokratischer Manager unter Beweis stellt. Im Grunde handelte es sich jedoch um eine archaische Form der politischen Kommunikation zwischen dem Landesherrn und seinem Volk. Dabei kam eher die Figur eines fürsorglichen Zaren als die eines modernen Unternehmensvorstands ins Bild.[19]

Im Vergleich zu der ritualisierten gegenseitigen Loyalitätsbezeugung zwischen dem Präsidenten und den Bürgern des Landes starteten die Beziehungen zwischen Putin und den Wirtschaftsführern, den sogenannten Oligarchen, eher spannungsreich. Loyalität kam dabei in erster Linie als Bringschuld der Unternehmer gegenüber dem Kreml ins Spiel. Nicht zufällig wurde der Umgang zwischen der neuen Kremlführung und den Großunternehmern mit dem Treuebund zwischen Lehnsherrn und Lehnsleuten in einem mittelalterlichen Feudalstaat verglichen. Tatsächlich fing es damit an, dass Putin die bekanntesten Oligarchen im Sommer 2000 zu einem Treffen einlud, das als «Schaschlik-Party» in die Geschichte eingehen sollte. Bei der Gelegenheit kam ein informeller Pakt zwischen Putin und den Wirtschaftsmagnaten zustande, die weitgehend noch in der Gunst der «Jelzin-Familie» standen. Ihnen wurde zu verstehen gegeben, dass ihre Unternehmen unangetastet bleiben würden, wenn sie sich im Gegenzug der politischen Einflussnahme enthielten und Putin absolute Loyalität bezeugten.[20] Der Deal markierte augenscheinlich den Beginn eines neuen Verhältnisses zwischen Staatsmacht und Wirtschaftskapitänen. Der Kreml erkannte auch die «Russische Union der Industriellen und Unternehmer» (RSPP), die als Vereinigung der Großunternehmer etabliert war, als Juniorpartner des Staates im Wirtschaftsleben an.

Die Neuerungen deuteten an, dass Putin nicht danach trachtete, dem «oligarchischen Kapitalismus» radikal zu Leibe zu rücken. Er versicherte immerhin, dass er alle Wirtschaftsbosse gleich behandeln wolle. Bald zeigte es sich aber, dass Putin bei der Verteilung verfügbarer Besitztümer durchaus Personen aus seinem persönlichen Umfeld begünstigte. Darunter waren nicht wenige alte Bekannte, Freunde und Kollegen aus Sankt Petersburg, etwa die Unternehmerbrüder Boris und Arkadi Rotenberg und Gennadi Timtschenko.[21] Kameraden aus der gemeinsamen Datschenkooperative «Ozero» wie Juri Kowaltschuk und und Wladimir Jakunin gehörten auch dazu.[22] Der systemkritische Politologe Andrei Piontkowski urteilte, dass Putin an seine Freunde Unternehmen vergab wie einst ein Lehnsherr im feudalen Staat Privilegien und Ländereien an seine Vasallen.[23] Der Raubtierkapitalismus der neunziger Jahre machte in der Tat nach und nach einer Art Staatskapitalismus Platz, in dem die Staatsmacht selbst über Gewinner und Verlierer entschied. Zu den Gewinnern gehörten vor allem die neuen «Unternehmerbürokraten», wie man die Wirtschaftsakteure wegen ihrer Herkunft aus den Geheimdiensten oder aus der Petersburger Stadtverwaltung nannte. Mit ihnen hielt der «bürokratische Kapitalismus» Einzug.[24]

Dieser grundlegende Wandel wurde jedoch erst sichtbar, als es Putin gelang, sich aus der Vormundschaft der «Jelzin-Familie» zu lösen. Die Gelegenheit dazu bot der Konflikt, der 2003 zwischen dem Kreml und dem Jukos-Chef Michail Chodorkowski entbrannte. Der Öltycoon wurde verhaftet und zwei Jahre später zu neun Jahren Gefängnis verurteilt. Zu guter Letzt verlor Jukos auch noch den Kernbereich seines Unternehmens an die staatliche Firma Rosneft. An deren Spitze stand Putins engster Vertrauter und hochrangiger Beamter in der Präsidialadministration, Igor Setschin. Der Konflikt zwischen Putin und Chodorkowski hatte eine ganze Reihe weiterer Ursachen und Auswirkungen, über die in einem späteren Kapitel zu berichten sein wird.

Den Anstoß zu dem öffentlichen Drama gab Chodorkowskis unbeugsame Haltung bei der Verteidigung seiner Wirtschaftsinteressen. Außerdem machte er aus seiner Geringschätzung für die Kremlführung keinen Hehl und demonstrierte sogar offene Illoyalität Putin gegenüber. Die Jukos-Affäre schlug hohe Wellen in der russischen Politik. Alexander Woloschin versuchte vergeblich, politische Brücken zu schlagen. Er gab schließlich sein Amt an der Spitze der Präsidialadministration auf. Putin zog daraus Gewinn, denn dies bedeutete das Ende der Vormundschaft durch Woloschin und die Befreiung von den Bindungen an die «Jelzin-Familie» überhaupt. Bisher hatte Woloschin im Verhältnis zu Putin in Regierungsgeschäften eher dominiert als assistiert. Vor allem in der so wichtigen Personalpolitik hatte er den Präsidenten überspielt und Ernennungen auf hohe Posten durchgesetzt, für die Putin ganz andere Kandidaten favorisierte.[25] In der Öffentlichkeit kursierten folglich Vorstellungen von zwei gleichzeitig herrschenden Präsidenten. Sogar das hämische Wort, dass Putin nur den Präsidenten in Woloschins Administration abgebe, machte die Runde.[26] Putins Eifersucht registrierten so manche Beobachter, und Woloschins Rücktritt befreite ihn nun von der Schmach einer nachrangigen Rolle.[27] Putin war jetzt in seiner Personalpolitik wie überhaupt im Elitenmanagement frei.[28] Mit der Niederringung Chodorkowskis wurde außerdem ein erfolgreiches Exempel gegen alle potentiell unbotmäßigen Oligarchen statuiert.

Nach der Verurteilung Chodorkowskis im Mai 2005 beschrieb der liberale Ökonom und spätere Vorsitzende des Russischen Unternehmerverbandes, Alexander Schochin, die Jukos-Affäre als einen «bedeutsamen ordnungspolitischen Wendepunkt». Wenn Jukos vollkommen zerstört sei, so Schochin, «dann wird allen klar sein, dass die Jukos-Affäre nur ein Mittel zur Umverteilung von Eigentum war. Und anstelle einer Beendigung des oligarchischen Kapitalismus der neunziger Jahre werden wir eine modifizierte Version dieses Systems sehen. Im Unterschied zum früheren Modell, in dem Staat und Kapital dank der Initiative der Großunternehmer verschmolzen, wird der neue Kapitalismus Oligarchen hervorbringen, die unter Nutzung des Prinzips der Personalunion vom Staat selbst angestellt und kontrolliert werden. Die eigentlichen Oligarchen werden gleichzeitig vom Staat ernannte Manager und Unternehmenseigentümer sein.»[29] Schochin hätte die neuen Verhältnisse nicht treffender umreißen können.

Handsteuerung im Netzwerkstaat

Kraft der einseitigen Begünstigung bestimmter Wirtschaftsakteure entstand eine neue Machtkonstellation innerhalb des politischen Systems. Bei dem Revirement bot der schon bestehende informelle Netzwerkstaat zugleich Hilfestellung und Diskretion. Bereits unter Jelzin hatten sich parallel, überlappend und quer zu den offiziellen Institutionen komplexe Netzwerke staatlicher und privater Akteure gebildet. Soziologen sprachen damals von einer «kompetitiven Oligarchie» und meinten damit das wildwüchsige Ringen um Macht und Eigentum, das sich vor dem Hintergrund der Privatisierung der sowjetischen Staatsbetriebe abspielte.[30] Putin erbte den Netzwerkstaat und damit die schon eingefahrenen Bahnen eines informellen Wettbewerbs von Seilschaften und Klans zwischen Hochbürokratie und Großunternehmen. Er achtete wie Woloschin auf die Einhaltung einer Balance zwischen den unterschiedlichen Akteuren und stieg so zum ultimativen Schiedsrichter auf. Dies erhöhte seine Autorität nach innen wie nach außen.

Russischen Soziologen zufolge befand sich in dem informellen Parallelstaat das zentrale Schaltwerk zur Betätigung aller Hebel der Macht. Alexei Sudin sprach von einem «System der oligarchischen Interessenabstimmung», in dem die Interessengruppen ihre Klientel unmittelbar in der staatlichen Verwaltung verankern, während umgekehrt Regierung und Verwaltung ihre Mitglieder direkt in die Netzwerke der Interessengruppen delegieren.[31] Die in London lehrende Soziologieprofessorin Alena Ledeneva (Aljona Ledenjowa) beschrieb den Parallelstaat als ein informelles Regelwerk, eine Art Verhaltenskodex, mit dem die Akteure, die überwiegend der alten Nomenklatura entstammten, gut zurechtkämen. In ihren Büchern zu der Kernfrage, «Wie Russland wirklich regiert wird», definiert sie die Symbiose von offiziellem und inoffiziellem Staat einfach als *sistema* (System) und meint damit die innere Logik des Systems Putin überhaupt.[32] Putin sprach wiederholt von der notwendigen «Handsteuerung» als Regierungsmethode in Krisensituationen. Damit bezog er sich auf die informelle Beilegung von Betriebsstörungen innerhalb von *sistema*.[33]

Olga Kryschtanowskaja beschrieb die Renaissance des Netzwerkstaates als typisch für eine schrittweise Sowjetisierung des Regimes während Putins erster beider Präsidentschaften. Die bekannte Soziologin und andere Autoren mokierten sich über die Diskrepanz zwischen der offiziellen Beschwörung des «starken Staates» und der realen Funktionsweise eines korrupten Netzwerkstaates. Generell sei die Ähnlichkeit zwischen dem spätsowjetischen und dem neuen Putin'schen Regime als eine «sich selbst stabilisierende Oligarchie» verblüffend.[34] Sicherlich ist diese Beobachtung zutreffend, allerdings mit dem Unterschied, dass der starke kommunistische Einparteienstaat die sowjetischen informellen Netzwerke fest umklammerte, während die heutige russische Machtvertikale für informelle Seilschaften offen und durchlässig ist.

Die Binnenarchitektur des Systems Putin ähnelte vor allem dem Typus der «kompetitiven Oligarchie» und dem informellen Pluralismus, wie er zu Beginn des postsowjetischen Russland ausgemacht wurde. Allerdings dominierten jetzt die «Unternehmerbürokraten» gegenüber den ersten Wirtschaftskapitänen. War damals von der «Privatisierung des Staates» durch die Unternehmer die Rede, drehten sich die Verhältnisse jetzt um zu einer Privatisierung der Staatsbetriebe durch die Putin-Kohorte. Diese war jedoch keineswegs homogen, so dass sich das Feilschen um Einfluss und Eigentum weiter fortsetzte. Es wurde üblich, Putins Personal grob in Vertreter einer eher liberalen Richtung und in Angehörige der Geheimdienste einzuteilen. Letztere wurden wegen ihrer Nähe zum staatlichen Gewaltmonopol «Silowiki» (von *sila* für Kraft, Gewalt) genannt. Andererseits ließ sich die neue Machtelite entsprechend ihrer Verbindung zu großen Staatskonzernen wie Gazprom oder Rosneft aufgliedern. Die reihenweise in die Regierungshöhen einrückenden Geheimdienstoffiziere waren dem neuen Kapitalismus gegenüber durchaus aufgeschlossen. Pawlowski berichtet, dass die Silowiki ihre laufenden Geschäftstätigkeiten und selbst ihre Kontakte zum organisierten Verbrechen in den neuen Dienststellen weiter verfolgten.[35]

Vor dem Hintergrund der Übernahme von Jukos und anderer dubioser Geschäfte, deren man Putins Mitstreiter und mitunter Putin selbst bezichtigte, scheuten Kommentatoren der neuen Ära nicht vor dem Begriff der Kleptokratie zurück, um das materielle Gewinnstreben der Herrscherriege auf den Punkt zu bringen. In Russland traten vor allem systemkritische Geister wie Stanislaw Belkowski, Andrei Piontkowski und der Schachweltmeister Garri Kasparow mit solchen Urteilen hervor. Unter westlichen Russlandexperten beschäftigte sich insbesondere die amerikanische Politologin Karen Dawisha mit Putins persönlichen kommerziellen Interessen. In ihrem Buch *Putin's Kleptocracy* ging sie den immer wieder aufkeimenden Gerüchten und der realen Beweislage in Affären wie etwa der Errichtung eines großartigen Schlosses für Putin am Schwarzen Meer nach.[36]

Boris Reitschuster und andere Autoren beschäftigten sich mit den Verbindungen der Putin-Kohorte zur Mafia im In- und Ausland.[37] Tatsächlich legte die spanische Justiz zu diesem Thema wiederholt – zuletzt im Frühjahr 2016 – handfeste Anschuldigungen vor. Aus alledem liegt der Schluss mehr als nahe, dass im Netzwerkstaat noch so manches «Kompromat», so die Kurzform für «kompromittierendes Material», über Russlands regierende Eliten aufzustöbern wäre.

Putins Wiederwahl, eine Farce

Der in dem vorliegenden Buch verfolgte Blickwinkel ist jedoch in erster Linie auf die ganz offen zu Tage liegenden Merkmale des Putin'schen Herrschaftssystems gerichtet. Sie nahmen während des Übergangs von der ersten Präsidentschaft Putins zu seiner zweiten und als Folge der sogenannten «Farbrevolutionen» in den Nachbarstaaten zunehmend autoritäre Konturen an. Terroranschläge ließen Verschwörungstheorien ins Kraut schießen. Feindbilder machten sich breit ebenso wie Vorstellungen von Russland als einer belagerten Festung.

Im Vorfeld der Präsidentschaftswahlen im März 2004, zu denen Putin erwartungsgemäß wieder antrat, kam es aufgrund der plötzlichen Entlassung von Putins Regierungschef Michail Kasjanow zu einem politischen Erdbeben. Da der Premierminister der letzte Vertreter der «Jelzin-Familie» war und auch Putins Vorgehen gegen Chodorkowski öffentlich kritisiert hatte, kam seine Entlassung nicht völlig überraschend. Der Schritt war gleichwohl unerwartet, sollte doch laut Verfassung die Regierung erst nach und nicht vor den Präsidentschaftswahlen neu bestellt werden. In Moskau kursierten wilde Spekulationen über die Affäre und über den mutmaßlichen Nachfolger an der Spitze der Regierung. Putin zeigte sich unschlüssig. Trotzig und hilflos begründete er die Entlassung zunächst so: «Ich kann dies tun, und das heißt, ich muss es tun.» Andererseits würdigte er die «zufriedenstellende Arbeit» der Regierung Kasjanow.[38]

Was waren also Putins Beweggründe für einen Schritt, auf den er sichtlich unvorbereitet war? Offenkundig hatte er Gerüchten über ein drohendes Wahlfiasko Glauben geschenkt. Es rumorte, dass bei einer zu geringen Beteiligung die anstehenden Präsidentschaftswahlen ungültig sein könnten. Dann träte der amtierende

Regierungschef Kasjanow ins Rampenlicht – und Putin geriete ins Hintertreffen. Michail Sygar berichtet, Putins eigene Entourage, die aus kommerziellen Interessen an Kasjanows Rücktritt interessiert war, habe dem Präsidenten die Mär von einer handfesten Putschgefahr gegen ihn aufgetischt. Kasjanow, der zum Jahreswechsel in den Alpen mit dem österreichischen Bundeskanzler Schüssel Skiurlaub machte, traf bei der Gelegenheit auch den Oppositionspolitiker Boris Nemzow. Putin wurden laut Sygars Informationen gefälschte Berichte von Telefongesprächen zwischen Nemzow und Kasjanow vorgelegt, in denen es um seinen mutmaßlichen Sturz als Folge ungültiger Präsidentschaftswahlen gegangen sei. Offensichtlich schenkte Putin den Nachrichten Glauben. Als er Kasjanow mit dem Putschgerücht konfrontierte, reagierte dieser mit ungläubigem Entsetzen und wies alle Anschuldigungen von sich.[39]

Putin beeilte sich nicht mit der Benennung eines Nachfolgers für Kasjanow. Zugleich behauptete er wenig glaubhaft, es fehle ihm die Zeit, die «regierende Partei» zu konsultieren. Schließlich bestimmte er den weitgehend unbekannten Apparatschik Michail Fradkow zum Nachfolger an der Regierungsspitze. Dass dabei politische Schwergewichte wie Alexei Kudrin und Sergei Iwanow übergangen wurden, ließ darauf schließen, dass Fradkow wohl der kleinste gemeinsame Nenner in Putins «innerem Kreis» war. Putin selbst gefiel vor allem, dass Fradkow, der dem Lager der Silowiki zugerechnet wurde, keine eigenen politischen Ambitionen erkennen ließ und als überaus loyal einzuschätzen war.[40]

Der Ausgang der Präsidentschaftswahlen machte klar, dass alle Bedenken über eine nicht ausreichende Beteiligung vollkommen grundlos gewesen waren. Putin wurde bei einer Wahlbeteiligung von 64 Prozent mit 71,31 Prozent der abgegebenen Stimmen wiedergewählt. Der Sieg wurde ihm freilich mehr als leicht gemacht. Zum einen profitierte er von der einseitigen Werbung im staatlichen Fernsehen, zum anderen fielen alle seriösen Mitbewerber aus. Diese lehnten ihre Beteiligung ab, um auf diese Weise gegen die Diskriminierung der demokratischen Parteien bei den Dumawahlen im Dezember 2003 zu protestieren. Auch die Kommunisten zogen gleich. Selbst Schirinowski stimmte in die Verweigerung ein. Er schickte seinen früheren Leibwächter und Boxmeister ins Rennen. Sergei Mironow, Vorsitzender des Föderationsrates und enger Vertrauter Putins, nutzte seine eigene Kandidatur nur dazu, um für die Wiederwahl Putins zu werben. Putin lehnte seinerseits wie schon im Jahr 2000 eigene Wahlkampfauftritte ab.[41]

Angesichts all dieser Verstöße gegen das demokratische Einmaleins geriet die Wiederwahl Putins zu einer kompletten Farce. Sogar die minimalen Bedingungen einer «gelenkten Demokratie» wie die Wahrung zumindest des Anscheins eines politischen Wettbewerbs wurden ignoriert. Die Wahl lief auf ein simples Plebiszit für Putin hinaus. Genau das war von den Kremlregisseuren gewollt. Pawlowski zufolge strebte der Kreml ein «Referendum der Konfirmation» für Putins Präsidentschaft an. Deshalb habe man bewusst auf einen auch «nur imitierten Pluralismus» verzichtet. Vielmehr sollte mit Putins Wiederwahl eine Stimmung der «Stabilität und des Triumphs» erzeugt werden.[42] Das war die Botschaft der neuen plebiszitären Führerherrschaft an das Land.

Terroranschläge und ihre sicherheitspolitischen Folgen

Noch im selben Jahr zerstörten Terrorangriffe im Kaukasus und Volksaufstände in den Nachbarstaaten den Drang des Regimes nach Stabilität und Ruhe. Putin selbst fühlte sich in seiner politischen Autorität bedroht und bangte um die Sicherheit des Landes. Terroristische Überfälle häuften sich. Im Oktober 2002 hatte eine Gruppe tschetschenischer Terroristen ein Moskauer Theater überfallen. Die Angreifer forderten den Abzug russischer Truppen aus Tschetschenien. Alle 850 Zuschauer wurden tagelang als Geiseln gehalten. Bei der Rettungsaktion mit einem Betäubungsgas kamen nicht nur die Terroristen, sondern auch über hundert Geiseln ums Leben. Der Terrorismus hatte endgültig die Hauptstadt erreicht. Im Kreml war man geschockt. Putin sah schon das Aus seiner politischen Karriere vor sich.[43]

Bereits am 1. September 2004 ereignete sich ein weiterer terro-
ristischer Anschlag gewaltigen Ausmaßes. In dem nordossetischen
Ort Beslan überfielen bewaffnete Tschetschenen und Inguschen
eine Schule. Zum feierlichen Schulbeginn hatten sich hier Schüler,
Eltern und Lehrer versammelt. 1128 Menschen wurden als Geiseln
genommen. Die Attentäter wollten Verhandlungen über ein Ende
des Tschetschenienkrieges erzwingen. Moskau lehnte dies ab. Der
unprofessionelle Einsatz russischer Sicherheitskräfte führte zum
Tod von 385 Personen, darunter 186 Kinder. Die Tragödie von Bes-
lan hatte weitreichende Auswirkungen. Einmal mehr wähnte sich
Putin wie die Staatsspitze überhaupt in größter Bedrängnis. Der
Staat schlug geharnischt zurück, die Machtvertikale wurde weiter gestrafft, Kontrolleinrichtungen gestärkt. Putin sah in dem
Anschlag einen Krieg gegen Russland als Ganzes. Er leugnete mögliche Zusammenhänge zwischen der Tschetschenienpolitik des
Kreml und den Aktionen der Terroristen. Vielmehr ging es seiner
Meinung nach um eine Aggression von außen, eine Verschwörung
gegen Russland. Nicht näher benannte ausländische Mächte wollten angeblich in Zusammenarbeit mit islamistischen Terroristen
Russland schwächen. Fremde Staaten sähen in Russland eine bedrohliche Atommacht, die man ausschalten müsse, so Putin in seinen Ausführungen nach dem Anschlag.[44]

Um allen Risiken von außen wie von innen zu begegnen, setzte
der Kreml nach dem Terror von Beslan alles daran, um die Machtvertikale weiter zu straffen und um die «einheitliche Macht der
Exekutive» zu stärken. Zu dem Zweck wurde die Volkswahl der
Gouverneure abgeschafft. Außerdem wurde das Verhältniswahl-
recht auf der Basis von Parteilisten eingeführt. Dies räumte der
Präsidialadministration die volle Kontrolle über die Kandidaten
ein. Im Gegenzug zu der erneuten Straffung der «Vertikale» bot der
Kreml die Gründung einer «Gesellschaftskammer» an. Aufgabe des
lediglich beratenden Organs sollte es sein, als ein Instrument «gesellschaftlicher Kontrolle» über die staatliche Verwaltung, die Justiz, die Sicherheitsorgane und die Medien zu fungieren. Die Kam-
mer sollte auch Meinungen aus der Gesellschaft zum Ausdruck
verhelfen. Dabei müssten sich die Mitglieder jedoch der «unpoli-

tischen Qualität ihres Mandats» bewusst sein, wie Putin selbst postulierte.[45]

Dies zeigte erneut, dass der Kreml ängstlich darum bemüht war, jeglichen politischen Pluralismus und zugleich das Entstehen einer demokratischen Konfliktkultur zu unterbinden. Etwa gleichzeitig zur Schaffung der «Gesellschaftskammer» hatte der Sprecher der Duma, Boris Gryslow, den Parlamentsabgeordneten klarzumachen versucht, dass das «Parlament kein Platz für Diskussionen» sei.[46] Insofern lag es für Politologen nahe, Putins neues Herrschaftssystem nicht als «gelenkte Demokratie», sondern bestenfalls als ein «Konsultationsregime» zu klassifizieren.[47] Putin selbst nannte im Februar 2005 gegenüber dem amerikanischen Präsidenten George W. Bush das russische Regime eine «den Verhältnissen, Traditionen und Sitten» Russlands «angepasste Demokratie».[48]

Revolutionen mit Farben und Blumen

Der Trend der politischen Führung, den Staat weiter zu stärken und das Land gegen alle Angriffe von außen zu wappnen, erhielt weiteren Auftrieb, als es in einigen ehemaligen Sowjetrepubliken zu Volksaufständen kam, den «Farb-» oder «Blumenrevolutionen» – im Russischen steht dafür ein und dasselbe Adjektiv: *zwetnaja rewoljuzija*. Während in Georgien Rosen als Symbol der Erhebung fungierten, waren es in Kirgisien gelbe Tulpen. In der Ukraine bediente sich der Widerstand gegen die manipulierten Präsidentschaftswahlen im Herbst 2004 der Farbe Orange. Die «Revolution in Orange» entfaltete unter allen Volksaufständen die größte Dynamik und wurde zum Sinnbild des Protestes gegen die autoritären Verhältnisse in postsozialistischen Sowjetrepubliken überhaupt. Der Aufstand in der Ukraine stellte die russische Führung vor besondere Herausforderungen. Putin hatte bereits seinem Favoriten, dem ukrainischen Präsidentschaftsbewerber Wiktor Janukowitsch, seine Glückwünsche zum vermeintlichen Wahlsieg übermittelt. Nun musste er zurückrudern und den bei der Wahlwiederholung siegreichen Wiktor Juschtschenko, der für eine europäische Entwicklung der Ukraine plädierte, als Amtskollegen anerkennen.[49] Dies bedeutete für Putin eine große Niederlage.

Die russischen Medien unterstellten, der Westen habe in der Ukraine einen gegen Russland gerichteten Putsch angestiftet. Im Kreml sah man dies ganz ähnlich. Seit dem Überfall auf Beslan, als Putin erstmals «äußere Feinde» als Komplizen des Terroraktes vermutete, verstärkten sich Vorstellungen, der Westen wolle Russland destabilisieren und unterminiere Moskaus Einfluss auf vormalige Sowjetrepubliken. Die «Farbrevolutionen» trugen jedenfalls erheblich dazu bei, die Vorbehalte der russischen Führung gegenüber demokratischen Experimenten aller Art zu stärken. Als Prophylaxe gegen den orangefarbigen Bazillus in Russland machte sich der Kreml daran, eigene Jugendgruppen als Bollwerk gegen eine mögliche Mobilisierung der Bevölkerung nach Kiewer Muster ins Leben zu rufen. Für das große «Manipulationsgenie» des Kreml, Wladislaw Surkow, war dies ein Leichtes. Er zauberte eine militante kremltreue Jugendgruppe aus dem Ärmel: *Naschi*, «die Unseren». Und er erfand einen neuen Begriff für Russlands politisches System: «souveräne Demokratie». Dies klang bedeutungsvoll und geheimnisvoll zugleich. Tatsächlich verband sich mit dem Begriff die Vorstellung, dass Russland, anders als die – wie man unterstellte – von außen gesteuerte Demokratie in der Ukraine, selbst über die Inhalte seiner Demokratie bestimme und sich jede kritische Einmischung aus dem Ausland verbitte.[50] Außerdem impliziere eine «souveräne Demokratie» Russlands Status als globaler Wirtschaftsführer. Igor Schuwalow, Putins Chefberater in Wirtschaftsfragen und eine Art Sherpa für die Gruppe der Acht (also G7 + Russland), machte sich in diesem Sinne stark dafür, Russland als «Energiesupermacht» zu bezeichnen. Das Etikett kam gut an. Kritische Geister wie der bekannte Politologe Wladimir Pribylowski hielten allerdings weder diesen Titel noch den einer «souveränen Demokratie» für zutreffend. Russland sei vielmehr eine «souveräne Oligarchie» nach dem Muster rohstoffreicher Länder der Dritten Welt.[51]

Putin und die USA

«Energiesupermacht», «Souveränität» und «Stabilität» blieben bis auf weiteres zentrale Schlagworte bei der Behauptung des Putin'schen Herrschaftssystems. Mit der ständigen Betonung der «Stabilität» wurde das neue Regime ganz bewusst positiv von den Wirren der neunziger Jahre abgegrenzt. Die Legitimitätsressource «Stabilität» wurde sogar zum vorrangigen Markenzeichen der zweiten Präsidentschaft Putins. Die Regie für diese werbewirksame Vermarktung des Regimes lag weiterhin in den Händen bewährter Polittechnologen. Kritische Soziologen stellten deswegen fest, dass die Politik überhaupt immer mehr zu einer politischen Technologie und im Gefolge der Revolution in Orange sogar zu einer «Technologie der Konterrevolution» verkam.[52] Zu diesem Trend gehörten auch die offizielle Förderung eines gemäßigten russischen Nationalismus und die Propagierung Putins als nationaler Führer und Modernisierer des Landes. Vergleiche mit dem amerikanischen Präsidenten Franklin Delano Roosevelt kamen in Mode. Dieser hatte während vier Amtszeiten in Folge mit seinem New Deal die USA über wirtschaftliche Krisenzeiten erfolgreich hinweggesteuert. Die Gleichsetzung von Roosevelt mit Putin diente auch dazu, eine beliebige Verlängerung von Putins Amtszeit gerechtfertigt erscheinen zu lassen.[53]

Putin selbst befand sich im Umgang mit Washington zunehmend in einem Dilemma. Während er sich dem amerikanischen Präsidenten George W. Bush persönlich zugetan fühlte, zielte die russische Außenpolitik in Richtung Konfrontation. Die jeweiligen Positionen zum bilateralen ABM-Vertrag über die Begrenzung von Raketenabwehrsystemen und zum Irakkrieg waren unvereinbar. Hinzu kam die Wahrnehmung der USA als feindlicher Eindringling in der Ukraine, also in Russlands unmittelbarer Nachbarschaft. Zunächst versuchte Putin sich aus dem Dilemma herauszuwinden, indem er etwa die Entscheidung zur militärischen Intervention im Irak einen «schweren politischen Fehler» nannte, aber zugleich betonte, wie stolz er darauf sei, den amerikanischen Präsidenten weiterhin seinen Freund nennen zu dürfen.

Wie aus mehreren Quellen heute bekannt ist, hatte Putin, kaum selbst im Amt, in George W. Bush sein größtes Vorbild als Verkörperung eines starken nationalen Führers ausgemacht. Noch deutlicher stieg die Bewunderung für den «militärischen Imperator», wie man Bush im Kreml nannte, nachdem dieser 2004 glatt wiedergewählt wurde und zudem eine Mehrheit in beiden Häusern des amerikanischen Kongresses erhielt.[54] Noch vor der aufkommenden Volksbewegung in der Ukraine hatte Putin sogar eifrige Wahlwerbung für Bush betrieben. Später äußerte er Genugtuung darüber, dass das amerikanische Volk eine angemessene Wahl getroffen habe. Er pries Bush als einen Mann mit starkem Charakter, was sich besonders im Kampf gegen den Terrorismus gezeigt habe. Gleb Pawlowski berichtet, dass Putins Verhältnis zu Bush von «Neid und Respekt, zugleich aber auch von Sorge» gekennzeichnet war.[55] Nach dem ungeschickten Umgang des amerikanischen Präsidenten mit den Verwüstungen des Hurrikans Kathrina im Sommer 2005 habe Putin jedoch seine Bewunderung für den amerikanischen Präsidenten verloren. Zum neuen uneingeschränkten Rollenmodell für Putin avancierte jetzt der italienische Führer Silvio Berlusconi, mit dem er ein ähnliches Weltbild teilte und von dem keine Kritik an Russlands «souveräner Demokratie» zu erwarten war. [56]

Demgegenüber wuchsen angesichts der Vorgänge in der Ukraine die Sorge und der Widerstand des Kreml gegen Washingtons Kreuzzug für die Demokratie in der Welt. Rhetorische Angriffe auf die USA nahmen zu. Schon Anfang Dezember 2004 wetterte Putin gegen «die Diktatur der internationalen Politik», die «selbst verhüllt in pseudodemokratischen Phrasen» keine Probleme zu lösen vermöge. Gut zwei Jahre später spitzte Putin auf der Münchner Internationalen Sicherheitskonferenz im Februar 2007 die Kritik an der Politik der Vereinigten Staaten noch weiter zu. Er wehrte sich vor allem dagegen, dass die USA der ganzen Welt ihre «unilaterale» Weltsicht oktroyierten.[57] Während Putins Rede den Westen schockierte, erhielt sie in Russland großen Beifall. Sie fügte sich glänzend in die Pflege des Feindbildes USA ein. Kritische Stimmen sahen in der antiamerikanischen Haltung das vorrangige Ziel des Kreml, das autoritäre politische System nach innen zu legitimieren und zu festigen.

«Souveräne Demokratie», «östliche Demokratie»

Tatsächlich spielte die russische Führung weiter auf der antiamerikanischen Klaviatur, um sowohl die hegemonialen Ambitionen der USA zu bestreiten, als auch um die eigene «souveräne» Demokratie zu verteidigen. Im September 2007 zählte Putin im Rahmen des jährlichen Treffens des Waldai-Klubs – ein Forum für offenen Austausch zwischen Vertretern der russischen Führung und westlichen Russlandexperten – die wenigen Länder auf, die sich ungeachtet des amerikanischen Ausgreifens «noch souverän» nennen könnten. Es seien dies «China, Indien, Russland und noch ein, zwei andere Länder». Russland habe seine eigene Version von Demokratie. Dazu gehöre, dass Russland die Begriffe der Menschenrechte und der Meinungsfreiheit auf seine Weise neu interpretiere. Er sagte: «Die russische Demokratie ist die Macht des russischen Volkes, nichts sonst, mit ihren eigenen Traditionen der Selbstverwaltung, und nicht die Umsetzung uns von außen auferlegter Standards.» Putins Bezug auf die «Macht des Volkes» hatte allenfalls insofern seine Berechtigung, als die von Moskau gegängelten und vom Fernsehen gepuschten Kremlparteien in Wahlen beachtliche Mehrheiten einfuhren. Eine Spurensuche nach Selbstverwaltung im untersten Glied von Putins Machtvertikale war indessen völlig müßig. In dem für kontroverse Diskussionen durchaus offenen «Waldai-Klub» kam es Putin vor dem ausländischen Publikum jedoch vor allem darauf an, Russlands Sonderweg vor dem Hintergrund einer heroischen nationalen Geschichte zu preisen und so erneute Belehrungen von außen abzuwehren (die freilich trotzdem nicht ausblieben). Sergei Iwanow, ein enger Vertrauter Putins und ein Hardliner unter den Silowiki, hatte für die Abwehr dieser lästigen Lektionen schon länger ein einfaches Rezept parat: In Russland herrsche eben eine andere Demokratie, nämlich eine «östliche Demokratie».[58]

Gegen Ende von Putins zweiter Präsidentschaft ging es um die Frage, wie die Stabübergabe an der Spitze des Staates zu bewerkstelligen war. Tatsächlich sollte sich die «gelenkte Demokratie» als äußerst flexibel erweisen, um auch die – nach Putins eigener Inthronisation im Jahr 2000 – zweite «Operation Nachfolger» erfolgreich über die Bühne zu bringen. Diese barg durchaus große Risiken. Weder durften der informelle Pluralismus und die oligarchische Innenarchitektur des Systems zu stark ins Wanken geraten, noch durfte die scheindemokratische Außenfassade Schaden nehmen. Schließlich musste bei den Präsidentschaftswahlen eine Mehrheit für den verabredeten Kandidaten sichergestellt werden. Man konnte gespannt sein, wie die «östliche» bzw. «souveräne Demokratie» mit all diesen Herausforderungen fertig werden würde.

Die zweite Operation Nachfolger

Die Vorbereitungen für die Präsidentschaftswahlen, die für das Frühjahr 2008 angesetzt waren, begannen schon im Herbst 2005. Es wurden zwei halboffizielle Kandidaten aus der engeren Entourage Putins zu einer Art Probelauf um die Nachfolge im Präsidentenamt zugelassen. Man erkannte ihre sogenannte Kandidatur nur daran, dass beide in der Regierungshierarchie aufstiegen. So avancierte Dmitri Medwedew von der Spitze der Präsidialadministration in das Amt eines Ersten Vizepremiers. Ähnlich erhielt Sergei Iwanow, zusätzlich zu seinem Amt als Minister der Verteidigung, den Rang eine Ersten Vizepremiers. Ab Februar 2007 waren beide ranggleiche Vizepremiers. Während Medwedew den wirtschaftsliberalen Technokraten und aufgrund seiner Ausbildung speziell den eher liberalen und weltoffenen «Petersburger Juristen» zuzurechnen war, brachte Sergei Iwanow den Ruch eines politischen Falken und die Karriere eines klassischen Silowik mit in den informellen Probelauf. Die Profile der beiden näherten sich bald auffällig an. Daraus war zu schließen, dass es sich für die politischen

Kombattanten in der «souveränen Demokratie» offenkundig nicht ziemte, unterschiedliche politische Zielsetzungen zu vertreten.[59]

Im August 2007 lag Meinungsumfragen zufolge Iwanow vor Medwedew. Als Putin am 14. September seinen Ministerpräsidenten plötzlich entließ, war es für alle Beobachter eine ausgemachte Sache, dass Iwanow dem Premierminister und sodann dem Präsidenten ins Amt folgen würde. Dies hätte dem für die Nachfolge Putins auf Jelzin aufgelegten Szenario entsprochen Zur Überraschung vieler berief Putin jedoch den unbekannten sechsundsechzigjährigen Wiktor Subkow, einen klassischen sowjetischen Apparatschik, zum neuen Regierungschef. Offensichtlich wurde das Muster des Machttransfers von Jelzin auf Putin nicht exakt kopiert, obwohl auch damals Jelzins «Kremlfamilie» darauf geachtet hatte, zwischen dem bekannten Premierminister Primakow und dem unbekannten Putin einen Puffer in Gestalt Sergei Stepaschins zu platzieren. War Subkow diesmal der Puffer, den man brauchte, um bei der definitiven Nominierung des Nachfolgers Zeit zu gewinnen? Wollte Putin zuerst bei den anstehenden Parlamentswahlen die Zustimmung zu der Kremlpartei «Einiges Russland» so in die Höhe treiben, dass das unsichtbare Politbüro eine größtmögliche Manövrierfähigkeit bei der Stabübergabe an den letztlich auserwählten Nachfolger hatte? Für die Richtigkeit dieser Annahme spricht, dass tatsächlich alles getan wurde, um eine breite Zustimmung der Wähler zu mobilisieren. Mit diesem Pfund konnte Putin dann gegenüber den Gruppen in den informellen Regierungsbereichen wuchern, um auch hier mögliche Widerstände einzudämmen.

Bereits im September 2007 wusste allerdings Putins «innerer Kreis» darüber Bescheid, dass Medwedew der Auserwählte war. Jetzt wurde die Choreographie der zweiten «Operation Nachfolger» im Einzelnen festgelegt. «Wir haben alles geregelt!», prahlte Putin bald gegenüber seinen engsten Vertrauten.[60] Die Regie für das Vorgehen umfasste mehrere Schritte. Zunächst musste Subkow klargemacht werden, dass er nur die Rolle eines Platzhalters erhalten hatte. Sodann mussten die Parlamentswahlen in ein Plebiszit für Putin umfunktioniert werden, um die Nominierung Medwedews auf einen sicheren Weg zu bringen. Schließlich musste das Volk in den Wahlen diesem Arrangement zustimmen. Dies machte es erforderlich, heikle Wahlkämpfe zu vermeiden.

Der Plan ging zunächst glatt auf. Subkows Ambitionen auf eine eigene Kandidatur wurden erfolgreich gekappt. Putin selbst wurde zum «nationalen Führer» erklärt. Dabei zögerte der Duma-Vorsitzende Boris Gryslow nicht, die Identität des Landes mit der Person Putins gleichzusetzen: «Das heutige Russland ist Putin. Ein Russland ohne Putin ist ein Russland ohne Führung, ein Russland ohne Willen, ein Russland … als Beute.»[61] Während sich dieses Bild von Putins Führerschaft in erster Linie gegen ein feindliches Ausland zu richten schien, war im Herbst 2007 in Wirklichkeit Putins Kommandokraft nach innen vonnöten. Offenkundig hatte die bevorstehende Stabübergabe die Verständigung unter den informellen Kremlgruppen unmöglich gemacht. Vor allem unter den Silowiki war die Unruhe groß. Das FSB, das von Jelzin in eine vielköpfige Hydra aufgegliederte Nachfolgeorgan des KGB, brachte offene Machtkämpfe in den eigenen Reihen an den Tag. So wurde für alle sichtbar, dass das so hoch gelobte stabile Regime in Wirklichkeit ein Staat auf tönernen Füßen war.

Vor dem Hintergrund der Erschütterungen in den Sicherheitsdiensten war es also jetzt höchste Zeit, die Parlamentswahlen in ein erfolgreiches Plebiszit für den nationalen Führer umzuwandeln. Dazu kandidierte Putin selbst auf Platz 1 der Parteiliste des «Einigen Russland», ohne jedoch Parteimitglied zu sein. Duma-Vorsitzender Boris Gryslow wurde nicht müde, den Wählern einzutrichtern, dass die Dumawahl «kein Kampf unter Parteien um Mandate» sei, sondern ein landesweites «Referendum zur Unterstützung von Putin».[62] Gryslow hatte schon 2005 mit seinem Spruch, dass das Parlament kein Platz für politische Diskussionen sei, den Ruhm eines Einpeitschers in Sachen «gelenkter Demokratie» erworben.[63] Gryslows Werben zeigte Wirkung. Die nominell regierende Partei «Einiges Russland» erhielt Anfang Dezember 2007 die erwünschte verfassungsgebende Zweidrittelmehrheit.

Die letzten Vorbereitungen für Medwedews Kandidatur zur

Präsidentschaft konnten beginnen. Putin präsentierte den Auserwählten der Öffentlichkeit als den vorgeblich von mehreren Parteien vorgeschlagenen Kandidaten für das Präsidentenamt. Dieser nahm die Nominierung dankend an und appellierte unverzüglich an Putin, im Falle seiner Wahl doch seinerseits den Vorsitz der Regierung zu übernehmen. So nahm die Idee eines Duumvirats konkrete Gestalt an. Die Medien stimmten die Öffentlichkeit auf den großen Nutzen eines «Tandems» von Medwedew und Putin ein. Alles Weitere fügte sich wie geplant. Putin tröstete sich öffentlich mit der Einsicht, dass er auch als Premierminister über «genug Macht» verfügen werde. Medwedew vermied einen offenen Wahlkampf. Anfang März 2008 endete die zweite «Operation Nachfolger» erfolgreich mit Medwedews Wahl. Er erhielt bei einer Wahlbeteiligung von knapp 70 Prozent ein klares Mandat von 70,28 Prozent der abgegebenen Stimmen. Schon lange vor den Wahlen hatten Meinungsumfragen bestätigt, dass eine Mehrheit für jeden Kandidaten stimmen wolle, den Putin favorisieren werde. Tatsächlich lief die Wahl Medwedews auf ein Vertrauensvotum für Putin und auf ein Ernennungsritual für Medwedew hinaus. Nur einen Tag nach der Inauguration Medwedews als Präsident wurde Putin von der Duma «mit nahezu monarchischen Ehren» empfangen und mit einer fulminanten Zustimmung der Abgeordneten – 392 von 450 – im neuen Amt bestätigt. [64]

Am Ende der ersten beiden Präsidentschaften Putins hatte Russlands Herrschaftssystem insofern ein klares Profil erlangt, als die demokratischen Elemente des Systems Jelzin endgültig in einer «gelenkten Demokratie» aufgegangen waren. Die anarchischen Elemente hatten sich in einem autoritären System mit verschärfter Kontrolle nach innen und stärkerer Behauptung der weltpolitischen Geltung des Landes nach außen verloren. An die Stelle der Medienvielfalt und Medienfreiheit der neunziger Jahre waren staatliche Fernsehkanäle gerückt. In ihnen steuerten die vom Kreml engagierten Polittechnologen die öffentliche Meinung und rührten die Werbetrommeln für den Kurs Putins, des «nationalen Führers». Dieser dominierte im inneren Kreis der geheimen Mitregenten so stark, dass er sich seinen eigenen Nachfolger nach Gutdünken aussuchen konnte. Es blieb abzuwarten, wie tragfähig das Experiment mit einer Doppelspitze sein würde.

Der Putinismus als neues Herrschaftssystem hatte nun zwar ein klares Profil erhalten, doch passte dieses in keines der klassischen Herrschaftsmodelle hinein. Politologen reden gerne von «hybriden» Systemen und verstehen darunter in der Regel eine Mischung aus demokratischen und autokratischen Elementen, wie dies für Transformationsstaaten durchaus charakteristisch ist. In Russland unter Putin entstand jedoch eine Hybride der ganz besonderen Art, nämlich eine Symbiose autokratischer und oligarchischer Strukturen. Es war eine komplexe Mischung aus plebiszitärer Führerherrschaft, autokratischer Machtvertikale und geheimer Oligarchie aus Geheimdienstlern und Wirtschaftskapitänen. Während der politische Parteienpluralismus im Rahmen der Machtvertikale in die Bedeutungslosigkeit absank, gewann der Pluralismus zwischen den informellen «Kremlgruppen» immer mehr an Dynamik. Dazu bietet die Periode des Übergangs von der Präsidentschaft Putins in das Duumvirat Putin-Medwedew reichliche Anschauung, wie im Folgenden zu zeigen sein wird.

3. Das Tandem Putin-Medwedew und die Krise des Putin-Syndikats (2008–2012)

Aus dem Verständnis heraus, dass die fortgesetzte Kontrolle über Staat und Gesellschaft nur durch ein Führungskollektiv aus dem Putin-Syndikat über das Ende der Präsidentschaft Putins hinaus politische Stabilität gewährleisten könne, entstand das «Tandem» von Putin und Medwedew. Doch schon die Bildung und eine vier Jahre lange Aufrechterhaltung eines Duumvirats waren nicht ohne Risiko. Erst recht waren Turbulenzen oder gar eine Krise des Systems zu erwarten, wenn nach Ablauf der Doppelherrschaft eine erneute «Operation Nachfolger» zu bewältigen sein würde.

Schlammschlacht der Geheimdienste

Schon im Vorfeld der förmlichen Stabübergabe von Putin auf Medwedew verschärften sich die Rivalitäten unter den verschiedenen Klans aus Wirtschaftsbossen und Geheimdienstlern. Dabei schien die weitere Dominanz der Vertreter der Sicherheitsorgane nicht grundlegend gefährdet. Vielmehr spitzten sich Konflikte unter diesen und zwischen den einzelnen Behörden der Staatssicherheit zu. Die öffentlichen Auseinandersetzungen um verschiedene Erbhöfe stießen ein Fenster mit einem breiten Blick auf das komplizierte Innere des Systems Putin auf. Beobachter erhielten Anschauung von Akteuren, Strukturen und Handlungsstrategien im russischen Schattenstaat, in dem sich jedoch das eigentliche politische Leben des Landes abspielt. Die Beweggründe der Spitzenakteure wurden ebenso sichtbar wie die Zusammensetzung der informellen Klans. Schließlich wurde deutlich, dass es Putins wichtigste politische Aufgabe war, den informellen Wettbewerb der Klans zu moderieren. Mit Putins Ausscheiden aus dem Präsidentenamt könnte das schützende Dach, unter dem die einen nicht durch die anderen übervorteilt werden konnten, verloren gehen. Diese Sorge trat in der öffentlichen Schlammschlacht zwischen den verschiedenen Sicherheitsorganen im Herbst 2007 auf drastische Weise hervor.

Es fing damit an, dass der Leiter der Drogenkontrollbehörde, Polizeigeneral Wiktor Tscherkessow, in der angesehenen Zeitung *Kommersant* am 9. Oktober 2007 vor einem selbstmörderischen Krieg unter den Geheimdienstlern warnte. Er stellte seinen Beitrag unter den Titel «Soldaten dürfen keine Kaufleute sein» und spielte damit auf strittige Wirtschaftskonflikte als die eigentlichen Ursachen des Schlagabtauschs an.[1] Kurze Zeit zuvor war Tscherkessows Stellvertreter, Generalleutnant Alexander Bulbow, unter der Beschuldigung illegaler Abhörpraktiken seitens des Föderalen Sicherheitsdienstes (FSB) verhaftet worden. Tatsächlich stand ein Verteilungskonflikt über Schmuggelware aus China für ein großes Moskauer Möbelunternehmen im Hintergrund. Tscherkessow zögerte nicht, den Leiter des FSB, Nikolai Patruschew, der Einleitung vorgeblich unrechtmäßiger Strafmaßnahmen wie der Verhaftung Bulbows zu beschuldigen.[2]

Tscherkessows Einlassung ging jedoch weit über den konkreten Fall hinaus. Seine Gedanken mündeten in ein Bekenntnis zum Polizeistaat schlechthin. So argumentierte er, dass die Geheimdienste als Träger und Garanten der russischen Staatsgewalt sich nicht in inneren Kriegen verlieren dürften, widrigenfalls sei die allgemeine politische Stabilität des Landes in Gefahr. Die «tschekistische Korporation» müsse sich an feste allgemeine Regeln halten. Unter Berufung auf die «Tscheka», den ersten sowjetischen Geheimdienst unter Lenin, behauptete er, dass es der «Tschekismus» als Inbegriff eines von Geheimdienstlern sicher geführten Staates gewesen sei, der Russland auf dem Weg in die nachsowjetische Zeit gerettet habe. Die buchstäblich staatstragende Funktion des Tschekismus habe sich daran gezeigt, dass «die postsowjetische Gesellschaft, die dem Abgrund entgegentaumelte, sich am Haken der Sicherheitsorgane festklammerte». Es sei eine unstrittige Tatsache, dass die Tschekisten das Land vor dem endgültigen Zusammenbruch bewahrt hätten. Darin liege die Bedeutung «der Epoche Putins und das historische Verdienst des Präsidenten Russlands. Und dies bürdet unserem Berufsstand eine riesige Verantwortung auf, die weit entfernt ist von großtuerischer Selbstzufriedenheit». Den «Organen» sei es jedenfalls zu verdanken, so schlussfolgerte der General, dass aus dem Chaos des Zusammenbruchs eine «minimale Ordnung» entstanden sei.

Tscherkessows Ausführungen über die Korporation der Tschekisten als Blaupause für den postsowjetischen Staat fand unter kritischen Kommentatoren viel Aufmerksamkeit. Manche sahen darin genau das neue «Staatsordnungsmodell», wie es von Putin in Russland eingeführt worden sei.[3] Dazu passte jedenfalls, dass die große Mehrheit der obersten Staatsdiener wie Putin selbst der tschekistischen Korporation entstammte. Alle Leiter der neuen Sicherheitsbehörden waren ehemalige Mitarbeiter und Weggefährten Putins aus dem KGB oder aus der Petersburger Stadtverwaltung. Putins Autorität gegenüber seinen Staatsdienern gründete nicht zuletzt auf diesem Umstand. Umgekehrt forderte er von seinen Gefolgsleuten genau deswegen absolute Loyalität ein. Ein gemeinsames Merkmal der Petersburger Garde war eine übereinstimmende Mentalität und Weltsicht, vor allem die Vorstellung von der Notwendigkeit eines starken Staates und von der fortgesetzten Vorherrschaft der Korporation. Einige kritische Autoren wie der Ökonom Wladislaw Inosemzew und die Soziologin Olga Kryschtanowskaja schrieben Putins Kadern neben dem Korpsgeist der Geheimdienstler am ehesten eine spätsowjetische Mentalität zu.[4] Die beiden namhaften Wissenschaftler ebenso wie eine ganze Reihe weiterer Autoren betonten im Übrigen, dass es nicht so sehr der tschekistische Korpsgeist sei, der die herrschenden Eliten verbinde, vielmehr sei es das Interesse an kommerziellen Möglichkeiten und an der Häufung materieller Besitztümer, also genau der Geist von «Kaufleuten», den Tscherkessow in seinem Manifest so entschieden gegeißelt hatte.[5]

«Putingarchen» und ihre rivalisierenden Klans

Aus dem verbreiteten Interesse der Silowiki am Business, am *bisines*, wie man Unternehmertum und Geschäftswelt auf Neurussisch bezeichnete, resultierte der informelle Pluralismus der neuen *bisinesmeny*. Unter Putins Mandarinen bildeten sich verschiedene Gruppen mit je eigenen wirtschaftlichen Interessen und mehr oder weniger engen persönlichen Beziehungen heraus. Darunter stachen vor allem der sogenannte Patruschew-Setschin-Klan und der Tscherkessow-Solotow-Klan heraus. Die Namen standen nicht nur für Schlüsselfiguren in den beiden Klans, sondern für ihre Mitgliedschaft im größeren Putin-Syndikat. Die Akteure buhlten um besondere Nähe zu Putin, um politischen Einfluss und um Profit auf Russlands Wirtschaftsmärkten. Andrei Illarionow, der zu Putins Wirtschaftsberatern gezählt hatte, bis er aus Protest gegen die Chodorkowski-Affäre in das Lager der Regimekritiker wechselte, hatte eine einfache Erklärung für die Ambitionen der «Putingarchen» parat. Seiner Meinung nach setzten die Mitglieder der «Kremlkorporation» alles daran, den Vorsitz über ein staatlich kontrolliertes Unternehmen zu erreichen. Der Umfang der Finanzflüsse dieses Unternehmens bestimme dann die Position, die diese Person in der «korporativen Hierarchie», also in der Machtstruktur des Kreml, einnehme. [6]

Das Putin-Syndikat tritt uns als die Gesamtheit der einflussreichsten wirtschaftlichen und politischen Akteure Russlands mit direktem Kontakt zum Präsidenten entgegen. Sie sind es, die in der Politik das Sagen haben. Sie verteilen sich auf die Spitzen der mächtigsten Großunternehmen und auf die Leiter der höchsten staatlichen Ämter. Kryschtanowskaja hat dies so ausgedrückt: «Nur drei Gruppen beherrschen Russland: Die Geschäftswelt (das *bisines*), die Machtminister (die Spitzen der Behörden, die das staatliche Gewaltmonopol verwalten) und die Regierungsbürokratie, die von den Mitgliedern der ersten beiden Gruppen angeleitet wird.»[7] Der Soziologin zufolge seien die drei Gruppen miteinander vielfältig verflochten und gliederten sich in lose horizontale Strukturen auf, in informelle «Klans». Diese nenne man auch «Finanz-Politische Gruppen». Sie bestünden in der Regel aus einem oder zwei Klanführern, aus Teilen der Beamtenschaft und aus unabhängigen, nur gelegentlichen Mitspielern außerhalb des Klans wie den Oligarchen der Jelzinzeit. Während die Anführer des Klans dessen Richtung und Strategie bestimmten und jedenfalls persönlichen Zugang zu Putin hätten, seien die der Seilschaft nahestehenden Staatsbeamten dem jeweiligen Klanführer faktisch untergeordnet.

Die Entstehung der Klans geht auf Rivalitäten um hochrangige Posten im Petersburger und dann im Moskauer Umfeld Putins zurück. Nikolai Patruschew trat die Nachfolge Putins in der Leitung des FSB an. Er profilierte sich als konservativer Tschekist, voller Misstrauen gegenüber dem Westen, und als strammer Anhänger der Idee von Russland als Großmacht und starkem Staat. Bei der traditionellen Jahresfeier zu Ehren der Tscheka im Dezember 2000 lobte Patruschew das besondere Dienstethos der Mitarbeiter des FSB. Man müsse sie deshalb als Russlands «neuen Adel» ansehen.[8] Der Ausspruch wurde zum geflügelten Wort. Patruschew bekleidete nur den zweiten Platz in dem von ihm zusammen mit Igor Setschin geleiteten Klan, während dieser stets dominierte. Setschin profilierte sich auf hohen Posten in der Präsidialadministration, in der Regierung und als tüchtiger Manager in der Energiebranche, so in der Führung des Ölunternehmens Rosneft. Setschin war der «Unternehmerbürokrat» par excellence, der unter Putin Fortune machte. Ihm wurde der Schlag gegen Chodorkowskis Unternehmen Jukos und dessen Einverleibung durch Rosneft zugeschrieben. Setschins frühere Betätigung als Übersetzer in portugiesischsprachigen Ländern Afrikas deutete auf eine Verbindung zum militärischen Geheimdienst GRU hin.[9] Setschin sah sich selbst als Putins rechte Hand und er erwarb sich schon früh den Ruf, neben Putin der mächtigste politische Akteur in Russland zu sein. Andrei Rjabow sprach von einem «Triumvirat» aus Putin, Medwedew und Setschin.[10]

Als prominente Mitglieder des Patruschew-Setschin-Klans galten auch Innenminister Raschid Nurgalijew und Generalstaatsanwalt Wladimir Ustinow. Dessen Tochter Inga war mit Setschins

Sohn Dmitri verheiratet. Ustinow hatte sich als Oligarchenjäger der Jelzinzeit hervorgetan und besondere Verdienste bei der Verfolgung Chodorkowskis erworben. Er wurde aus heiterem Himmel im Juni 2006 seines hohen Amtes entbunden und durch den damaligen Justizminister Juri Tschaika ersetzt. Im Gegenzug erhielt er den Posten des Justizministers, der jedoch mit weitaus weniger Macht und Prestige verbunden war als das traditionsreiche Amt des «Generalprokurators». Der überraschende Ämterwechsel hatte den Charakter einer «speziellen Operation» (*spezoperazija*), so wie dies für Geheimdienstler typisch ist. Ebenso gut passte dies in das Handbuch der «gelenkten Demokratie».[11] Über die Beweggründe für die Personalrochade wurde noch lange gemunkelt, obgleich der unmittelbare Eindruck entstand, Putin wollte mit der Demontage Ustinows vor allem ein akutes Ungleichgewicht zwischen den informellen Klans korrigieren. Jedenfalls lief der Vorgang auf eine deutliche Zurücksetzung Ustinows und auf eine klare Schwächung der Schlagkraft des ganzen Klans hinaus.

Russische «checks and balances»: Entmachtungen und Verhaftungen

Auf die «Spezoperazija» hatten wohl noch weitere Motive eingewirkt. So hatte man in der Publizistik schon eine ganze Weile Ustinow als einen potentiellen Nachfolger im Präsidentenamt gehandelt. Es war davon auszugehen, dass Putin eine derartige Perspektive wenig goutierte. Michail Sygar berichtet auf der Basis seiner Interviews mit kundigen Insidern, dass Putin sich an dem engen Zusammenrücken von Ustinow, Setschin, Premierminister Fradkow und Moskaus Bürgermeister Luschkow störte.[12] Offensichtlich wollte er Näheres über die Zusammenkünfte der Vier wissen. Wiktor Tscherkessow und Wiktor Solotow, oberste Silowiki und Anführer des rivalisierenden Klans, ließen es sich gerne angelegen sein, Putin mit Abhörmaterial von den Unterhaltungen der «Viererbande» zu versorgen. Dabei kam heraus, dass sich die Gespräche vorwiegend um slawophile Philosophen, die Orthodoxie und um konservatives Gedankengut drehten. Es wurde auch erörtert, dass der amtierende Premierminister Fradkow einen exzellenten Präsidenten abgeben würde.[13] Aufgrund dieser Informationen entschied sich Putin kurzerhand zum Durchgreifen. Er entließ Ustinow und stoppte so alle etwaigen Anmaßungen des kleinen informellen Zirkels, der sich innerhalb des Patruschew-Setschin-Klans gebildet hatte. Womöglich sah Putin die Zeit gekommen, seine autonome Entscheidungsgewalt mit Aplomb demonstrieren zu müssen, allen klar zu machen, dass er der Herr im Hause und nicht die Geisel seines Syndikats war. Mit der Personalrochade aktivierte Putin im Übrigen die typisch russische Version von «checks and balances», ein Instrument, das bereits Jelzin mit seinem häufigen «Kaderkarussel» glänzend beherrscht hatte.

Um die Klankämpfe stärker einzudämmen und Putin das Schiedsrichteramt zu erleichtern, wurde im Sommer 2007 sogar eine neue Institution gegründet, das «Sledstwenny Komitet» (SK), eine eigene Strafverfolgungsbehörde, die zunächst in der Staatsanwaltschaft angesiedelt war.[14] Tatsächlich lief dieser Schritt fürs Erste auf eine Entmachtung der mittlerweile von Tschaika geleiteten Generalstaatsanwaltschaft hinaus. Genau das war aber das Ziel des Patruschew-Setschin-Klans, konnte dieser doch auf diesem Weg den neuen Generalstaatsanwalt Tschaika und indirekt auch den rivalisierenden Tscherkessow-Solotow-Klan, dem dieser nahestand, schwächen. Putin war seinerseits daran interessiert, am Vorabend der geplanten Stabübergabe im Präsidentschaftsamt loyale Leute auf wichtige Posten zur eigenen Machtabsicherung zu platzieren. Er berief seinen Studienkollegen Alexander Bastrykin zum Leiter der neuen Strafermittlungsbehörde. Dieser würde fortan an der Domestizierung der Klans beteiligt sein, wenn auch keineswegs als neutrale unparteiische Instanz. So veranlasste das neue Komitee unter klarer Parteinahme für den Setschin-Klan die erwähnte Verhaftung von Tscherkessows Stellvertreter Bulbow.[15]

Mithilfe Bastrykins erreichte der Patruschew-Setschin-Klan weitere Verhaftungen, die als Hiebe gegen den Tscherkessow-Klan gedacht waren. Einer dieser Vorgänge legte so ganz nebenher offen, dass die in den Sicherheitsorganen amtierenden Putinkader ursprünglich mit dem Organisierten Verbrechen gemeinsame Sache gemacht hatten. War doch eine der verhafteten Personen niemand anders als Wladimir Barsukow alias Wladimir Kumarin, der Pate der sogenannten Tambow-Mafia. Mit dem Arrest sollte vor allem General Wiktor Solotow, der Leiter des Präsidialen Sicherheitsdienstes, ein enger Freund und Verbündeter Tscherkessows und Putins langjähriger oberster Leibwächter, getroffen werden. Die Generalstaatsanwaltschaft wurde beauftragt, etwaige Verbindungen zwischen Solotow und dem früheren Mafiaboss zu untersuchen. Das Ziel bestand wohl darin, Solotow wegen Verbindungen zum Organisierten Verbrechen öffentlich anzuschwärzen.[16]

Eine nächste Verhaftung, die seitens des Setschin-Klans gegen Tscherkessow und im weiteren Sinne auch gegen den wirtschaftsliberalen Finanzminister Alexei Kudrin gerichtet war, brachte dessen Stellvertreter Sergei Stortschak mit dem Verdacht auf Vorteilsnahme und Bestechlichkeit hinter Gitter. Erneut war Putins neue Strafverfolgungsstelle, das Sledstwenny Komitet, initiativ geworden. Da Stortschak mit der Aufsicht über den auf 144 Milliarden Dollar geschätzten Ölstabilitätsfonds der Regierung betraut war, sahen Kommentatoren den Streitapfel in dieser besonderen Kompetenz, die sich führende Silowiki teilen wollten. Der Minister gab sich entsetzt und zeigte völliges Unverständnis für die Verhaftung seines Mitarbeiters, die während seiner eigenen Abwesenheit auf einer Dienstreise nach Südafrika erfolgt war. Von dort zurückgekehrt erhielt er die schockierende Nachricht. Er sicherte Stortschak vollste Loyalität zu, er wolle seinen im berüchtigten Gefängnis Lefortowo einsitzenden Mitarbeiter umgehend besuchen.[17]

Unterdessen machten sich aufgrund der notorischen Angriffe des Setschin-Klans Schrecken und Sorge unter Putins Kadern breit. Der eigentliche Grund für die heftigen Klankämpfe lag in der Weigerung der Silowiki und zumal des Setschin-Klans, Putins Ausscheiden aus dem Präsidentenamt hinzunehmen. In der Öffentlichkeit glossierte man die Gruppe nicht zu Unrecht als die «Partei der dritten Amtszeit (von Putin)». Putin war angesichts der Eskalation der Konflikte daran interessiert, die Hausbrände unter den Sicherheitsorganen schnellstens zu löschen. Er hatte dafür eine

salomonische Lösung parat, indem er Tscherkessows vergleichsweise schwächer gestellte Drogenkontrollbehörde mit einem neuen
staatlichen Komitee ausstattete. Zugleich wurde der Behördenchef
dafür gescholten, «schmutzige Wäsche» in die Öffentlichkeit getragen zu haben. Der Konflikt hätte überhaupt nicht in die Medien,
sondern vor die Justiz kommen müssen, meinte Putin. Damit
rettete sich Putin in eine nichtssagende Floskel, wusste er doch
selbst nur zu genau, dass von der russischen Justiz kein unabhängi-
ges Urteil zu erwarten war.[18]

Der Fall Oleg Schwarzman

Während der Turbulenzen, die im Zusammenhang mit der zweiten «Operation Nachfolger» aufgetreten waren, kam ein Skandal
an die Öffentlichkeit, der auf seine Weise von den wenig lauteren
Machenschaften der Geheimdienstler im System Putin zeugte. Es
ging um den Fall «Oleg Schwarzman». Der junge Fondsmanager
Schwarzman berichtete in einem Interview mit dem *Kommersant*
Anfang Dezember 2007 über die typischen Vorgehensweisen von
Putins Silowiki, wenn es darum ging, die Eigentümer von Unternehmen zur Abgabe ihrer Besitztümer zu bewegen. Auf die Frage,
für wen er in seinem Fonds Finansgrup riesige Vermögen verwalte,
antwortete Schwarzman offenherzig, es handele sich vorwiegend
um hochrangige Leute, «alles einander nahe stehende Personen,
Mitarbeiter des Inlandsgeheimdienstes FSB und des Auslandsgeheimdienstes SWR». Schwarzman bezog sich ausdrücklich auf
Igor Setschin, mit dessen Hilfe er eine «samtene Verstaatlichung»
durchführe. «Wir sammeln keine Unternehmen, sondern mini-
mieren mit Hilfe verschiedener Instrumente deren Kapitalisie-
rung.» Es gehe nicht um überfallartige Übernahmen (reiderstwo),
vielmehr arbeite er eher wie ein «Staubsauger». Er sei dazu da, «alle
möglichen Chodorkowskis niederzudrücken, zu beugen und zu
quälen».[19] Seine Aufgabe sei es, Aktiva für eine Struktur zu sammeln, die später in eine «Staatskorporation» übergehen solle. Soweit die Enthüllungen des jungen Fondsmanagers, die – darüber

waren sich Kommentatoren einig – dem Ansehen Setschins schaden sollten. Auch wenn die Ausführungen Schwarzmans seitens der Betroffenen dementiert wurden und es im Wesentlichen auch nur um eine weitere Intrige im Vorfeld der Beendigung der Präsidentschaft Putins ging, wurde die Richtigkeit der Kernaussage zur «samtenen Verstaatlichung» auch von seriöser Seite nicht in Abrede gestellt.[20]

Zu den Bekenntnissen des Fondsmanagers Schwarzman passte jedenfalls das zur gleichen Zeit kundgewordene Streben Setschins nach feindlicher Übernahme des Ölunternehmens Russneft, das Michail Guzerijew gehörte. Der Öltycoon aus Inguschetien hatte sich den Zorn der Mächtigen zugezogen, weil er es ohne ausdrückliche Erlaubnis aus Moskau gewagt hatte, Reste aus dem Jukos-Imperium zu erwerben. Da Rosneft selbst zu dem Zeitpunkt allerdings für den Kauf von Russneft nicht solvent genug war, sprang der bekannte Oligarch der Jelzinära, Oleg Deripaska, bereitwillig zur vorläufigen Übernahme auf das eigene Konto ein. Unterdessen war Guzerijew nach London geflüchtet, um dem Haftbefehl eines Moskauer Gerichts zu entgehen. Zuvor hatte er darüber berichtet, wie er von der Föderalen Steuerbehörde unter maßlosen Druck gesetzt worden sei.[21] Unter Kommentatoren wurde die «Jagd» auf Guzerijew nicht zufällig mit dem Vorgehen gegen Chodorkowski verglichen.

«Systemliberaler» Kandidat: Dmitri Medwedew

Die letztendliche Nominierung Dmitri Medwedews als Präsidentschaftskandidat im Dezember 2007 markierte im Kräftemessen der informellen Kremlgruppen fürs Erste eine deutliche Niederlage des Patruschew-Setschin-Klans.[22] Dieser hatte das Verbleiben Putins im Präsidentenamt oder zumindest die Nominierung eines gefügigen Kandidaten aus dem eigenen Umfeld, etwa Michail Fradkow oder Wiktor Subkow, erträumt. Kundige Kommentatoren deuteten die Nominierung Medwedews als die überfällige Zurücksetzung des Setschin-Klans wie im weiteren Sinne der Silowiki überhaupt, die in den letzten Monaten einfach zu dominant geworden waren. Ihnen konnte Putin mit dem «Systemliberalen» Medwedew an seiner Seite gestärkt gegenübertreten.

Betrachtet man Russlands politische Landschaft an der Schwelle zur Doppelherrschaft von Putin und Medwedew, der häufig so genannten «Tandemokratija», so ergab sich folgende Konstellation im breiteren Putin-Syndikat: Zu Setschins Gruppe zählten die Silowiki Nikolai Patruschew, dessen Stellvertreter Alexander Bortnikow, Putins Assistent Wiktor Iwanow sowie Alexander Bastrykin als Leiter des Strafermittlungskomitees. Zu dem rivalisierenden Klan der Geheimdienstler gehörte weiterhin Generalstaatsanwalt Juri Tschaika. Ihm wurden gute Beziehungen zu Roman Abramowitsch, dem Oligarchen der ersten Generation und sogenannten Schatzmeister der Kremlfamilie unter Jelzin, nachgesagt. Diesem Klan wurden weiter die «Systemliberalen» Medwedew und Kudrin zugeordnet. Langjährige enge Freunde Putins, die mittlerweile zu den reichsten Unternehmern Russlands zählten, setzten die Reihe der dem Klan nahe stehenden Akteure fort: Juri Kowaltschuk, der die Bank Rossija leitet, und Gennadi Timtschenko an der Spitze des Ölhandelsunternehmens Gunvor. Zum Klan gehörte auch der allererste Leiter der Präsidialadministration, Alexander Woloschin, sowie der seit November 2005 in dieses Amt bestellte Sergei Sobjanin, bisher Gouverneur der Region Tjumen in Sibirien. Sobjanin stand der regionalen Öl- und Gasindustrie nahe und passte insofern perfekt in Putins zweites Personalaufgebot. [23]

Aufs Ganze gesehen hatte die herrschende Oligarchie am Vorabend der Präsidentschaft Medwedews neue Konturen erlangt. In ihr befanden sich Oligarchen der Jelzin-Zeit wie Roman Abramowitsch und Oleg Deripaska neben den neuen «Putingarchen» wie Sergei Tschemesow, dem Leiter des Rüstungsexportunternehmens Rosoboronexport. Hinzu kam Alexei Miller an der Spitze von Gazprom und Wladimir Jakunin als Chef der Russischen Eisenbahnen. Der Unterschied zwischen den alten und den neuen Oligarchen lag vor allem darin, dass die neuen für ihre marktstrategischen Entscheidungen jeweils der Genehmigung durch Regierungsbeamte bedurften.[24] Noch war es eine offene Frage, wie sich

Oligarchen der ersten und der zweiten Generation und die untereinander rivalisierenden Silowiki in das Duumvirat Putin-Medwedew einbringen würden.

Putin hatte sich seinen langjährigen Vertrauten und Mitarbeiter Dmitri Medwedew als Sozius in der politischen Führung ausgesucht, weil er ihn für absolut loyal und kooperativ hielt. Medwedew war in die mächtigen Seilschaften der Geheimdienstler nicht involviert und er ließ wenig persönlichen politischen Ehrgeiz erkennen. Im gemeinsamen Umfeld des ersten frei gewählten Bürgermeisters von Leningrad, des Juraprofessors Anatoli Sobtschak, waren Putin und Medwedew in Kontakt gekommen. Als Putin zum Stellvertreter Sobtschaks wurde, engagierte er Medwedew als Rechtsberater in der Stadtverwaltung. Schon bald holte Putin seinen Mitarbeiter nach Moskau, wo dieser bereits Ende 1999 zum Ersten Stellvertreter des Leiters der Präsidialadministration ernannt wurde. Noch im gleichen Jahr erklomm Medwedew den Vorsitz im Aufsichtsrat des Gasmonopolisten Gazprom und war so auch auf höchster Wirtschaftsebene etabliert. Nach Woloschins Abgang wurde Medwedew selbst zum Leiter der Administration. Wie bereits dargestellt, führte seine weitere Laufbahn direkt zur erfolgreichen Präsidentschaftskandidatur.

Das Tandem: Putin lenkt

Auch wenn Medwedew von seinen Ämtern her vorzüglich in den obersten Rang der Kremlelite passte, so war er doch aus einem ganz anderen Holz geschnitzt als Putins Gefolgsleute aus den «Organen». Als Kind zweier Hochschullehrer wuchs er in einem intellektuellen Milieu auf. Nach einem Studium der Rechtswissenschaften betätigte er sich als Assistenzprofessor für Bürgerliches Recht in der akademischen Lehre.[25] In seiner Eigenschaft als einer der beiden halboffiziellen Kandidaten für das höchste Staatsamt profilierte sich Medwedew als reformfreudiger «Liberaler» und «Demokrat». Als im Sommer 2006 Surkows Projekt einer «souveränen Demokratie» hohe Wellen schlug, positionierte sich Medwedew als eindeutiger Kritiker dieses Konzepts. Er sprach sich gegen die Verbindung des Begriffs «Demokratie» mit irgendeinem Adjektiv aus. Im Januar 2007 wiederholte Medwedew auf dem Weltwirtschaftsforum in Davos sein Plädoyer für eine Demokratie ohne jedes Adjektiv. In fließendem Englisch bekannte er sich zur Freude des westlichen Publikums zu einer «effizienten Demokratie, die sich auf die Prinzipien der Marktwirtschaft gründet, auf die Vorherrschaft des Rechts und auf die Verantwortlichkeit der Regierungen». Es bedurfte kaum noch weiterer öffentlicher Bekenntnisse, damit klar war, dass sich Medwedew als ein klassischer Liberaler und «Westler» empfahl.[26]

Zwar war Medwedew mit klaren Grundüberzeugungen und Wertvorstellungen über die Bestimmung Russlands ausgestattet, es fehlten ihm aber wichtige Voraussetzungen, um sich als politischer Führer zu behaupten. Es mangelte ihm an entschiedenem Auftreten und an einer eigenen Hausmacht. Manche sahen in ihm einen Hochschullehrer, manche die typische Figur eines gesichtslosen Staatsdieners aus der Feder Nikolai Gogols.[27] Das Fehlen einer Hausmacht kam den Anhängern der «Partei der dritten Amtszeit» entgegen, konnten sie doch davon ausgehen, mit dem Neuen im Kreml leichtes Spiel zu haben. Putin selbst hatte ja von Anfang an klargemacht, dass man sich «die Macht auf praktische Weise aufteilen» werde.[28] Tatsächlich kam es zu einem ausgeklügelten Revirement des politischen Spitzenpersonals in den Organen der Exekutive. Ein kompliziertes Sesselrücken. Medwedew wurde von Putins alten Kadern eng umrahmt. Nicht zufällig fing er an, sich für Datenbanken zur Eruierung von Kandidaten für Spitzenämter in der Verwaltung und für Ministerposten zu interessieren. Auf einer eigens diesem Thema gewidmeten Konferenz bemängelte Medwedew das bestehende «archaische» System der Rekrutierung von Regierungspersonal. Das funktioniere noch wie sowjetische Kaderabteilungen. Regierungsposten würden gegen persönliche Loyalität vergeben und manche Posten «sogar gekauft», kritisierte er.[29]

Um sich eine breitere Unterstützung zu verschaffen, bemühte sich Medwedew um gute Kontakte zu allen Klans und Kasten, darunter die Geheimdienste und das Militär. Um auch in der Bevölkerung stärkeren Anklang zu finden, versuchte er sich mit patriotischen Parolen. Als die deutsche Bundeskanzlerin Angela Merkel Anfang März 2008 in Moskau war, versicherte ihr Putin, Medwedew sei «genauso ein russischer Nationalist – im gut verstandenen Sinne – wie ich selbst».[30] Der Fünftagekrieg gegen Georgien kam Medwedew zur Hilfe. Erstmals trat er in martialischer Haltung hervor. Er zeigte Entschlusskraft und militante Sprachgewalt. Kein Zweifel, als «Kriegspräsident» gewann Medwedew deutlich an Statur. Die aufgeheizte patriotische Stimmung im Lande trieb die Zustimmung zum regierenden Tandem auf schwindelerregende Höhen, für Putin auf 88 Prozent, für Medwedew auf 83 Prozent. Der kleine, siegreiche Krieg brachte dem Tandem auch deswegen große Zustimmung, weil aufgrund der einseitigen nationalen Berichterstattung der Eindruck vermittelt wurde, Russland habe im Kaukasus Amerika ausgetrickst, ja besiegt.

Hinsichtlich der Machtverteilung im Tandem schien sich an der anfänglichen Konstellation, die Medwedew nur als Juniorpartner des nationalen Führers Putin auswies, wenig zu ändern. In der Öffentlichkeit hielten sich hartnäckig bildhafte Vorstellungen von der Dominanz Putins. So wurden die beiden auf einem Tandemrad sitzend dargestellt, auf dem Putin lenkte, während Medwedew nur den Kindersitz einnahm und deshalb die Pedale nicht erreichte. Die Politikwissenschaftlerin Lilija Schewzowa meinte, die beiden tanzten einen Tango, in dem eindeutig Putin führe.[31] Für Olga Kryschtanowskaja und Nikolai Petrow war es schon 2008 absehbar, dass Putin nur formal aus dem Präsidentenamt ausgeschieden war, ohne faktisch die Macht aus den Händen zu geben. Er sei gegangen, nur um zu bleiben.[32] Petrow veranschaulichte diesen Zustand anhand zweier Piloten in einem Flugzeug, in dem Putin als erster Kapitän die Maschine steuerte und zugleich den Onboard-Computer kontrollierte, um kein lebenswichtiges Unterstützungssystem aus dem Blick zu verlieren.[33] Für eine Reihe von erfahrenen Beobachtern war es schon im ersten Jahr der «Tandemokratie» ausgemacht, dass Putin die Rückkehr in das höchste Amt anstrebte und darauf achtete, bis dahin nicht zu viel Einfluss zu verlieren.

Andere meinten aber auch, die beiden seien «siamesische politische Zwillinge» und so in all ihren Unternehmungen aufeinander angewiesen.[34] Sie seien letztlich «ein einziges politisches Individuum mit vier Beinen und vier Armen».[35]

Ungeachtet der von beiden Duumviren wiederholten Behauptung, sie verkörperten ein und dieselbe Mannschaft, zeigten sie durchaus unterschiedliche Positionen in innen- wie außenpolitischen Fragen. Ein erster auffälliger Konflikt ereignete sich im Sommer 2008 im Umgang mit dem Inhaber des großen Tscheljabinsker Metallunternehmens Metschel. Putin gab sich äußerst verärgert darüber, dass der Leiter des Unternehmens, Igor Sjusin, im Inland deutlich höhere Kohlepreise verlangte als für seine Exporte. Der ganze Industriezweig sei von kriminellen Elementen beeinflusst. Als Sjusin sich zu einer Konferenz mit Putin in Nischni Nowgorod krank meldete, rastete Putin aus. Er sagte, er werde Sjusin Ärzte vorbeischicken «und all diese Probleme erledigen». Putins öffentlicher Zornausbruch bewirkte, dass die Aktien von Metschel im Handumdrehen um 9 Prozent einbrachen.[36] Viele erinnerte Putins Auftritt an das Vorgehen gegen Chodorkowski. Medwedew distanzierte sich von dem rüden Umgang mit dem Industriebaron Sjusin.

Ähnliches sollte sich wiederholen. Als Ende 2010 das Urteil im zweiten Prozess gegen Chodorkowski bevorstand, leistete sich Putin mit den Worten «Ein Dieb gehört ins Gefängnis» eine drastische Vorverurteilung in diesem Fall. Medwedew erwiderte, es stehe keinem Amtsträger in Russland an, sich in die Justiz einzumischen und ein nicht-rechtskräftiges Urteil zu bewerten.[37] Der Terroranschlag auf dem Moskauer Flughafen Domodedowo im Januar 2011 löste ebenfalls unterschiedliche Reaktionen aus. Nachdem die Untersuchungsbehörden von einer ersten erfolgreichen Spur berichtet hatten, preschte Putin mit öffentlichen Erfolgsmeldungen über die praktisch schon erzielte Aufklärung vor. Medwedew warnte hingegen vor endgültigen Stellungnahmen vor Abschluss der Ermittlungen.[38] In diesem und in anderen Fällen zeigte sich Medwedew als der bessere Kenner rechtsstaatlicher Prinzipien. Er trat auch als der respektvollere Demokrat im Umgang mit der liberalen Opposition auf und bezeichnete deren Führer als die legitimen Vertreter bestimmter gesellschaftlicher Schichten. Im Unterschied dazu hatte Putin für Vertreter des demokratischen Lagers zumeist nur verbale Verunglimpfungen parat.

Wirtschaftskrise und bankrottes Regime

Ungeachtet seines Status als politischer Juniorpartner Putins wagte es Medwedew auch immer wieder, die strukturellen Schwächen des herrschenden Regierungssystems öffentlich zu benennen und sogar auf das Schärfste zu kritisieren. Schon seine erste Botschaft an das Parlament nahm er zum Anlass einer fundamentalen Systemkritik. Er geißelte in seiner Rede am 5. November 2008 den von niemandem kontrollierten russischen Staatsapparat als das Grundübel des Landes. Die Bürokratie bereite den Unternehmern Albträume, kontrolliere die Medien, mische sich in Wahlen ein und übe Druck auf die Gerichte aus. Im Ergebnis sei der Staatsapparat «sein eigener Richter, seine eigene politische Partei und letztendlich sein eigenes Volk. Ein solches System ist absolut ineffizient und schafft nur eines, Korruption.» Medwedew betonte, dass ein starker Staat und eine allmächtige Bürokratie keineswegs ein und dasselbe seien. Vielmehr gefährde die Bürokratie einen starken Staat. Die Konsequenz daraus müsse sein, dass «unsere Gesellschaft demokratische Einrichtungen in aller Ruhe, aber unbeirrt und konsequent entwickeln» solle. «Die in all den Jahren – sagen wir rundheraus, im Auftrag von oben – gebildeten demokratischen Einrichtungen müssen sich in allen sozialen Schichten verwurzeln.»[39]

Medwedews Epistel listete alle Grundmerkmale des «Putinismus» auf, ohne freilich die Sache bei diesem Namen zu nennen. Ausländische Beobachter hingegen registrierten, dass ungeachtet des Ausscheidens Putins aus der Präsidentschaft in Russland der «Putinismus» als die offizielle «politische Orthodoxie» das Land definitiv in Besitz genommen habe.[40] Medwedews vernichtende Systemkritik hätte natürlich einem Dissidenten besser angestanden als dem neuen Staatspräsidenten, der sich so gab, als habe er mit seiner eigenen Beamtenschaft überhaupt nichts zu tun. Die Rede verlor auch deswegen an Glaubwürdigkeit, weil Medwedew ohne weitere Begründung zuletzt eine Verfassungsänderung vorschlug, die als Heilmittel gegen all die festgestellten Deformationen des Regimes wenig taugte: Die Amtsdauer des Präsidenten solle von vier auf sechs Jahre und die Legislaturperiode der Staatsduma von vier auf fünf Jahre verlängert werden. Alle Beobachter waren sich einig, dass es Putin war, der auf die Änderung der Verfassung hingearbeitet und Medwedew in letzter Minute dazu gedrängt hatte, den Vorschlag in seine Botschaft aufzunehmen.[41]

Angesichts der mittlerweile auch in Russland angekommenen weltweiten Wirtschaftskrise sahen wohl beide Duumviren in der Verstetigung des «Präsidentialismus» die vorrangige Gewähr dafür, das System von oben her zu konsolidieren. Gerade Medwedew hatte das russische Präsidialregime gerne verabsolutiert. In einem Interview stellte er sich Anfang Juli 2008 kategorisch gegen das Auftauchen einer parlamentarischen Demokratie in Russland. Das würde «den Tod bedeuten für Russland als Land». Seiner Meinung nach müsse «Russland auf Jahrzehnte oder vielleicht auf Jahrhunderte hinaus eine präsidentielle Republik bleiben, um als einheitlicher Staat zu überleben».[42] Medwedews Aussage zeigt, dass Russlands französisches Verfassungsmodell einer «semi-präsidentiellen» Demokratie, in der Parteien und Parlament eine durchaus wichtige Rolle spielen, weiterhin desavouiert wurde. Diese Fehldeutung erklärt auch, dass gerade Parlament und Parteien von der russischen Führung stets als Spielbälle angesehen und auch so behandelt wurden. Dies strafte Medwedews vorgebliches Bedauern Lügen, die «demokratischen Einrichtungen» seien «von oben» gebildet worden. Medwedews Regimekritik musste schon aus diesem Grund verpuffen. Außerdem unterblieben auch unter Medwedew konkrete Ansätze für die Durchführung von Reformen, selbst wenn so manche Beobachter meinten, erste Anzeichen einer neuen «Perestroika» erkennen zu können.

Demgegenüber hielt sich Regimekritik in liberalen Kreisen und seitens führender Vertreter des Jelzin-Regimes, die die Entwicklungen von Anfang an verfolgt und zum Teil mitgesteuert hatten. Andrei Illarionow, zunächst Putins persönlicher Wirtschaftsberater, warnte in einer Anhörung vor dem amerikanischen Kongress im Frühjahr 2009 vor der «Reset» genannten neuen Entspannungspolitik Washingtons gegenüber Moskau. Er argumentierte, dass alle Avancen gegenüber dem Kreml auf eine «vollständige Kapitulation vor einem Regime der Geheimpolizei, der Geheimdienstler und der Mafiabanditen im heutigen Russland» hinausliefen.[43] Der Historiker Juri Afanassjew, der sich schon als angesehener Vorkämpfer von Gorbatschows Perestroika einen Namen gemacht hatte, beschrieb die russischen Verhältnisse Anfang 2009 als einen «Kapitalismus der Freunde und der Beziehungen»; bei der Führung handele es sich um eine illegitime und kriminelle «Goldene Horde» auf dem Weg in ein «patrimoniales Sultanat».[44] Das Urteil über die Politik unter Putin wie unter dem Duumvirat konnte vernichtender kaum sein.

Ein Schaufensterpräsident versucht Reformen

Staatspräsident Medwedew selbst ließ weitere Kassandrarufe verlauten. Er lieferte im Herbst 2009 einmal mehr eine vernichtende Systemkritik. In einem Aufsehen erregenden Artikel unter dem Titel «Russland, Vorwärts!» beschrieb Medwedew die russische Demokratie als «schwach», die Wirtschaft als «ineffektiv» und die Gesellschaft als «halbsowjetisch». Er sprach von einem «rückständigen Land mit einer primitiven Wirtschaft, die von natürlichen Ressourcen abhängt». In einer «archaischen Gesellschaft», in der die «großen Führer» für jedermann denken und entscheiden, verhinderten «paternalistische Einstellungen» neue Ideen und Initiativen.[45] Mit dem Beitrag profilierte sich Medwedew erneut als exzellenter Kenner der obrigkeitsstaatlichen politischen Kultur des Landes und er sorgte für eine zumindest moralische Vernichtung des Regimes. Doch mündete seine Schelte wieder nur in neue Appelle zur Modernisierung von Wirtschaft und Politik. Dabei hatte er in erster Linie eine auf technologischer Innovation gegründete Modernisierung im Blick. Diese sollte dabei helfen, Russlands Anspruch auf den Status einer Weltmacht neu zu begründen.

Konkrete reformerische Maßnahmen blieben unterdessen weiterhin auf unwirksame Gesetzesprojekte beschränkt oder sie unterblieben überhaupt. Dies galt auch für die wiederholte Kritik an der verbreiteten Korruption und dem sogenannten «Rechtsnihilismus». Der offenkundige Widerspruch zwischen Medwedews Worten und Taten löste sich nur auf, wenn man das Kräfteverhältnis innerhalb des informellen Machtkartells in Betracht zog. Solange im Putin-Syndikat die Befürworter einer Modernisierung ohne Mehrheit waren, blieb Medwedew weitgehend auf die Rolle eines Schaufensterpräsidenten und eines Generals ohne Armee beschränkt.

Dass Medwedew aufgrund der innenpolitischen Machtkonstellation die Hände stark gebunden waren, zeigte sich vor allem an der Konzentration der Silowiki in den wichtigsten Organen der Exekutive. Premierminister Putin hatte darauf geachtet, sein Ministerkabinett zu einem Hort mächtiger Geheimdienstler zu machen. In der Regierung wurden zweiundzwanzig Silowiki gezählt.[46] Darunter befand sich Putins «rechte Hand» Igor Setschin als Stellvertretender Premierminister mit Generalkompetenz für die Industrie. Seine Ernennung war eine Garantie für die weitere Dominanz großer Staatsunternehmen und auch dafür, dass der Staat vornehmlich ein Mittel zur Umverteilung von Macht und Eigentum blieb, ein typischer «Umverteilungsstaat», wie Juri Afanassjew und Stanislaw Belkowski das Phänomen schon seit längerem benannt hatten. Dazu passte, dass Setschin nur einen Tag nach seiner Ernennung zum Stellvertretenden Ministerpräsidenten von Putin mit dem Vorsitz in der United Shipbuilding Corporation, einem potentiellen Mammutunternehmen, betraut wurde. Nikolai Patruschew erhielt den einflussreichen Posten als Sekretär des Sicherheitsrates.[47] Der Setschin-Patruschew-Klan war also auch in der Ära des Tandems gut verankert.

Medwedew führte von Anfang an einen «stillen Krieg» gegen die Silowiki.[48] Er hielt sich auffallend auf Distanz zum Sicherheits-

rat, dem institutionellen Olymp der Vertreter aus den Sicherheitsorganen. Der Rat wurde von Medwedew nur selten einberufen, bezeichnenderweise nicht in den Kreml, sondern in die Residenz
Gorki außerhalb Moskaus. Dmitri Orlow berichtete, dass die Leiter
der Inlands- und der Auslandsspionage, die unter Putin stets zu
dessen Rechten und Linken platziert waren, jetzt ganz im Hintergrund in einer vom Präsidenten weit entfernten Galerie saßen. Die
neue Sitzordnung zeigte, in welch hohem Maße die Silowiki für
Medwedew buchstäbliche «Randfiguren» blieben.[49] Trotz aller Be-
rührungsängste zwischen dem «Systemliberalen» Medwedew und
den Geheimdienstlern, die am Status quo nichts ändern wollten,
versuchte der Präsident seine Vorstellungen von einer stärkeren
Trennung von Staat und Wirtschaft schrittweise zu realisieren.
Anfang 2011 erzielte er dabei erste Erfolge. So setzte er die Unver-
einbarkeit von hohen Staatsämtern und Aufsichtsratsposten in der
Wirtschaft durch. Davon waren hochrangige Mandarine aus Putins Umfeld betroffen. Putins enger Vertrauter, Vizepremier Igor
Setschin, musste den Aufsichtsratsvorsitz bei Rosneft quittieren.
Ähnliches widerfuhr Sergei Tschemesow, einem Freund Putins seit
seiner Dresdner Zeit, an der Spitze der russischen Staatsholding
Rostechnologii (heute Rostec).[50]

Risse in der Außenpolitik des Tandems wurden immer deutlicher. Medwedew bemühte sich um einen eher prowestlichen Kurs
und um verbindliche Gesten in der internationalen Politik. Der
Putin-Lobby missfiel dies. Sie kritisierte zum Beispiel das koopera-
tive Auftreten Medwedews auf dem NATO-Gipfel in Lissabon.
Dieser bemühte sich nichtsdestotrotz um eine Verbesserung des
Verhältnisses zum Westen, vor allem zu den USA und zum amerikanischen Präsidenten Barack Obama. Michail Sygar berichtet,
dass Medwedew darauf versessen gewesen sei, selbst ein russischer
Obama zu werden.[51] So wie George W. Bush das Rollenmodell für
Putin abgegeben hatte, orientierte sich Medwedew jetzt an Obama.
Er suchte mit ihm die Verständigung in Bezug auf Libyen. Russland enthielt sich bei der Resolution des UN-Sicherheitsrates zu
einer No-fly-Zone über Libyen seiner Stimme. Darüber kam es zu
einem offenen Konflikt mit Putin, der öffentlich über Medwedew

herzog. Er verglich die Libyenoperation der NATO mit einem mittelalterlichen Kreuzzug und griff vor allem die amerikanische Politik gegenüber dem Gaddafi-Regime scharf an. Dies trug ihm wiederum beträchtliches Lob seitens des bedrängten libyschen Führers ein. Putin, der Muammar Gaddafis persönliche Freundschaft geschätzt hatte, war außer sich über dessen Ermordung und empört über das Handeln des «perfiden Westens».[52] Kein Zweifel, der Tod Gaddafis wurde für Putin zu einem schweren Trauma. Das Ereignis bestärkte sein Misstrauen gegenüber dem Westen. Auch Putins Silowiki zeigten sich alarmiert und schöpften einmal mehr Verdacht, die USA arbeiteten auf eine «Farbrevolution» in Russland hin, auf einen Regimewechsel und auf einen Sturz Putins.

Medwedews politischer Selbstmord

Je näher die dritte «Operation Nachfolger» heranrückte, umso deutlicher wurde, dass zwischen den beiden Duumviren und ihren jeweiligen Unterstützern eine Art Machtkampf entbrannte.[53] Für viele Beobachter war im Frühjahr 2011 klar, dass nicht nur Putin, sondern auch Medwedew eine neue Präsidentschaft anstrebte. Der «Kampf der Bulldoggen unter dem Teppich», wie schon Winston Churchill die russische Politik charakterisiert hatte, wurde immer deutlicher.[54] Innenpolitisch erlitt die Putin-Lobby bei den Regionalwahlen im März einen klaren Dämpfer. Das «Einige Russland» verlor in einigen Regionen bis zu 20 Prozent der Stimmen. Der Putin-Klan wählte jetzt die Vorneverteidigung. Am 14. April erklärte Dumasprecher Boris Gryslow, dass das «Einige Russland» selbstverständlich seinen Parteiführer Putin für die Kandidatur zur Präsidentschaft unterstützen werde.[55] Um seinen Anspruch auf eine erneute Präsidentschaft noch stärker abzusichern, gründete Putin im Mai die «Allrussische Volksfront» (ONF), eine Sammelbewegung aus staatstreuen Gruppen von den Gewerkschaften bis zu den Veteranen- und Pensionistenverbänden. Die Volksfront wurde als Antriebskraft und Begleitschutz dem «Einigen Russland» zur Seite gestellt. Letztlich sollte sie als Rettungsring für die

für Dezember anberaumten Dumawahlen dienen. Ihre vordring-
liche Aufgabe war die politische Mobilisierung ganz im sowjetischen Stil. Weitere Indizien dafür, dass Putin seine Rückkehr in
den Kreml betrieb, waren seine «kanonischen» Reden und die
Einrichtung einer neuen «Agentur für Strategische Initiativen». Sie
sollte ein Programm für die nächste Präsidentschaft erstellen. [56]

Für Medwedew ging noch im Juli eine Gruppe liberaler Intel-
lektueller auf die Barrikaden. So wandten sich Marietta Tschuda-
kowa, Dmitri Oreschkin und Sergei Filatow mit der Forderung an
die Öffentlichkeit, Medwedew zu unterstützen. Sie kritisierten,
dass sich die Macht des Premierministers gewaltig ausgeweitet
habe. Ein «Regime des kollektiven Putins» sei entstanden. Die
Unterwelt habe sich mit den regierenden Silowiki verschmolzen.
Überhaupt hätten die Geheimdienstler die Organe der Justiz und
des Strafvollzugs infiltriert.[57] Das Engagement der kleinen Schar
Liberaler zugunsten Medwedews blieb ohne Wirkungen. Polittechnologen wie Gleb Pawlowski, die sich ebenfalls für eine Kandidatur Medwedews aussprachen, fielen bei Putin unverzüglich in
Ungnade.

Medwedew selbst sorgte noch im Sommer 2011 für spektakuläre
Auftritte, einmal vor internationalem Publikum auf dem Petersburger Wirtschaftsforum und später in geschlossenem Rahmen
vor den Spitzen der russischen Geschäftswelt in Moskau. Er kritisierte erneut das herrschende Regime und ging zugleich in die
Offensive. So setzte er die als offizielles Mantra stets verabsolutierte
politische «Stabilität» des Landes als ein Rezept für Stagnation
herab und plädierte für eine gründliche Erneuerung «aller öffentlichen Einrichtungen». Die Korruption hielt er für das Ergebnis
der starken Zentralisierung der Macht und des übermäßigen staatlichen Engagements in der Wirtschaft. Den Geschäftsleuten gab er
«klar und höflich» zu verstehen, dass sie sich zwischen dem von
ihm vorgeschlagenen Weg und den alten ausgetretenen Pfaden zu
entscheiden hätten.[58] Das Publikum war völlig verblüfft. Hatte der
Präsident tatsächlich um direkte Unterstützung seiner eigenen
Kandidatur gebeten?[59] Dass Medwedews Botschaft nicht eindeutig rüberkam, lag wohl daran, dass der Juniorpartner im Tandem

sich bis zuletzt scheute, offen aus der Zwangsjacke der kollektiven Führung auszubrechen. Medwedews politischer Selbstmord war deshalb programmiert.

Über den weiteren Ablauf des Dramas berichtet Michail Sygur ausführlich. Im Spätsommer 2011 sei Medwedew von Putin zum gemeinsamen Angeln in der Nähe von Astrachan eingeladen worden. Bei der Gelegenheit habe Putin von der schwierigen Situation in der Welt gesprochen und zu bedenken gegeben, dass dies eine starke Führung auch in Russland erfordere. Dann machte er klar, dass er selbst wieder die Präsidentschaft anstrebe. Er habe die höhere Zustimmung unter den Bürgern. Die «Volksfront» und das «Einige Russland» stünden hinter ihm, und es sei schließlich üblich, dass die herrschende Partei den populärsten Kandidaten für die Führung nominiere. Dann habe Putin Medwedew dazu aufgefordert, gemeinsam in die Wahlen zu gehen. Wenn Medwedew das Amt des Premierministers übernehme, könne er sich eine weitere Chance zur Rückkehr in den Kreml bewahren.[60] Medwedew soll auf Putins Ausführungen nicht geantwortet haben. Auch wenn er, wie verlautete, in seinem Selbstwertgefühl zutiefst verletzt war, spielte er die Rolle des getreuen Ekkehard bis zum Ende weiter.

Inszenierter Ämtertausch

Auf einem glanzvoll inszenierten Parteitag des «Einigen Russland» wurde am 24. September 2011 die so lange umrätselte Frage, ob Putin ins Präsidentenamt zurückkehren wolle oder ob Medwedew für eine weitere Amtszeit bleibe, von dem politischen Spitzenduo höchstpersönlich beantwortet. Sie beide nominierten sich gegenseitig für einen erneuten Ämtertausch, Putin an die Spitze des Staates, Medwedew an die Spitze der Regierung.[61] Die Mehrheit unter den informellen Kremlgruppen hatte wohl klar für Putin optiert. Igor Jurgens, Vorsitzender eines liberalen Think Tank, zugleich Vizepräsident der «Russischen Union der Industriellen und Unternehmer» (RSPP), und konsequenter Vorkämpfer für Medwedews erneute Kandidatur, erläuterte in einem Zeitungsinterview, warum das informelle Kräftespiel nicht zugunsten seines Favoriten ausgegangen sei. Putins Ressourcen hätten sich einfach als stärker erwiesen. Zu diesen zählte er den militärisch-industriellen Komplex, die Rüstungsindustrie, die Landwirtschaft, den Öl- und Gaskomplex und schließlich die «Personen mit den Schulterklappen», also die Silowiki aus den Sicherheitsorganen. Sie alle hätten Putins Wiederkehr favorisiert. Demgegenüber blieb Medwedews Lobby begrenzt auf den privaten Teil des Bankensektors, die junge Unternehmerschaft, die Intelligenzija, Professoren und Wissenschaftler, schließlich die Facharbeiterschaft, also praktisch die noch wenig einflussreiche neue Mittelklasse. [62]

Das öffentliche Echo auf die Bekanntgabe des beabsichtigten Ämtertauschs war weitgehend negativ. Viele fühlten sich von den versteckten Machtspielen und mutmaßlichen informellen «Vereinbarungen» düpiert und hintergangen.[63] Die Spitzenpolitiker aller russischen Parteien außer dem «Einigen Russland» reagierten ebenso wie Polittechnologen und Publizisten mit Kritik, Scham und Entsetzen. Der nach langem Schweigen und Taktieren operettenhaft inszenierte Machttransfer wurde mindestens als peinlich empfunden. Tatsächlich war das dem Syndikat Putin inhärente System der Täuschung und Lüge noch nie so ruchbar geworden wie bei dem Auftakt zur neuerlichen «Operation Nachfolger», die sich nun als «Operation zur Rückkehr des Vorgängers» entpuppte. Die Behauptungen der Duumviren, die Entscheidung über den Ämtertausch gründe «auf einer tief durchdachten und vor langer Zeit erfolgten Vereinbarung», zwang zu der Annahme, dass Medwedews Präsidentschaft tatsächlich eine reine Statthalterschaft war. Dies wertete das Präsidentenamt deutlich ab. Den politischen Akteuren war in ihrer Selbstherrlichkeit wohl nicht klar, dass das Übermaß an täuschender Absicht von der Gesellschaft nicht so einfach hingenommen würde. Putin rechtfertigte in Interviews seinen Anspruch auf eine erneute Kandidatur, indem er lange Amtszeiten ausländischer Staats- oder Regierungsspitzen geltend machte, so die vier Amtszeiten des amerikanischen Präsidenten Franklin Delano Roosevelt und die sechzehn Regierungsjahre des deutschen Bundeskanzlers Helmut Kohl. [64] Medwedew gab ganz

Demaskierung im Kreml: Unter der Medwedew-Maske kommt Putin zum Vorschein. Karikatur von Peter Gut in der Neuen Zürcher Zeitung, 1. Oktober 2011

im Geist der Vereinbarung von Astrachan an, dass Putin aufgrund seines «etwas höheren Ratings» der Vorrang auf die Präsidentschaftskandidatur zukomme.[65]

Der Countdown für die neue Kremlintrige um einen Nachfolger konnte beginnen. Die Regie wurde wie früher mit Manipulationen der Parlamentswahlen verknüpft. Doch ungeachtet aller sorgfältigen Planungen war auch die neue «Operation Nachfolger» von allerhand Turbulenzen begleitet. Diesmal missglückte eine Initiative zur Wiederbelebung des liberalen Lagers. Mit dem Einverständnis des Kreml sollte diese Aufgabe der Stahlmagnat Michail Prochorow übernehmen. Doch als sich der Oligarch anschickte, die seit längerem dümpelnde Partei «Rechte Sache» nach eigenem Gutdünken zu gestalten, erfolgte prompt der Rückruf aus dem Kreml. Prochorow wehrte sich und schlug zurück. Er überzog Wladislaw Surkow, den Stellvertretenden Leiter der Administration und langjährigen Manager aller nationalen Parteien und Wahlen, mit scharfer öffentlicher Kritik. Surkow sei der «Strippenzieher im Kreml», der das politische System «privatisiert» und

Führung wie Volk mit Hilfe von «Desinformationen und Manipulationen» getäuscht habe.[66] Prochorows öffentliche Kritik stellte einen unerhörten Tabubruch dar und wurde folglich im staatlichen Fernsehen totgeschwiegen.

Auch an anderen Fronten kam es zu Turbulenzen. Die selbstherrliche und plumpe Inszenierung des geplanten Ämterwechsels forderte geradezu zum Widerstand heraus. Als erster warf der langjährige Finanzminister Alexei Kudrin das Handtuch: Er goutiere es wenig, dass Putins Ankündigung zufolge Medwedew die Leitung der Regierung übernehmen werde. Und er wolle gewiss nicht unter einem Premierminister Medwedew dienen. Da der Präsident sich nicht weiteren Selbsterniedrigungen aussetzen wollte, reagierte er seinerseits mit der sofortigen Entlassung Kudrins wegen «Insubordination».[67]

Zu den Irritationen in den Führungsetagen kam ein Aufschrei des Protestes in der Internetgemeinde hinzu. Nach der Ankündigung des geplanten Ämtertauschs zirkulierten sofort Bilder von Putin im Verschnitt mit Breschnews Konterfei im Internet, eine unverhohlene Anspielung auf die mutmaßlich ähnliche Langlebigkeit der neuen Putin-Präsidentschaft wie das Regime des Sowjetführers Leonid Breschnew, der das Land von 1964 bis 1982 regiert hatte. Da Putin über diese Analogien wenig erfreut war, schickte er eilig seinen Pressesprecher Dmitri Peskow zum Online TV-Kanal *Doschd*, um hier gegenüber dem zumeist jüngeren Internetpublikum für eine entsprechende Gegenpropaganda zu sorgen. Peskow argumentierte, dass Breschnews Jahre als Generalsekretär des Zentralkomitees der KPdSU doch als eine «gute Herrschaft» und als ein «großes Plus» für das Land in die Geschichtsannalen eingegangen seien. Das war eine Aufwertung der seit Gorbatschows Perestroika als «Stagnation» bezeichneten Ära Breschnews, sie kam bei den Oppositionellen nicht gut an. Bei seinem Fernsehauftritt räumte Peskow im Übrigen ein, dass die im staatlichen Fernsehen verbreiteten Aufnahmen von Putin bei der angeblichen Entdeckung antiker Amphoren während eines Tauchgangs im Schwarzen Meer nicht der Wahrheit entsprachen. Man habe die Amphoren zuvor an der Fundstelle deponiert.[68] Es war klar, dass sowohl diese

Abstriche am Putinkult als auch die «Insubordination» eines Ministers den Regeln der «gelenkten Demokratie» völlig zuwiderliefen. Offenkundig handelte es sich um eine handfeste Regimekrise.

Manipulierte Dumawahlen

Die Vorbereitungen zu den Dumawahlen gaben Aufschluss darüber, ob das Regime die üblichen Methoden des gelenkten Pluralismus wieder einsetzen wollte oder ob neue Strategien erprobt werden sollten. Angesichts der anstehenden «Operation Nachfolger» musste es im Interesse des Kreml sein, eine große Mehrheit in der neuen Duma zu erzielen. Das Feld der Bewerber war auf die vier Dumaparteien und drei weitere kleine Parteien eingeschränkt. Allen oppositionellen «Nichtsystemparteien» verweigerte man die Registrierung mit fadenscheinigen Gründen.[69] Tatsächlich wurde im Wahlkampf ein Mix aus alten und neuen Strategien eingesetzt, um das «Einige Russland» wieder an die Spitze zu puschen. Die neue «Allrussische Volksfront» sollte für neue Ideen und Gesichter im «Einigen Russland» sorgen. Zu dem Zweck wurde die neue Version des gesteuerten Pluralismus mit einer Vorauslese der Kandidaten kombiniert, die nach amerikanischem Vorbild «primaries» genannt wurde. Letztlich blieb es jedoch Putin überlassen, die so eruierten potentiellen Kandidaten zu übernehmen oder auszustreichen.[70]

Neu war auch, dass sich das «Einige Russland» erstmals zur Teilnahme an Fernsehdebatten herabließ. Für die Debatten galten strenge Auflagen. So durften die Namen Putin und Medwedew nicht erwähnt werden, die Korruption durfte nur als allgemeines Problem thematisiert werden, ohne Nennung einzelner korrupter hochrangiger Beamter. Dies zeigt, wie sehr die Wahlregisseure im Kreml sich vor einer Enttarnung von Vertretern des Establishments fürchteten. Angesichts dieser Auflagen und der späten Sendezeiten war das Interesse der Zuschauer eher gering.

Wie schon früher wurden auch diesmal die Gouverneure angewiesen, für ein Maximum an Stimmen zugunsten des «Einigen

Russland» in ihren Regionen zu sorgen.[71] Weiter ließ die Partei im ganzen Land Plakate anbringen, die den allgemeinen Wahlaufrufen der Zentralen Wahlkommission zum Verwechseln ähnlich waren. Der Trick begünstigte ebenfalls das «Einige Russland». Als Moskaus Bürgermeister damit kritisch konfrontiert wurde, meinte er lakonisch, dass doch Staat und Partei im Wesentlichen das Gleiche seien.[72] Trotz aller Bevorzugungen haftete der Partei ein negatives Odium an, das sie nicht mehr loswurde. Alexei Nawalny, ein junger Blogger und Vorkämpfer gegen die Korruption, prägte die Bezeichnung des «Einigen Russland» als einer «Partei von Gaunern und Dieben».[73] Die Formel verbreitete sich wie im Fluge und wurde zum Hit der Opposition.

Die offiziellen Ergebnisse der Dumawahlen vom 4. Dezember 2011 fielen für das «Einige Russland» im Vergleich zu 2007 äußerst bescheiden aus. Hatte die Partei damals einen Anteil von 64 Prozent der abgegebenen Stimmen einfahren können, so erreichte sie diesmal nur etwas mehr als 49 Prozent, während die anderen Dumaparteien zum Teil deutlich zulegten. Die zugelassenen kleinen Parteien blieben unter den erforderlichen 7 Prozent. Sowohl seitens der Wahlbeobachter der OSZE als auch seitens der russischen Nichtregierungsorganisation «Golos» (Die Stimme) wurden beträchtliche Verstöße gegen die Wahlrechtsbestimmungen festgestellt. Deshalb, so Golos, sei «die Wahl der Abgeordneten der Staatsduma weder frei noch fair verlaufen». Seitens der OSZE wurde vor allem die «Kongruenz zwischen Staat und regierender Partei» bemängelt. Weiter kritisierte sie die fehlende Unabhängigkeit der Zentralen Wahlkommission (ZIK) und die «unangemessene Einmischung staatlicher Behörden auf allen Ebenen» zugunsten des «Einigen Russland».[74] Besonders auffällig waren die festgestellten «Anomalien» in den offiziellen Wahlergebnissen der Stadt Moskau, die auf direkte Fälschungen, etwa durch Mehrfachabstimmungen per «Karussell» mit Hilfe dazu engagierter Studenten, schließen ließen. Die demokratische Partei Jabloko zeigte sich überzeugt, in Moskau wie in St. Petersburg jeweils um 20 Prozent der Stimmen betrogen worden zu sein. Viele kritische Beobachter vertraten die Meinung, dass mit Hilfe der Zentralen wie der regionalen

Wahlkommissionen das Votum zugunsten des «Einigen Russland» stark manipuliert worden sei. Die Partei habe bestenfalls 40 Prozent aller Wählerstimmen erhalten, und dies auch nur, weil in manchen Regionen wie Tschukotka und Tschetschenien die Manipulation höchste Ausmaße erreicht habe. In der Tat zeigten die Wahlergebnisse starke regionale Eigentümlichkeiten. So frappierte das 99-prozentige Votum für das «Einige Russland» in mehreren Kaukasusprovinzen. Ähnliche Werte wurden in Anstalten mit kollektiver Stimmabgabe, also zum Beispiel Fabriken und Spitälern, erreicht. In der Region Rostow am Don erhielt die Partei den Spitzenwert von über 140 Prozent der Stimmen.[75]

Wutbürger auf den Straßen und im Internet

Bereits an den ersten Tagen nach den Wahlen brach ein Sturm der Entrüstung gegen die von vielen vermuteten Wahlfälschungen los. Tausende Menschen protestierten gegen die politische Ungleichheit und Ungerechtigkeit. Die Behörden gingen mit Gewalt gegen die Demonstranten vor, mehr als tausend landeten im Gefängnis. Das Regime versuchte erfolglos, Vertreter der Jugendorganisation «Naschi» als eigene Stoßtrupps auf die Straße zu schicken. Daher schaltete der Kreml auf Toleranz um und genehmigte für den 10. Dezember eine auf 30 000 Teilnehmer bemessene Demonstration auf dem Bolotnaja-Platz südlich des Kreml. Tatsächlich kamen etwa 60 000 Menschen zusammen. Bei einer weiteren genehmigten Demonstration am 24. Dezember auf dem Alexander-Sacharow-Platz waren es dann an die 100 000. Auch in anderen Städten Russlands protestierten viele gegen die ungerechten Wahlen und die ihnen «gestohlenen Stimmen».[76]

Zwischen den beiden Massenprotesten fand am 15. Dezember der seit langem anberaumte jährliche Bürgerdialog Putins, der «Direkte Draht», statt. Bei der Gelegenheit äußerte sich Putin verächtlich über die Demonstranten und stand nicht an, sie in seinem gewohnt vulgären Jargon sogar als «quietschende Affen» zu verunglimpfen. Er habe die weißen Bändchen der Demonstranten, die diese als Zeichen der Gewaltlosigkeit trugen, für Kondome gehalten, so wie man sie auf einer Veranstaltung gegen Aids erwarte. Putin spielte die Proteste herunter und gab sich betont gelassen. Sie seien «nichts Außergewöhnliches». Solange sie sich «im Rahmen der Gesetze» zu Politik und Wirtschaft äußerten, seien solche Ereignisse «normal». Um gegen die Großstadtdemonstranten ein Gegengewicht aufzubauen, hatten sich Putins Polittechnologen ausgedacht, beim Bürgerdialog einem waschechten Arbeiter und strammen Putinanhänger Gehör zu verschaffen. Sie inszenierten den Auftritt von Igor Cholmanskich, einem Vorarbeiter im Waggonwerk Ural aus Nischni Tagil. Dieser bot Putin sofortige Unterstützung beim Kampf gegen die Demonstranten an. Wenn die Polizei damit nicht fertig werde, wolle er selbst zusammen mit seinen Männern anrücken, um «die Stabilität zu verteidigen».[77] Einige Zeit später revanchierte sich Putin für Cholmanskichs Unterstützung und ernannte ihn zum Bevollmächtigten Vertreter des Präsidenten für den Föderalen Bezirk Ural.

Für die Demonstranten in den Hauptstädten waren hingegen Putins zynische Bemerkungen beim «Direkten Draht» nur ein weiterer Anlass, ihren Widerstand zu verstärken. Ihre Wut richtete sich nun vehement gegen Putin als die leibhaftige Erscheinung einer dem Volk entrückten, überheblichen Macht. Dies zeigte sich auf der Demonstration am 24. Dezember: Putin, umrahmt von Kondomen, und ähnlich anzügliche Bilder sowie Transparente für ein «Russland ohne Putin» machten die neue Speerspitze des Protests deutlich.[78] Ein Novum war, dass die staatlichen Fernsehkanäle erstmals über die Demonstrationen berichteten. Transparente, die sich gegen Putin persönlich richteten, wurden allerdings ausgeblendet.

Bei der Mobilisierung der Menschen spielte das Internet eine zentrale Rolle. Über die neuen sozialen Netzwerke verbreitete sich das Verlangen der düpierten Wahlbürger nach kollektivem Protest wie ein Lauffeuer. Die Nutzerzahl des Internet verfünffachte sich über Nacht. Soziologen fanden heraus, dass die neue soziale Mittelklasse, die sich in keiner Partei vertreten fühlte, die Masse der Demonstranten ausmachte. 70 Prozent der Demonstranten gaben als Motiv des Protests ihren Zorn über die Wahlfälschungen an. Außerdem fühlten sie sich frustriert vom Zustand des Landes und der Politik der Regierung. Mehr als 40 Prozent zeigten sich desillusioniert von Medwedews vergeblichen Versprechungen einer «Modernisierung». Umfragen bestätigten auch, dass insbesondere die selbstherrliche Ankündigung des Ämtertausches als Katalysator der Massendemonstrationen gedient hatte. Die Sozialpolitikerin Oxana Dmitrijewa nannte eine ganze Reihe konkreter Gründe für den verbreiteten Unmut der Menschen: die fehlende soziale Mobilität, die Schwierigkeiten, ein Unternehmen ohne den Schutz irgendeines Klans zu gründen, außerdem die schreiende soziale Ungleichheit und die grassierende Korruption.[79] Der Publizist Pawel Felgenhauer machte den Charakter des Regimes für den Aufstand verantwortlich. Denn dieser gründe in der «Entrechtung» der großen Bevölkerungsmehrheit in «Putins korruptem kleptokratischen Petrostaat». Putins «Propagandamaschine» habe den Menschen «ein Märchen von Stabilität und Prosperität vorgegaukelt». Von dem Märchen profitiere aber «nur die Klientel Putins», während das Volk einer «korrupten Polizei und Justiz» ausgeliefert sei.[80]

Eine ganze Reihe von Beobachtern sah den Protest überwiegend als ein moralisches Aufbegehren gegen das System von Täuschung und Lüge, von geheimen Absprachen und vielfältigen Manipulationen.[81] Unter den Rednern erhielten vor allem Schriftsteller und Künstler Zuspruch, weniger jedoch die altbekannten Vertreter der liberalen politischen Opposition. Uneingeschränkte Zustimmung und den längsten Applaus genoss der neue Volksheld Alexei Nawalny. Da er zu den ersten gehörte, die bei den spontanen Protesten gegen die Wahlen am 5. Dezember verhaftet worden waren, umgab ihn auch die Aura des politischen Märtyrers. In seiner eindrucksvollen politischen Rede, in der er dem Kreml mit weiteren Protesten drohte, rief Nawalny sowohl den «politischen Gefangenen» Chodorkowski als auch den im Gefängnis umgekommenen Anwalt Sergei Magnitski in Erinnerung. Alexei Kudrin, der sich den Forderungen nach Wahlwiederholung und nach Entlassung des Leiters der Zentralen Wahlkommission anschloss, erhielt nur gemischten Beifall. Auch sein Angebot, einen Dialog zwischen politischer Führung und Protestierenden zu vermitteln, fand wenig Zustimmung.[82]

Der von den Demonstranten verabschiedete Forderungskatalog war eher bescheiden und auf konkrete Schritte ausgerichtet: Freilassung aller «politischen Gefangenen», Wiederholung der Wahlen und Entlassung des Leiters der Zentralen Wahlkommission. Medwedew präsentierte seinerseits ein grundlegendes Reformpaket. In seinem letzten Bericht zur Lage der Nation am 22. Dezember verkündete er eine Reihe weitreichender Maßnahmen zur Reform des politischen Systems, darunter die direkte Volkswahl der Gouverneure, Wiedereinführung der Direktwahlmandate in der Duma, eine deutliche Senkung der für eine Parteienregistrierung und Präsidentschaftskandidatur benötigten Zahl von Unterschriften, Dezentralisierungsmaßnahmen und die Schaffung eines öffentlich-rechtlichen Fernsehens. Die Gesetzesvorlage zur Erleichterung der Parteienregistrierung wurde schon für Februar 2012 angekündigt. So hinterließ Medwedew mit seinem letzten großen Auftritt ein Testament politischer Reformen, dessen Erfüllung tatsächlich eine größere politische Chancengleichheit in Aussicht stellte.[83]

Der Kreml dementierte unterdessen jeden Zusammenhang zwischen den Demonstrationen und Medwedews Botschaft. Ebenso sehr wurde in Abrede gestellt, dass die noch Ende des Jahres erfolgte Absetzung des «Strippenziehers» Wladislaw Surkow irgendetwas mit den Volksprotesten zu tun habe. Trotzdem war offensichtlich, dass alle diese vor kurzem noch unvorstellbaren Schritte eine unmittelbare Reaktion auf die Demonstrationen waren. Die Führung taktierte. Sie zeigte Kompromissbereitschaft, zugleich wappnete sie sich für den Fall der Ausweitung der Massenmobilisierung. Hardliner wie Sergei Iwanow und Dmitri Rogosin wurden umgehend mit hohen Positionen betraut.

Dritte Runde: Putin in neuem Format?

Regierungssprecher Peskow stellte Journalisten unterdessen einen «Putin in neuem Format» in Aussicht und meinte damit einen reformfreudigen Politiker. Putin selbst versprach faire Präsidentschaftswahlen mit transparenten Urnen und Webkameras in allen Wahllokalen. Solche Gesten konnten allerdings das Misstrauen der Opposition nicht aufheben. Während der Kreml darauf hinarbeitete, den Sieg Putins im ersten Wahlgang am 4. März um jeden Preis sicherzustellen, schien sich die politisch erwachte Gesellschaft von ihrer Devise eines «Russland ohne Putin» nicht so schnell abbringen zu lassen. Nawalny und andere Aktivisten gründeten politische Parteien, die Internetgemeinde kommunizierte intensiver denn je über politische Themen, und die Demonstrationen gegen Putin setzten sich fort. Davon inspiriert organisierten Putins Regisseure ihrerseits Aufmärsche zugunsten Putins. Diese wurden *putingi*, in Abwandlung des verbreiteten Lehnwortes *mitingi* (von Meetings), genannt. Zu den «Putingi» wurden am 4. Februar bis zu 100 000 Personen, zumeist Staatsangestellte, mit Bussen nach Moskau herangekarrt. Auf ihren Transparenten war zu lesen: «Keine orangene Revolution!», «Es geht um alles!» und «Wer, wenn nicht Putin?».[84]

Am 8. März 2012 wurde Putin mit knapp 64 Prozent ein drittes Mal zum Präsidenten gewählt. In der Hauptstadt Moskau erhielt er allerdings weniger als 50 Prozent. Noch am Vorabend der Wahlen hatte Putin beteuert, dass ihn die Massenproteste «glücklich» machten und die Führung nunmehr «aktiv auf das Geschehen im Land, auf die Gefühle des Volkes und ihre Erwartungen» reagieren könne. Doch bereits am Abend des Wahltages wetterte er nun wieder siegesbewusst gegen die «Opposition, die Russlands Staatlichkeit zerstören und die Macht usurpieren» wolle, also gegen die, wie er sagte, «Minderheit, die auf Wunsch des Westens agiert, um Russland zu schwächen!» Mit dem Sieg in der Tasche gab Putin seinen politischen Überzeugungen freien Lauf. Er machte kein Hehl aus seinen Vorbehalten gegen jede Form von politischer Opposition und bekannte sich offen zu seinem Feindbild vom Westen. Die Spannung fiel sichtlich von ihm ab, er wischte sich Tränen aus den Augen. Später musste sein Pressesekretär Peskow die Tränen der Rührung auf den starken Wind zurückführen, der auf dem Manegeplatz, wo die Kundgebung stattfand, geherrscht habe.[85] Peskow hatte nach den Wahlen auch noch eine andere Botschaft zu überbringen, nämlich dass Putin in jedem Fall das System modernisieren werde, allerdings nicht «im Stil von Gorbatschows liberalen Anwandlungen». Das war eine klare Absage an eine neue Ära von Glasnost und Perestroika.

4. Konservative Wende, nationale Mobilisierung und Ukrainekonflikt (2012–2014)

Putins dritte Präsidentschaft folgte unmittelbar auf die umfassende Systemkrise, die Russland am Ende des Duumvirats Putin-Medwedew heimgesucht hatte. Nach den jüngsten Erschütterungen war klar, dass jetzt der Anbruch einer neuen Ära, einer neuen Version des «Putinismus» zu erwarten war. In der Tat schienen neue Antworten auf Russlands klassische Fragen «Wer sind wir, woher kommen wir, wohin gehen wir?» angesagt. Denn mehr als zwanzig Jahre nach dem Zerfall der UdSSR war die nationale Selbstfindung des größten Nachfolgestaates keineswegs abgeschlossen. Dies galt auch für die Suche nach Russlands Platz in der Welt, vor allem für das Verhältnis zu Europa wie zum Westen überhaupt. Das Ergebnis der Präsidentschaftswahlen im März 2012 sollte die neue Ausrichtung der Identitätssuche nicht unerheblich beeinflussen. Diesmal ging es um eine konservative und antiwestliche Wende, wie schon bald erkennbar werden sollte.

Der Trend in Richtung eines neuen Konservatismus war in der sozialen Basis von Putins Wählerschaft angelegt. Zugleich wurde in der neuen Staatsphilosophie die Abkehr von den liberalen, gebildeten Städtern deutlich, die Putin bereits in den Demonstrationen den Rücken gezeigt hatten. Wie wiederholte Umfragen belegten, wurde die Parole «Russland ohne Putin» von Dezember 2011 bis Januar 2013 immerhin von einem Fünftel der Menschen unterstützt. Die generelle Zustimmung zu Putin folgte einem Abwärtstrend.[1] Allerdings hatte Putin in den Präsidentschaftswahlen 2012 im ländlichen Bereich, in der Arbeiterschaft, unter den weniger qualifizierten und gebildeten Schichten sowie unter älteren Personen reichlich Zustimmung geerntet.[2] Mit diesen Gruppen war eine liberale Modernisierung nach Medwedews Vorstellungen nicht realisierbar. Soziologen veranschlagten etwa 60 Prozent der

Gesellschaft als die potentielle neue Putin'sche Mehrheit. Sie repräsentierte das rückständige, «authentische» Russland, das Putins Führerschaft schätzte und dem sich der wiedergewählte Präsident jetzt verstärkt zuwandte.[3] Dabei war zu bedenken, dass selbst in Russlands Scheindemokratie wie in jedem anderen System eines «elektoralen Autoritarismus» Wahlen wichtig waren, brachten sie doch das Ausmaß an Loyalität der Bürger gegenüber der Führung zum Ausdruck. Umgekehrt dienten die Wahlen dazu, Putins Herrschaftsanspruch zu legitimieren. Die Massendemonstrationen ebenso wie der relativ bescheidene Wahlsieg Putins im März 2012 hatten indes deutlich gemacht, dass neue Legitimitätsressourcen gefragt waren. Der Kreml machte sich daran, Identifikationsangebote für Putins Wählerreservoir zu erarbeiten. Die konservative Wende erhielt im Laufe der nächsten zwei Jahre ein klares Gesicht.

Abschreckung durch repressive Stabilisierung

Zunächst war die politische Führung vollauf damit beschäftigt, die oppositionellen Kräfte einzudämmen. Dies war insofern nicht allzu schwierig, als sich die Vereinigung von Putins Gegnern unter einer gemeinsamen Führung wie schon zuvor als schwierig erwies. Der Kreml optierte für repressive Maßnahmen gegen einige Führungsfiguren unter den Demonstranten. Gegen den aktivistischen Blogger Alexei Nawalny wurde ein Strafprozess vorbereitet, der sich jedoch auf angebliche Wirtschaftsvergehen beschränkte. Der Anführer der radikalen Linken Front, Sergei Udalzow, wurde unter Hausarrest gestellt. Einige der bekannteren Demonstranten wurden nach tätlichen Auseinandersetzungen mit der Polizei am Vorabend von Putins Inauguration im Mai 2012 verhaftet und später verurteilt.[4] Diese Prozesse gingen entsprechend dem Namen des Platzes der Auseinandersetzungen, Bolotnaja Ploschtschad (wörtlich der «Sumpfplatz»), als *bolotnoje delo* in die Geschichte ein – im wörtlichen wie im übertragenen Sinne eine «sumpfige Sache», in der das Recht im «Sumpf der Justiz» versank, so wie dies auch für andere Rechtsfälle mit politischer Relevanz in Putins Russland charakteristisch war.

Die neue Ära, die mit Putins Wiederkehr ins Präsidentenamt einsetzte, wurde von vielen Beobachtern als «repressive Stabilisierung» bezeichnet. Darunter verstand man die Flut von Dekreten und Gesetzen, die der Abschreckung der Aufständischen dienten. Aufgrund der übereifrigen gesetzgeberischen Tätigkeit der Duma nannte man sie nur noch den «rasenden Drucker». Die neuen Gesetze hatten vor allem die empfindliche Einengung des Versammlungs- und Vereinigungsrechts zum Ziel. Dem Aufbegehren der Gesellschaft sollte so ein Riegel vorgeschoben werden. Im Kreml war die Sorge groß, dass sich aus den Protesten eine Bewegung nach dem Muster der «Arabellion» im Norden Afrikas oder der «Farbrevolutionen» in Russlands Nachbarstaaten entwickeln könnte. Putin und seine Silowiki hatten den Westen, im engeren Sinne das amerikanische State Department unter Hillary Clinton, im Verdacht, den «russischen Frühling» angestoßen und gefördert zu haben. Diesen einseitigen Blick auf die Ereignisse veranschaulichte ein «Dokumentarfilm» im staatsnahen Fernsehsender NTV. Der «Anatomie des Protestes» genannte Streifen verunglimpfte Teilnehmer wie Anführer der Proteste als amoralisch und antirussisch.[5]

Um gegen die in Putins Augen als Agenten Washingtons agierenden Kräfte im Lande vorzugehen, verfügte der Kreml zuallererst ein Verbot der Organisation USAID (US Agency for International Development). Ein Gesetz vom 12. Juli 2012 legte darüber hinaus fest, dass Menschenrechtsgruppen und «nichtkommerzielle Organisationen», also NGOs und NPOs, sich in einem besonderen Register des Justizministeriums als «ausländische Agenten» eintragen lassen mussten, wenn sie finanzielle Unterstützung aus dem Ausland erhielten. Bei Nichtregistrierung waren schwere Strafen zu gewärtigen.[6] Neben dieser innenpolitischen Verhärtung war eine jähe Abkühlung im Verhältnis zum Westen zu beobachten. Eine der ersten symbolträchtigen Gesten antiwestlicher Haltung war, dass Präsident Putin dem G8-Gipfel in Camp David und dem NATO-Gipfel in Chicago demonstrativ fernblieb.

Punkprotest: Pussy Riot

Dass die russische Justiz im Zeichen der «repressiven Stabilisierung» dazu angehalten war, stramm die Interessen der politischen Exekutive zu verteidigen, wurde in der Causa «Pussy Riot» vollends sichtbar. Was war der Sachverhalt in der Affäre mit dem blumigen Phantasienamen und wie reagierten die russischen Behörden darauf? Am 12. Februar 2012 traten drei junge Frauen der Punkgruppe Pussy Riot in provozierender Weise vor der Ikonostase in der Moskauer Christ-Erlöser-Kathedrale auf. Sie tanzten bunt bekleidet, mit Strickmasken über dem Gesicht, und sangen: «Mutter Gottes, verjage Putin!» Die Performance dauerte nur wenige Augenblicke, wurde aber als Video ins Internet gestellt. Das «Punkgebet» war ganz offensichtlich ein Akt des politischen Protestes gegen Putin und darüber hinaus gegen den Patriarchen Kirill I., der im Wahlkampf offen für Putin geworben hatte. In einem der Songtexte wurden die Priester als verkappte Offiziere der Staatssicherheit verspottet. Ätzende Kritik richtete sich gegen den Patriarchen selbst, der nur an Putin glaube, nicht aber an Gott: «Patriarch Gundjai (bürgerlicher Name Kirills: Gundjajew) glaubt an Putin. Der Hund sollte besser an Gott glauben.»[7]

Kirills Gegnerinnen erhielten moralische Schützenhilfe von Bloggern. Diese störten sich an dem luxuriösen Lebensstil des Patriarchen, der mit dem offiziellen Sittenkodex eines geistlichen Oberhaupts wenig vereinbar war. Die Blogger monierten, dass der auf Besitzlosigkeit eingeschworene oberste Kirchenherr durchaus materielle Interessen verfolgte, etwa im Umgang mit seiner lukrativen Moskauer Penthouse-Wohnung. Außerdem wurde er in der Öffentlichkeit mit einer teuren Breguet-Uhr am Handgelenk abgelichtet. Der Patriarch stritt den Besitz der Uhr ab und ließ die Aufnahmen retuschieren. Dabei wurde jedoch übersehen, dass sich die Uhr in einer glatten Tischplatte widerspiegelte. Dies strafte seine Aussage Lügen.[8] Die vorübergehende öffentliche Empörung legte sich bald wieder. Angesichts des sich anbahnenden kirchen-

«Punk-Gebet» gegen die Allianz von Kirche und Staat: Nadeschda Tolokonnikowa und die feministische Punk-Band «Pussy Riot» bei einer Kunstperformance in der Moskauer Christ-Erlöser-Kathedrale, 21. Februar 2012

freundlichen politischen Kurses des Kreml tat die Affäre der hohen Autorität des Patriarchen kaum Abbruch.

Unterdessen kamen die Frauen der Punkgruppe Pussy Riot in Untersuchungshaft. Sie wurden im August 2012 zu zwei Jahren Straflager «wegen Anstiftung zu religiösem Hass» verurteilt. Die Anklageschrift war von einem «bösartigen und vorsätzlichen Akt» ausgegangen, der sich «gegen die Gefühle und den Glauben der zahlreichen Anhänger des christlich-orthodoxen Glaubens» gerichtet habe. Er habe auch die «geistlichen Grundlagen des Staates» verunglimpft.[9] Dieser Anklagepunkt musste bei Personen ohne Kenntnis der Verfassung den falschen Eindruck hinterlassen, Russland sei kein laizistischer Staat. Der Übereifer der Justiz, mit dem eine Art Symbiose von religiöser und staatlicher Macht zum Maßstab ihres Urteils gemacht wurde, war wohl als frühe Reaktion auf die sich ausbreitende «orthodoxe Kultur» und auf den neuen Bund von Kirche und Staat zu werten.

Der Fall Pussy Riot löste ein breites Echo im Inland wie im Ausland aus. Patriarch Kirill zeigte sich aufs Höchste empört und hielt die drei Künstlerinnen für vom Teufel besessen. Er trat für ihre harte Bestrafung ein. Für Putin war die Angelegenheit ein willkommener Anlass, um die angestrebte rechtsnationale Mobilisierung anzuheizen. Er hielt das Urteil für «sehr richtig». Medwedew dagegen distanzierte sich von dem Fall und erklärte die Verurteilung der Frauen für ungerechtfertigt. Die inkriminierten Frauen versuchten vor Gericht vergeblich darzulegen, sie hätten keineswegs aus religiösem Hass gehandelt, vielmehr hätten sie mit ihrem Punkgebet politischen Protest ausdrücken wollen. Nadeschda Tolokonnikowa sprach in ihrem Schlussplädoyer von einer «Politik mit den Mitteln der Kunst» und holte zu einem Rundumschlag gegen das Regime aus: «Wir müssen politisch handeln und leben, weil wir uns nicht damit abfinden können, dass die Gesellschaft mit Zwang und Gewalt regiert wird, dass die wichtigsten politischen Institutionen die staatlichen Disziplinarapparate sind – Armee, Polizei, Geheimdienst –, die politische Stabilität mit Hilfe von Gefängnissen, Präventivhaft und repressiver Kontrolle der Bürger sichern sollen. Wir können uns nicht damit abfinden, dass die meisten Menschen dieses Landes zu politischer Passivität gezwungen werden und dass die Exekutive volle Kontrolle über die Parlamente und die Gerichte hat.» Dieser Generalabrechnung mit dem System Putin setzte Tolokonnikowa noch eins drauf. Sie geißelte die gegen sie und ihre Mitangeklagten entfachte «unglaublich dreiste Medienkampagne» und die Rückkehr «der Methoden der mittelalterlichen Inquisition in den Polizei- und Justizapparat Russlands – unseres Landes!»[10] Alle diese leidenschaftlichen Angriffe auf das Regime nutzten den Angeklagten freilich nichts, um ihrer Verurteilung wegen Blasphemie zu entgehen.

Unterstützung erhielten die Punkerinnen jedoch von dem in liberalen Kreisen hoch angesehenen Rechtsanwalt und Vorsitzenden der Moskauer Anwaltskammer, Henri Resnik. Seine «Einlassung» zu der Causa Pussy Riot erschien in der *Nowaja Gaseta* vom 29. August 2012. Hier legte Resnik im Einzelnen dar, dass die Verurteilung schon «aus offensichtlicher Stümperei und vollkommener Missachtung aller Regeln der Prozessordnung» verfehlt war. Er bestätigte den zutiefst «politischen» Charakter des Auftritts der Sängerinnen, während die Religion seiner Meinung nach keineswegs verunglimpft worden sei. Die Verfasser des Urteils würden sich wegen der Unhaltbarkeit der Begründung selbst entlarven. Schließlich bezweifelte Resnik, ob die Richterin Marina Syrowa die Urteilsbegründung überhaupt «alleine geschrieben» habe.[11] Dies war eine klare Anspielung auf die mutmaßliche Anordnung des Urteilsspruchs aus den Machtapparaten der Exekutive.[12]

Die Reaktion der Gesellschaft auf den Fall Pussy Riot war gespalten. Einerseits war eine Mehrheit gegen das harte Urteil, andererseits meinten viele, Verbrechen wie «Blasphemie» seien durchaus mit jahrelangem Gefängnis zu bestrafen. Dabei war freilich in Rechnung zu stellen, dass viele – ohne Kenntnis der Fakten – das Urteil ganz in dem vom Kreml beabsichtigten Sinne als ein Verdikt gegen «religiösen Hass» verstanden hatten. Die Irreführung der öffentlichen Meinung hatte System, ging es doch nach Putins Wiederwahl in erster Linie darum, Stimmung gegen die aufsässigen Städter und zugunsten der orthodoxen Kirche als der Hüterin traditionaler Werte zu erzeugen.

Das «Zweite Politbüro»

Der neue vom Kreml eingeschlagene Kurs einer rechten Mobilisierung kam unterdessen nur langsam voran. Das Vertrauen in Putin stagnierte. Nur mit größten manipulativen Anstrengungen konnte sich das «Einige Russland» in den Regionalwahlen im Herbst 2012 behaupten. Medwedews Stern erlosch schnell. Generell war ein Trend gegen die von ihm ursprünglich lancierte Liberalisierung zu beobachten. Von einem Duumvirat oder Tandem wie im Postenschacher mit Putin angelegt, war überhaupt nichts zu merken. Beobachter sahen im Gegenteil eine klare Demontage des neuen Premiers, dem es schwer fiel, sich in der eigenen Regierung zu behaupten. Gleb Pawlowski sprach von einer «Entmedwedifizierung».[13] Die Duma setzte Gesetze aus Medwedews Amtszeit außer

Kraft. Zum Jahrestag des Georgienkrieges tauchte im Internet ein Dokumentarfilm auf, in dem Medwedew als oberster Kriegsherr der Feigheit und Unentschlossenheit bezichtigt wurde. Die öffentlichen Erniedrigungen des Regierungschefs hielten noch eine Weile an. So musste sich Medwedew im Ministerrat mit zweitrangigen Figuren begnügen, während Putin dafür sorgte, die wichtigsten eigenen politischen Mitstreiter auf hohen Posten in der Präsidialadministration unterzubringen.

Das informelle Putin-Syndikat wies im Umbruchsjahr 2012 nur kleinere Veränderungen auf. Im August wurde ein Bericht mit dem anzüglichen Titel «Das Zweite Politbüro» bekannt. Das von der Moskauer Consulting Gruppe Mintschenko verfasste Papier enthielt eine Momentaufnahme der Machtkonstellation. Die Zusammensetzung des «Zweiten Politbüros» wurde mithilfe anonymer Befragungen von sechzig Vertretern der politischen und unternehmerischen Elite Russlands eruiert. Alle maßgeblichen Spieler auf Russlands realer, wenn auch unsichtbarer politischer Bühne wurden erfasst und ihr Platz in der informellen Hierarchie des Landes bestimmt. Diese Rangliste wich natürlich von der offiziellen «Machtvertikale» ab, ein Begriff, den die Verfasser ohnehin als bloße Propagandafloskel abtaten. Bestätigt wurde vielmehr die unter Experten geläufige Annahme, dass die Macht in den Händen eines «Konglomerats der Klans und Gruppen» lag, «die untereinander um Ressourcen konkurrierten».[14]

Die Autoren sahen bei allen grundlegenden Unterschieden zwischen dem sowjetischen und dem heutigen «Politbüro» frappierende Parallelen, so in der Unterscheidung zwischen den allmächtigen «Vollmitgliedern» und den «Kandidaten». Den Titel eines Vollmitglieds verdienten im Jahr 2012 nur acht Personen und zwar in dieser Reihenfolge: Erster Platz: Dmitri Medwedew, Premier und Vorsitzender des «Einigen Russland», zweiter Platz: Sergei Iwanow, Vorsitzender der Präsidialadministration. Die beiden waren als Gegengewichte einander zugedacht. Die dritte Stelle besetzte Igor Setschin, Vorstandsvorsitzender des Ölkonzerns Rosneft und Sekretär der «Kommission beim Präsidenten für Fragen der strategischen Entwicklung des Brennstoff-Energie-Komplexes».

Auf dem vierten Platz rangierte Gennadi Timtschenko, Aufsichtsratsvorsitzender der privaten Gasfirma Nowatek und Mitinhaber
der Gas- und Ölhandelsfirma Gunvor. Timtschenko wurde in einem Gespann zusammen mit Juri Kowaltschuk, dem Vorstands-
vorsitzenden der Bank «Rossija», gesehen. Dieses Duo sollte als
Gegengewicht zu Igor Setschin im Bereich des Energiekomplexes
fungieren. Der fünfte Rang gebührte Sergei Tschemesow, dem
Generaldirektor der Hochtechnologieholding Rostechnologii, eine
dominierende Figur im militärisch-industriellen Komplex und
ein Vertrauter Putins aus Dresdner Zeiten. Der sechste Rang wurde
Sergei Sobjanin zuteil, Oberbürgermeister von Moskau und zugleich Anführer einer Gruppe, zu der auch einige Gouverneure
zählten. Der Neuling im «Politbüro», Wjatscheslaw Wolodin, Stellvertreter des Präsidialamtsleiters Sergei Iwanow, wurde als «politischer Manager», zuständig für die Kontrolle über das «Einige Russland» und die «Allrussische Volksfront», eingeschätzt.

Bis auf Wolodin waren die aufgezählten «Vollmitglieder» durch-
weg altbekannte Figuren. Mit den «Kandidaten» zum neuen Politbüro verhielt es sich ähnlich. Sie wurden in verschiedene «Blöcke»
aufgegliedert, einen «technischen», einen «politischen», einen
«Business-Block» und einen «Block der Silowiki». Auffällig war,
dass Patriarch Kirill unter den «Kandidaten» auftauchte und dass
er wegen seiner «ideologischen Projektarbeit» zum politischen
Block gezählt wurde. Im Business-Block fanden sich bekannte Oligarchen der ersten wie der zweiten Generation wieder. Ein Stamm-
platz gehörte Roman Abramowitsch. Im Block der Silowiki dominierten Putins alte Gefährten aus den Sicherheitsdiensten, etwa
Wiktor Solotow. Aufs Ganze gesehen bestätigte der Bericht über
das «Zweite Politbüro» die Fortdauer der informellen Oligarchie
aus Vertretern der Geschäftswelt und der Geheimdienste. Ein frap-
pierendes Merkmal war die starke strukturelle wie personelle Kon-
tinuität im breiteren Syndikat. Putin war weiterhin die unstrittige
Führungsfigur, oberster Schiedsrichter und Moderator zwischen
den Klans. Darüber hinaus galt sein persönliches Interesse der
Gaswirtschaft, speziell Gazprom, sowie den systemrelevanten Banken WEB, WTB und der Sberbank. Medwedew blieb ungeachtet

seiner Anfeindungen förmlich an der Spitze von Putins Mannschaft. Die neue Kaderaufstellung schien für ein reibungsloses Funktionieren der eingeplanten «checks and balances à la russe» wenig Erfolg versprechend. Auffällig war darüber hinaus, dass Putin mit der Einführung neuer Akteure experimentierte, unter denen unpolitische Technokraten herausragten. Ein Novum war auch der politische Aufstieg von Patriarch Kirill, der sich nun mit seiner streng konservativen Ausrichtung als eine Art Chefideologe auf dem Olymp der Macht etablierte.[15]

Verteidigungsminister Serdjukow wird geopfert

Im Spätherbst 2012 brachte der Wechsel an der Spitze des russischen Verteidigungsministeriums etwas Bewegung in das Putin-Syndikat. Unter spektakulären Umständen wurde der seit Februar 2007 amtierende Minister Anatoli Serdjukow entlassen. Im Hintergrund standen massive Korruptionsvorwürfe gegen hochrangige Vertreter der für das Ministerium tätigen Firma Oboronservice. Korruption in Russlands Behörden war freilich nichts Außergewöhnliches. Und dass auch das Verteidigungsministerium davon betroffen war, wusste man schon seit längerem. In diesem Fall kamen jedoch einige Besonderheiten hinzu, so die von Anfang an herrschenden Animositäten zwischen hochrangigen Militärs und Serdjukow, der als erster Zivilist überhaupt an die Spitze des Verteidigungsministeriums berufen worden war. Serdjukow sollte große Aufgaben lösen, zum Beispiel eine weitreichende Militärreform durchführen und mehr Effizienz und Wirtschaftlichkeit in den Behördenbetrieb bringen.[16]

Anatoli Serdjukow hatte eine steile Karriere hinter sich, als er auf dem Posten des Verteidigungsministers ankam. Er war zunächst in Petersburger Großhandelsgeschäften für Möbel beschäftigt, wechselte dann in den Staatsdienst, um hier rasch die Spitze des «Föderalen Dienstes für Steuern» zu erklimmen. Dabei machte es sich gut, dass Serdjukow der Schwiegersohn des bisherigen Behördenleiters war: Wiktor Subkow, ein enger Vertrauter Putins aus Pe-

tersburger Tagen. Wir erinnern uns: Putin hatte seinen Freund
Subkow im Rahmen der «Operation Nachfolger» für das Tandem
Putin-Medwedew acht Monate lang zu seinem Premierminister
gemacht. Unter Serdjukow startete die Föderale Steuerbehörde
erste Ermittlungen gegen Michail Chodorkowski wegen Steuerhinterziehung. Serdjukow wurde als Finanzfachmann beschrieben
und der Gruppe der Silowiki zugerechnet. Die Berufung Serdjukows zum Verteidigungsminister begründete Putin mit dessen
Wirtschafts- und Finanzkompetenz als notwendiger Voraussetzung für die beabsichtigte Modernisierung der Armee. Er müsse in
dieser Funktion «Riesensummen vernünftig ausgeben», argumentierte Putin, als er den Neuen vorstellte.[17]

Es ist unbestritten, dass Serdjukow eine umfassende Militärreform auf den Weg brachte. Dabei verkleinerte er die bisherige Zahl
der Generäle und Offiziere drastisch und sorgte für einen deut-
lichen Personalwechsel im Ministerium selbst. Viele Frauen aus
der Steuerbehörde erhielten hier wichtige Posten. Mit Jewgenija
Wassiljewa, die in der Korruptionsaffäre um die Firma Oboronservice die Hauptverdächtige war, hatte Serdjukow eine Liebesro-
manze begonnen. Bei ihr befand sich der Minister auch, als Was-
siljewas Wohnung in den frühen Morgenstunden des 25. Oktober
2012 von Sicherheitsbeamten gestürmt wurde. Er sei dort im Bade-
mantel angetroffen worden, wie Moskaus Presse darüber nur wenige Stunden später süffisant berichtete.[18] Offenkundig hatte man
den Minister auch zum öffentlichen Abschuss freigegeben, war es
doch bisher in den Medien verpönt, über das Privatleben hoher
Vertreter der politischen Führung zu berichten.

Nicht die Militärreform und die Modernisierung des Ministeriums waren gescheitert, jedoch Putins Experiment mit einem zivi-
len Außenseiter, auch wenn dieser über den Schwiegervater mit
dem System gut vernetzt war. Doch war auch dies zuletzt ein Stol-
perstein für den ehrgeizigen Serdjukow. Die Liste seiner Feinde
war lang, vom düpierten Schwiegervater bis zu den nach Rache
gierenden aussortierten Generälen, die sich von Anfang an über
den «Möbelhändler» an der Spitze des Verteidigungsministeriums
mokiert hatten. Dieser hatte seinerseits über die hohen Offiziere

als «grüne Männchen» gespöttelt. Auch unter den Mächtigen der Rüstungsindustrie hatte sich Serdjukow Feinde gemacht, da er Qualitätsmängel, überhöhte Preise und nicht eingehaltene Lieferfristen kritisiert hatte. Wenig goutiert wurde hier, dass Serdjukow große Rüstungsaufträge an das Ausland vergab, anstatt alles Militärgerät bei der heimischen Rüstungsindustrie zu bestellen. Gegenwind kam hier zum Beispiel von Sergei Tschemesow, der immerhin eines der sieben Vollmitglieder in Putins «Zweitem Politbüro» war. Auch von dem nationalpatriotischen Politiker Dmitri Rogosin, den Putin während der Krise Ende 2011 zum neuen Vizepremier mit Zuständigkeit für die Rüstungsindustrie berufen hatte, war mit Widerstand gegen Serdjukow zu rechnen.

Stellt man die von all den Konkurrenten gehegten Animositäten, die Intrigen und den Grad an bekannt gewordener Korruption in Rechnung, so war die Entlassung Serdjukows unaufschiebbar. Putin musste als Feuerwehrmann agieren und die Querelen zwischen allen Beteiligten beenden. Einmal mehr war das russische System der «checks and balances» auf die Handsteuerung des obersten Schiedsrichters angewiesen. Putin musste Serdjukow opfern, was ihm schwer gefallen sein soll. Zum neuen Verteidigungsminister berief er Sergei Schoigu, der als langjähriger Minister für Katastrophenschutz in der Bevölkerung geschätzt war – neben Putin der beliebteste Politiker Russlands. In dem Bericht über das «Zweite Politbüro» rangierte er als «Kandidat» zum «Politbüro». Außerdem wurde ihm hier die eher fragwürdige Einschätzung als «autoritärer Populist» zuteil.

Kirche und Staat als «natürliche Partner»

Die von Putin im Dezember 2012 abgelieferte «Jahresbotschaft», die erste Rede vor dem Parlament in seiner neuen Amtszeit, enthielt bereits deutliche Merkmale einer neuen ideologischen Ausrichtung. Hans-Henning Schröder betitelte den geistigen Wendepunkt als Aufbruch «Vorwärts in die Vergangenheit». Die Botschaft des neuen alten Präsidenten war tatsächlich durchtränkt von

Thron und Altar: Wladimir Putin überreicht dem russisch-orthodoxen Patriarchen Kirill in der Moskauer Christ-Erlöser-Kathedrale Blumen zu seinem siebzigsten Geburtstag, 22. November 2016.

einem «nationalkonservativen Narrativ», das sich auf Russlands Traditionen und die glorreiche Vergangenheit berief. Putin betonte Russlands «einzigartige, ununterbrochene tausendjährige Geschichte, auf deren Grundlage wir innere Stärke und den Auftrag zu nationaler Entwicklung gewinnen». Er konstatierte in der Gegenwart «ein Defizit an geistigen Klammern» in der Gesellschaft. Doch könne die Rückbesinnung auf Russlands große Vergangenheit den Menschen wieder Halt geben.[19]

Schützenhilfe für den neuen Kurs «Vorwärts in die Vergangenheit» war dem Kreml seitens des Patriarchen sicher. Bereits im Wahlkampf hatte Kirill Putins erste zwei Präsidentschaften als «ein Wunder Gottes» bezeichnet, das dem Land nach den zerstörerischen neunziger Jahren Erholung gebracht habe.[20] Dem Patriarchen zufolge liege es jetzt an der Kirche, das Volk zu einen und die Nation zu konstituieren. In einer Predigt im Juni 2012 drückte er dies so aus: «Die Kirche ist die geistige Klammer, die Linie der Selbstidentifizierung unserer Nation, wenn wir diese Gemeinschaft zerstören, dann zerstören wir unser Vaterland.» Gefahr drohe dem Land von dem «westlichen» liberalen System, das nicht

Die homophoben Politiker Wladimir Putin und Dmitri Medwedew als
Liebespaar: Poster bei der Christopher-Street-Day-Parade in Berlin am
23. Juni 2012

zur «orthodoxen Kultur» passe, so der Patriarch. Ähnliches pre-
digte auch der neu in die Präsidialadministration berufene und für
das «Management» der Politik im Innern zuständige Wjatscheslaw
Wolodin. Zu alledem fügten sich öffentliche Kampagnen gegen die
Propagierung der Homosexualität, die im verdorbenen Westen
verbreitet sei. Das Erste Russische Fernsehen prägte gar den Begriff
«Gayropa» und distanzierte sich so von den angeblich hyperlibera-
len Verhältnissen in Westeuropa, wo man kein Verständnis für die
in Russland dominierenden konservativen Vorstellungen zum Ge-
schlechterverhältnis aufbringe.[21] Umfragen ergaben in der Tat eine
große Diskrepanz zwischen Russland und den westlichen Ländern
in der Haltung der Gesellschaft zur Homosexualität.[22]

    Das russische Fernsehen stellte sich ganz in den Dienst der Wie-
derbelebung der orthodoxen Kultur und Religion. Anlässlich des

25. Jahrestages der 1988 begangenen Tausendjahrfeier der Übernahme des Christentums wurde unter dem Titel *Die zweite Taufe der Rus* ein Film über die historische Rolle der russischen orthodoxen Kirche gezeigt. Darin betont Putin in einem Gespräch die nationsbildende Kraft der Kirche. Wie schon in seiner Botschaft an das Parlament führte er die gestiegene Religiosität im Lande auf das «riesige moralische und ethische Vakuum» zurück, das nach dem Kollaps der kommunistischen Ideologie eingetreten sei. Die Menschen seien dann aus eigenem Antrieb «zu ihren Wurzeln, zum Glauben, zu geistigen Werten» gestoßen. Putin schätzte Kirche und Staat bei der moralischen Erziehung der Menschen als «natürliche Partner» ein. Er gab sich überzeugt, dass mit der Einführung des Christentums in der frühmittelalterlichen «Rus» Russlands Nationswerdung begonnen habe. Parallel dazu sei ein zentralistischer Staat entstanden.[23]

Die Partnerschaft zwischen Kirche und Staat schien sich als fester Pfeiler im neuen Putinismus zu etablieren. Beide Akteure profitierten davon, da der Schulterschluss ihr Ansehen in der Bevölkerung gleichermaßen hob. Untereinander sparte man nicht mit freundschaftlichen symbolischen Gesten. So wurde Putin vom Patriarchen mit einem Preis dafür ausgezeichnet, dass er Russland wieder in den Rang einer Großmacht geführt habe.[24] Putin sorgte seinerseits dafür, dass im Interesse der Kirche ein Gesetz «zum Schutz religiöser Gefühle» verabschiedet wurde. Seit September 2012 wird in allen russischen Grundschulen das Fach «Grundlagen der orthodoxen Kultur» unterrichtet.[25]

Im Unterschied zu der neu gefestigten Kooperation zwischen Kirche und Staat zeigten die Entwicklungen in Russlands «gelenkter Demokratie» widersprüchliche Symptome. Einerseits wurde die strenge Linie gegenüber NGOs beibehalten und Kontrollen über den Internetverkehr angedroht. Andererseits experimentierte man punktuell mit einem freien Wettbewerb in Wahlen. So wurde es dem kritischen Blogger und Oppositionellen Aleksei Nawalny, der sich in den Demonstrationen 2011 als Volksheld und Putinkritiker hervorgetan hatte, plötzlich erlaubt, an den Wahlen zum Amt des Oberbürgermeisters im September 2013 teilzunehmen.

Dem ging allerdings eine Intrige der besonderen Art voraus. Die Justiz hatte gegen ihn einen Strafprozess wegen Amtsmissbrauch und Unterschlagung vom Zaun gebrochen, allem Anschein nach, um seine Teilnahme an den Wahlen prompt zu hintertreiben. Die Anklage lautete auf ungesetzliche Machenschaften als Berater des Holzbetriebs Kirowles. Pünktlich zur Verhinderung seiner Kandidatur wurde Nawalny am 18. Juli zu fünf Jahren Straflager verurteilt und noch im Gerichtssaal verhaftet. Nur vierzehn Stunden später beschloss das Gericht auf Antrag der Staatsanwaltschaft eine Strafaussetzung bis zum Abschluss des Revisionsverfahrens. Bis dahin war das Urteil nicht rechtskräftig. Nawalny konnte also an den Wahlen teilnehmen.[26] Sein Hauptkonkurrent, der amtierende Oberbürgermeister Sergei Sobjanin und Vollmitglied im Putinschen «Politbüro», sorgte persönlich dafür, dass die Abgeordneten von «Einiges Russland» Nawalnys Zulassung zur Wahl unterstützten.[27] Nawalny holte sich mit über 27 Prozent des Wählervotums einen hohen Achtungserfolg. Auch in Jekaterinburg und Petrosawodsk erhielten Oppositionelle faire Gewinnchancen.[28]

Was war geschehen? Wollte der Kreml ernsthaft mit dem Übergang zu einem freien demokratischen Wettbewerb beginnen? Oder ging es nur um ein Experiment, um einen Test, wie es wäre, wenn sich die Kombattanten des Kreml mit Vertretern der Opposition zu messen hätten? In der Öffentlichkeit setzte sich diese zweite Ansicht durch. Darüber hinaus schien etwa Sobjanin, der in Moskau mit einer sicheren Mehrheit rechnen konnte, die Legitimität des eigenen Sieges angesichts einer namhaften politischen Konkurrenz noch steigern zu wollen.[29] Alle Beobachter waren sich darin einig, dass letztlich Risse im Kremlsyndikat den Zickzackkurs im Fall Nawalny verursacht hatten. Offenkundig waren sich die konkurrierenden Kremlgruppen in der Grundfrage uneins, wie man die Macht im Lande auf Dauer sicherstellte, sei es durch eine größere demokratische Legitimierung und damit eine Stärkung der verfassungsmäßigen Einrichtungen, sei es durch noch härtere Repressionen gegenüber der Opposition. Drei Monate nach den Moskauer Wahlen beseitigte Putin selbst in der Sache letzte Unklarheiten. Er beantwortete auf seiner Jahrespressekonferenz die

Frage, warum Nawalny zu den Wahlen antreten ‹durfte›: «Wenn Nawalny eine Bedrohung dargestellt hätte, hätte man ihn nicht zu den Wahlen zugelassen.»[30] Der Fall war mit Nawalnys Freilauf im September 2013 keineswegs beendet. Das Katz- und Mausspiel zwischen ihm und den Trägern der Macht mit wiederkehrenden rechtlichen und politischen Implikationen setzte sich fort.

Mehrere kritische Kommentatoren führten die widersprüchlichen Signale in der Politik des Landes darauf zurück, dass sich der Charakter des Machtsystems grundlegend verändert habe. Stanislaw Belkowski und Oleg Sawizki waren überzeugt, dass sich die Vertikale in mehrere Macht- und Entscheidungszentren aufgeteilt habe. Unübersehbar seien zum Beispiel die Flügelkämpfe innerhalb der Präsidialadministration zwischen dem Leiter Sergei Iwanow und dessen Stellvertreter Wjatscheslaw Wolodin. Zu diesem Wettbewerb innerhalb nur eines Organs sei die Konkurrenz zwischen ganzen Einrichtungen hinzugetreten, so zwischen der Regierung und dem Komitee für Strafverfolgung unter der Leitung Alexander Bastrykins, der als besonders ehrgeiziger politischer Akteur mit streng konservativer Ausrichtung eingeschätzt wurde. Belkowski sah einen «Rhizomstaat» im Entstehen begriffen, also ein Gebilde mit vielen Wurzeln.[31] Der bekannte britische Russlandexperte Richard Sakwa urteilte, dass die formellen und die informellen Strukturen des Systems in einem Patt gelandet seien. Der Verfassungsstaat und das reale neopatrimoniale Regime, das die Soziologin Ledeneva Putins «Sistema» getauft hatte, blockierten einander.[32] Unter allen Kreml-Auguren herrschte Einigkeit darüber, dass der Hardliner Bastrykin in der Causa Nawalny für dessen Verhaftung und Verurteilung verantwortlich war. Einig war man sich auch in der Annahme, dass das Plazet zu Nawalnys Freistellung für die Wahlen nur von ganz oben gekommen sein konnte. Zugleich scheine es, dass sich Putins Position im «Rhizomstaat» immer schwieriger gestalte, dass er mehr Geisel denn Moderator der informellen Gruppen sei.

Eine neue «nationale Idee» für Russland:
Kulturkampf gegen den Westen

Putin musste aber nicht nur seine Mandarine in Schach und bei Laune halten. Er hatte auf eine mehrheitliche Zustimmung in der Gesellschaft zu achten. Da war mittlerweile guter Rat teuer, wie dies am besten erreicht werden könnte. Vielleicht war eine neue «nationale Idee», eine Neubestimmung des russischen Weges und seiner Werte, das richtige Mittel zur Selbstvergewisserung der Nation zuhause und in der Welt? Bereits im September 2013 ging es auf dem jährlichen Treffen des Waldai-Klubs genau darum: Putin rief überraschend zur Suche nach einer neuen nationalen Idee auf. Erstmals machte er auch klare Aussagen zu seinen eigenen Wertvorstellungen und zu der von ihm gewünschten Mission Russlands zuhause wie in der Welt.[33]

Bereits 1996 hatte Boris Jelzin eine landesweite Suche nach einer neuen «nationalen Idee» in Auftrag gegeben. Die Recherche war praktisch ergebnislos verlaufen, wenn auch die von den Slawophilen im 19. Jahrhundert propagierte «Russische Idee» im Sinne russischer nationaler Eigenständigkeit und Einzigartigkeit wieder ausgegraben worden war. Die «Russische Idee» hatte auch in der Ära Putin ihre Anhänger. Nun gab der Präsident selbst den Ton dafür vor. Er plädierte für Russland als ein Bollwerk konservativer Werte und grenzte diese deutlich von den Werten ab, denen man im postmodernen ultraliberalen Westen fröne. Dies hindere Russland aber nicht, sich vorwärts und aufwärts zu bewegen, sagte er unter Bezugnahme auf den konservativen russischen Philosophen Nikolai Berdjajew. Traditionale Werte hätten jahrhundertelang die zivilisatorische Basis jeder Nation gebildet, so die Werte der Familie und eines genuin humanen, zugleich religiösen Lebens. Dem habe der Westen zuwidergehandelt. Putin führte dazu aus: «Wir sehen, wie viele euro-atlantische Staaten den Weg eingeschlagen haben, auf dem sie ihre eigenen Wurzeln verneinen beziehungsweise ablehnen, einschließlich der christlichen Wurzeln, die die Grundlagen der westlichen Zivilisation bilden. In diesen Staaten werden moralische Grundlagen und jede traditionelle Identität verneint – nationale, religiöse, kulturelle oder sogar geschlechtliche Identitäten. Dort wird eine Politik betrieben, die eine kinderreiche Familie mit einer gleichgeschlechtlichen Partnerschaft gleichsetzt; diese Politik setzt den Glauben an Gott mit dem an Satan gleich. Diese Staaten versuchen dieses Modell den anderen Ländern weltweit aggressiv aufzuzwingen. Ich bin zutiefst überzeugt, dass das der direkte Weg zum Verfall und zur Primitivisierung der Kultur ist. Dies führt zu tieferen demographischen und moralischen Krisen im Westen.»[34]

Wie dieser Rundumschlag zeigte, war es Putin an einem wahrhaftigen Kulturkrieg gegen den «satanischen» Westen gelegen. Zugleich hob er in Abgrenzung dazu die zivilisatorische Eigenständigkeit Russlands hervor. Eine ganze Reihe westlicher wie russischer Autoren übten an der neuen Weltsicht scharfe Kritik. Für den deutschen Russlandexperten Hannes Adomeit war die «Diskreditierung und Diffamierung des Westens» Putins vorrangiges Ziel. [35] Auch andere meinten, der Feldzug gegen den Westen sei das eigentliche Ziel der geistigen Wende, während man die vorgeblich traditionellen russischen Werte davon nur künstlich ableite. Die regimekritische Philosophin Jelena Stepanowa beschrieb die Verbalattacken des Patriarchen und des Präsidenten gegen den Westen als den Versuch, einen universellen Kampf zwischen Gut und Böse zu simulieren, um so die russische Gesellschaft ideologisch zu konsolidieren. Doch gebe eine derartige, kraft Mythologisierung der nationalen Geschichte verordnete nationale Identität den Bürgern keineswegs klare Werte an die Hand und schon gar nicht Halt im täglichen Leben.[36] Andrei Kolesnikow vom Moskauer Carnegie-Zentrum kritisierte ebenfalls die Künstlichkeit einer nationalen Selbstfindung von oben. Man rede den Menschen heute ein, dass sie nicht europäisch, sondern vielmehr einzigartig und exzeptionell seien. Dies führe nur zu einer Archaisierung des Bewusstseins und paternalistischen Einstellungen.[37]

Parallel zu der Kritik am verdorbenen Westen rückte das Konzept der «Russischen Welt» in den Vordergrund. Dieses geopolitisch aufgeladene Konzept vereint antiwestliche, antiliberale und neoimperiale Ideen.[38] Patriarch Kirill und andere führende Persönlichkeiten der orthodoxen Kirche verstanden darunter das genaue Gegenteil zur westlichen Zivilisation. Der orthodoxe Kulturkreis zeichne sich durch eine staatlich begründete Zivilisation auf der Grundlage gemeinsamer Kultur und Werte aller Bürger, auch nicht-ethnischer Russen, aus. Die zivilisatorische Identität basiere auf der Erhaltung der kulturellen Dominanz Russlands.[39] Deshalb habe Russland im postsowjetischen Raum besondere «privilegierte», «historisch gewachsene» Interessen, die der Westen bestreite. Diese Aussage war im Grunde Moskaus neu aufgelegtes geopolitisches Dogma. Die «privilegierten Interessen» wurden einfach mit der russischen Führungsrolle in der langen gemeinsamen Geschichte begründet – ein wohlfeiles Postulat. Russlands Vorherrschaft wurde so absolut gesetzt und jede eigenständige Staats- und Nationsbildung, zumal in den orthodox geprägten «slawischen Bruderstaaten», faktisch negiert.

Das Projekt der Eurasischen Union

In seinem Kulturkampf gegen den Westen ging Putin so weit, Russland aus dem europäischen Orbit herauszunehmen. Damit vollzog er einen wahren U-Turn gegenüber früheren Positionierungen. Manche Gäste in Waldai-Klub meinten, Putin versuche einen Spagat zwischen den Zielen, Russland vom Westen zu distanzieren, aber gleichzeitig seinen Charakter als eine europäische Nation zu retten.[40] Dies war aber nicht der einzige Spagat: Die russische Führung versuchte gleichzeitig auf der Welle der orthodoxen Kultur wie auf der modisch gewordenen Strömung des «Eurasianismus» zu reiten. Immerhin wurde die Errichtung einer Eurasischen Union zum wichtigsten außenpolitischen Projekt von Putins dritter Präsidentschaft.

Je weiter sich Moskau vom Ziel der Westintegration entfernte, umso intensiver besann sich die russische Führung auf die wünschenswerte Vereinigung des postsowjetischen Raums. Noch unter Jelzin und dann verstärkt unter Putin kam es zu wiederholten konkreten Initiativen zur Integration der vormaligen Sowjetrepubliken. Das bisher ehrgeizigste Projekt stellte die Eurasische Wirtschaftsunion (EWU) dar, die in Russland auch gerne nur Eurasische Union genannt wurde. Dahinter steckte der Wunsch, die Union eben nicht nur als regionales wirtschaftliches Integrationsprojekt, sondern als ein neues politisches Format für den Zusammenschluss der ehemaligen Sowjetrepubliken und mehr noch als Nukleus einer Integration Europas mit seinen eurasischen Nachbarn zur Geltung zu bringen.[41]

Die EWU war ein praktisches Vehikel für den Transport hegemonialer Ansprüche gegenüber früheren Sowjetrepubliken. Zugleich bot sich der «Eurasianismus» als eine alternative Option im Prozess der eigenen Nationsbildung und der Suche nach einem angemessenen internationalen Standort an. Nach dem Zerfall der Sowjetunion war die Strömung schon kurzfristig in Mode gekommen. Dabei ging es um die wiederentdeckten Vorstellungen russischer Emigranten aus den zwanziger Jahren. Ihnen zufolge war Russland von einer einzigartigen europäisch-asiatischen Mischkultur und von einem symbiotischen Miteinander islamischer wie christlich-orthodoxer Religion geprägt. In Putins dritter Präsidentschaft gelangte die schon tot geglaubte Raumideologie wieder zur Aktualität. Zu den Protagonisten der Strömung zählte der konservative Philosoph Alexander Dugin. Er beschrieb Eurasien als eine eigene Zivilisationsstruktur, in der Russlands nationale Einzigartigkeit und seine Bestimmung als geopolitischer Pol in Asien wie in Europa zum Ausdruck komme.

Neben Dugin hatte auch die in die gleiche Richtung gehende geopolitische Theorie des Ethnologen Lew Gumiljow wieder Konjunktur. Der Sohn des Dichterpaares Anna Achmatowa und Nikolai Gumiljow war unter Stalin verfolgt worden und hatte viele Jahre im Gulag verbracht. Gelegentlich äußerte sich Putin selbst voller Bewunderung für die von diesem Autor beschworene «große Kultur der Steppe», die verschiedene Völker innerhalb ein und derselben Zivilisation vereine. Ein späterer Vertreter solcher Vorstellungen war der bekannte Regisseur Nikita Michalkow. Dieser hatte schon des längeren versucht, auf Putins Weltsicht einzuwirken; der

Schweizer Kulturhistoriker und Russlandkenner Ulrich Schmid schreibt ihm tatsächlich großen Einfluss zu. Er sei der eigentliche «Mentor Putins und der wahre Präsident Russlands», meint Schmid sogar.[42] In dem *Manifest zum aufgeklärten Konservatismus*, das Michalkow schon 2010 der Regierung überreicht hatte, war viel von Russlands eurasischer Mission die Rede. Das liest sich dann so: «Russland-Eurasien ist das geopolitische und sakrale Zentrum der Welt.» Deshalb sei Russland kein «Nationalstaat», sondern ein «kontinentales Imperium».[43] Solche Vorstellungen ebenso wie Michalkows Diktum, dass Russland nur infolge seiner tragischen Geschichte nicht den Platz in der Weltordnung einnehme, der ihm eigentlich gebühre, verschafften sich bei der Suche einer neuen «nationalen Idee» für Russland durchaus Gehör.

Für welche Einflüsse Putin mehr oder weniger empfänglich war und für welche Ziele er wirklich einstand, war auch in Putins dritter Amtszeit nicht eindeutig zu beantworten. Immer wieder wurden konservative russische Denker wie Iwan Iljin und Nikolai Berdjajew als Quellen seiner Inspiration genannt. Dass der antiliberale Alexander Dugin Einfluss auf Putins Denken gewann, wurde von offizieller Seite dementiert. Als ein klares Zeichen seiner Desavouierung entzog man ihm sogar seinen Lehrstuhl an der Abteilung für die Soziologie der internationalen Beziehungen an der Moskauer Lomonossow-Universität. Der Russlandexperte Gordon M. Hahn geht wie auch andere Autoren davon aus, dass der politische Philosoph Iwan Iljin den vergleichsweise größten Einfluss auf Putins Weltsicht ausübte. Hahn hält Putin für einen «gemäßigten Nationalisten und Patrioten». Er sei in erster Linie ein «russischer Neo-Traditionalist», kein Konservativer im westlichen Verständnis.[44] Die drei führenden Gesellschaftswissenschaftler am Moskauer Carnegie-Center, Dmitri Trenin, Maria Lipman und Alexei Malaschenko, kamen in ihrer Einschätzung Putins in dessen dritter Amtszeit zu folgendem Ergebnis: «Kontrolle ist Putins eigentliches Ziel. Souveränität ist ˌsein Slogan, und Nationalismus ist die Seele seiner Politik.» Während sie die «Kontrolle» auf Putins Führungsanspruch gegenüber dem Volk und den politischen Eliten bezogen, subsumierten sie unter der Losung der «Souveränität» eine autonome Nationsbildung ebenso wie eine selbständige Außenpolitik. «Nationalismus» schließlich umfasse Putins Wunsch und Willen, Russland in der Welt wieder groß und einflussreich zu sehen.[45] In diesem Zusammenhang war auch die neue russische außenpolitische Doktrin vom Februar 2013 zu verorten: Kein bedeutendes Problem der internationalen Politik sei ohne die Mitwirkung Russlands lösbar.

Das hier beschriebene Gebräu alter und neuer Ideen bestimmte im Vorfeld der Ukrainekrise und der Annexion der Krim durch Russland die nationale Identitätsfindung. Gesucht wurden die «geistigen Klammern» für den Zusammenhalt von Gesellschaft und politischer Führung, genauer gesagt für eine zuverlässige breite Zustimmung zu Putin. Dazu bot sich das Einhaken bei der «orthodoxen Kultur» und bei der orthodoxen Kirche als besonders vielversprechend an. Michail Sygar schreibt dazu: «Die Russischorthodoxe Religion wurde faktisch zur Staatsideologie, die dazu dient, Putins Wahlvolk zusammenzuhalten.» Putin habe «in der Orthodoxie eine untadelige nationale Idee, die Menschen jeglicher politischer Couleur zusammenführt», gesehen.[46] Tatsächlich war dies ein nachvollziehbares Kalkül, bezeichnen sich doch in Umfragen regelmäßig etwa 80 Prozent der befragten Personen als Rechtgläubige, unabhängig von ihrer wirklichen Frömmigkeit und obwohl sie zumeist gar nichts über Glauben und Bibel wissen. Was hier zählt, ist das Bekenntnis zum orthodoxen Glauben als Bekenntnis zur russischen nationalen Identität.

Zum Jahresende 2013 gab es an der «Re-Ideologisierung der russischen Innenpolitik», wie es Jens Siegert ausdrückt, keinen Zweifel mehr.[47] Passend zu dem neuen Kurs im Innern gab es Erfolge in der russischen Außenpolitik, etwa die siegreiche russische Diplomatie in der Frage der Vernichtung syrischer Chemiewaffen oder der Zulauf des amerikanischen Whistleblowers Edward Snowden, der in Russland vor der amerikanischen Justiz Asyl suchte.[48] Schließlich bereitete man sich in Moskau wie im ganzen Land intensiv auf die Olympischen Winterspiele in Sotschi Anfang 2014 vor. Sie waren als glanzvolle Inszenierung nationaler Größe und als Schaukasten des modernen russischen Staates gedacht. Doch kaum dass die großen Spiele ihr feierliches Finale erreichten, nahm das Drama um den großen slawischen Bruderkrieg zwischen Moskau und Kiew, um den «Euromaidan» und die Annexion der Krim, um die europäische oder russische Vorherrschaft im Herzen Europas, seinen unaufhaltsamen Lauf. Bevor darauf einzugehen ist, soll ein kurzer Rückblick das Auf und Ab im Prozess der nationalen Selbstfindung Russlands seit 2000 zur Anschauung bringen.

Wie Putin vom Europäer zum Eurasier wurde

Putins Weltbild und seine Vorstellungen von Russlands nationaler Identität schwankten seit Beginn seiner ersten Präsidentschaft beträchtlich. Im Frühjahr 2000 war Putin noch durch und durch ein russischer «Westler». Er zeigte so wie Jelzin auch Interesse an einem Beitritt Russlands zur NATO und zur EU. In einem Interview mit der BBC im März 2000 bekräftigte er, dass «Russland Teil der europäischen Kultur» sei. Wörtlich: «Und ich kann mir mein eigenes Land nicht in Isolierung von Europa und von dem, was wir häufig die zivilisierte Welt nennen, vorstellen. So ist es für mich schwer, in der NATO einen Feind zu sehen.»[49] Etwa eineinhalb Jahre lang sah Putin, seinem Berater Andrei Illarionow zufolge, in der NATO den für Russland angemessenen Rahmen.[50] Nach den Terroranschlägen vom 12. September 2001 hatte das Verhältnis zu den USA höchste Priorität. Putin reagierte mit einem sofortigen Hilfeangebot an Washington und akzeptierte vorübergehend sogar die Zunahme des amerikanischen Einflusses auf Russlands Hinterhof in Zentralasien und auch in Georgien.

Einen Höhepunkt erreichte dieser außenpolitische Kurs im Frühjahr 2002. Nach einem Gipfeltreffen mit dem amerikanischen Präsidenten George W. Bush in Moskau wurde mit der NATO ein Vertrag über den gemeinsamen Kampf gegen den Terrorismus besiegelt.[51] Dies zeigte eindeutig, dass Moskau in der Allianz keineswegs eine bedrohliche feindliche Macht sah, sondern eher einen erstrebenswerten Hort der Integration. Dass später wiederholt Widerstand gegen die Osterweiterung der NATO bekundet wurde, resultierte hauptsächlich aus der als Kränkung empfundenen Abweisung einer von Moskau gewünschten noch engeren Kooperation mit der Allianz. So wurde das altbekannte «Syndrom der gekränkten Großmacht» erneut bedient, als die russische Wahrnehmung zunahm, vom Westen nicht als «gleichrangig» gesehen und behandelt zu werden.

Russlands Verhältnis zur EU startete unter Putin mit beiderseitigen großen Erwartungen und Kooperationsprogrammen. Putin übte sich gerne in der Rhetorik eines gemeinsamen großen Europa und des europäischen Charakters Russlands. Bereits auf dem ersten Treffen mit der EU-Troika im Rahmen des Partnerschafts- und Kooperationsabkommens zwischen Russland und der EU wollte der russische Präsident keinerlei Zweifel über den eindeutig europäischen Charakter Russlands aufkommen lassen: «Russland war immer, es ist heute und es wird in Zukunft ein europäisches Land sein, nicht nur wegen seiner geographischen Lage, sondern auch im Hinblick auf seine Kultur und den Grad der ökonomischen Integration. Die grundlegenden Prinzipien, denen zufolge sich Europa vereinigt, sind für Russland die gleichen.»[52] In liberalen Moskauer Kreisen wurde Putin aufgrund dieser Aussage das Verdienst zugeschrieben, als erstes russisches Staatsoberhaupt die Selbstidentifikation Russlands in «zivilisationskultureller Hinsicht» endgültig entschieden zu haben.[53]

Die Dreihundertjahrfeier Sankt Petersburgs bot im Juni 2003 einen idealen Anlass, die europäische Identität Russlands herauszukehren. Spitzenpolitiker aus über vierzig Staaten wurden in die Stadt eingeladen. Der EU-Russland-Gipfel wurde sogar zum Höhepunkt des Festprogramms erklärt.[54] Der europafreundlichen Symbolik folgte allerdings keine entsprechende reale Dynamik im Verhältnis Brüssel – Moskau. Als die EU 2004 die Aufnahme zehn weiterer Staaten beschloss, äußerte Moskau Sorgen über die negativen Auswirkungen dieses Schritts. Nach alter Sowjetmanier verlangte der Kreml Kompensationen. Brüssel hielt dagegen, dass die Erweiterung der Union keine «Gegenleistungen» dulde. Erst unmittelbar vor der EU-Osterweiterung am 1. Mai 2004 wurden die Spannungen zwischen Brüssel und Moskau entschärft. Gemeinsam wurde die Ausdehnung des Partnerschaftsabkommens mit Russland auf die zehn neuen EU-Mitglieder beschlossen. Beide Seiten beschworen einmal mehr ein neues «Europa ohne Trennungslinien».[55]

Bereits während Putins zweiter Präsidentschaft 2004–2008 gewann die Vorstellung von ausschließlich russischen legitimen «Einflusssphären» im postsowjetischen Raum an Boden. In dem Zusammenhang war auch Putins Botschaft an das Parlament im April 2005 zu verstehen. Er beklagte in der Rede den offensichtlich traumatischen Zerfall der UdSSR als die «größte geopolitische Katastrophe des 20. Jahrhunderts».[56] Dieses Trauma und das Syndrom der «gekränkten Großmacht» verstärkten sich.

Das Verhältnis zwischen Russland und der EU verschlechterte sich während Putins zweiter Präsidentschaft. Eine Neuauflage des 1997 in Kraft getretenen Partnerschafts- und Kooperationsabkommens kam nicht zustande. Wechselseitig wurde zwar weiterhin die «strategische Partnerschaft» beschworen, in Wirklichkeit dümpelte das Verhältnis vor sich hin. In Brüssel stieß man sich an den autoritären Regierungsverhältnissen in Russland. Umgekehrt wurde die EU in Russland zunehmend als «normatives Imperium» und als imperiale Gegenmacht wahrgenommen.[57] Moskau zeigte sich deshalb ablehnend gegenüber den seit 2003 verstärkten Bemühungen der EU, eine «Europäische Nachbarschaftspolitik» (ENP) und sodann eine «Östliche Partnerschaft» mit Armenien, Aserbaidschan, Georgien, Moldawien, Ukraine und Weißrussland auf den Weg zu bringen.

Moskau begann 2013 damit, diese Staaten zu schikanieren, um den eigenen Einfluss sicherzustellen. Es traf vor allem Armenien, Moldawien und immer wieder die Ukraine. Im Sommer 2013 wurde der russisch-ukrainische Grenzhandel strengsten Kontrollen unterworfen. Die Ukraine sollte so die negativen Folgen eines möglichen Abkommens mit der EU schon vorab zu spüren bekommen.[58] Kurz vor dem Gipfel der Östlichen Partnerschaft in Vilnius im November 2013 gelang es Putin mit großzügigen pekuniären Versprechungen, den ukrainischen Präsidenten Wiktor Janukowitsch von der Unterzeichnung eines Assoziierungsabkommens mit der EU abzubringen. Man wolle dem «Bruderstaat» einfach nur helfen, hieß es in Moskau. Tatsächlich war die finanzielle Avance von 15 Milliarden Dollar das genaue Gegengebot zu einem Kredit, den der Internationale Währungsfonds der Ukraine offeriert hatte. Es war der glatte Versuch Moskaus, der Ukraine den Weg in ein engeres Verhältnis mit der EU abzukaufen – und dies mit der Perspektive auf Mitgliedschaft in der geplanten Eurasischen Wirtschaftsunion (EWU), ein Projekt, das in Moskau mittlerweile höchste Priorität erlangt hatte.

Die nunmehr offen ausgebrochene Integrationskonkurrenz zwischen EWU und EU spitzte sich zu.[59] Offenbar waren die Interessen und gegenseitigen Wahrnehmungen der Akteure so unterschiedlich, dass eine Kollision kaum noch abwendbar schien. Grundlegende Missverständnisse über die jeweils verfolgten Ziele und Interessen kamen hinzu. Während die EU mit der Errichtung eines Gürtels von Staaten im Osten und Süden einen «Ring von Freunden» bilden wollte und eine Vollmitgliedschaft der Ukraine hintanstellte, sah Moskau in der Assoziierung des Landes bereits eine reale Erweiterung der EU um die Ukraine.[60] Die Zuspitzung des Interessenkonflikts rührte zusätzlich daher, dass Brüssel sich von Anfang an über Ziele und Grenzen der eigenen «Nachbarschaftspolitik» nicht völlig im Klaren war und dass man auch die Interessen Moskaus nicht genau identifizierte.[61] Der Gipfel von Vilnius wurde so zum Debakel für die Östliche Partnerschaft wie für die Außenpolitik der EU überhaupt. Letztlich waren Desinteresse und fehlende Entschlossenheit seitens der EU mit dafür ausschlaggebend, dass ein offener Konflikt ausbrach.

Die Eskalation der Ukrainekrise und die Annexion der Krim

Dass Janukowitsch sich weigerte, das Dokument mit der EU zu unterzeichnen, löste in Kiew den «Euromaidan» aus. Unter dieser Bezeichnung zogen sich die Demonstrationen und Proteste viele Wochen hin. Sie fanden überwiegend auf dem zentralen Unabhängigkeitsplatz in Kiew, dem Maidan Nesaleschnosti, statt. Bald überzogen sie das ganze Land und richteten sich immer mehr gegen das korrupte Janukowitsch-Regime überhaupt. Es war eine demokratische Basisbewegung, in die sich aber auch rechtsextreme Kräfte wie der «Rechte Sektor» und die Partei «Swoboda» mischten. Eine Friedensinitiative der Außenminister Deutschlands, Frankreichs und Polens konnte nicht verhindern, dass die Ereignisse in Kiew schließlich eskalierten. Die von den Politikern am 20. Februar erreichte Vereinbarung wurde von den Ereignissen überholt. Die Maidan-Bewegung militarisierte sich zusehends, Präsident Janukowitsch wurde im Februar 2014 durch das Parlament abgesetzt und floh nach Russland. All dies schuf eine völlig neue Konstellation. Der Sturz Janukowitschs war eine schwere außenpolitische Niederlage des Kreml. Es war sogar ein doppelter Schlag gegen den Putinismus: zum einen die Entmachtung von Putins Protegé Janukowitsch, zum anderen der Sieg des Euromaidan über das autoritäre ukrainische Regime. Bereits angesichts der «Orangenen Revolution» hatte Putin nachdrücklich vor einer möglichen «Ukrainisierung der russischen Politik» gewarnt. Im Februar 2014 stemmte er sich mit aller Kraft gegen den ukrainischen Aufstand. Er wollte weder die Absetzung Janukowitschs hinnehmen noch die neue Regierung in Kiew anerkennen. Sie sei unter Verfassungsbruch zustande gekommen und folglich nicht legitim. Außerdem sei sie von faschistischen Kräften, von Nationalisten und Extremisten beherrscht. In dem geplanten neuen Sprachengesetz, das das Ukrainische bevorzugte, sah man eine Bedrohung der russischsprachigen Bevölkerung, der «Russischen Welt» überhaupt. Im Gegenzug beschloss Moskau kurzerhand die Annexion der Krim. Als offizielle Begründung wurde vorgeschoben, dass die dort mehrheitlich ansässigen ethnischen Russen beschützt werden müssten.

Die öffentlichen Behauptungen Moskaus über den Kiewer Umsturz waren zum Teil unzutreffend, zum Teil stark übertrieben.[62] Das geplante Sprachengesetz zum Nachteil des Russischen wurde von der neuen Kiewer Führung schnell wieder zurückgezogen. Die von Moskau in den Vordergrund gerückten rechtsextremen Kräfte spielten in Wirklichkeit keine entscheidende Rolle in der Maidan-bewegung. Bei den Präsidentschaftswahlen erreichten die beiden Kandidaten der Rechten zusammen weniger als 2 Prozent des Wählervotums. Von einer faschistischen illegalen Regierung oder gar von einer «faschistischen Junta» konnte von Anfang an nicht die Rede sein.

Kommentatoren sind sich darin einig, dass Putin in seinem Denken und Handeln bei der Annexion der Krim in erster Linie von Gefühlen des Zorns auf den Westen und von Rachegelüsten geleitet war. Der amerikanische Botschafter in Moskau, Michael McFaul, meinte, Putin habe die Amerikaner für die Urheber und für die Regisseure des Sturzes von Janukowitsch gehalten. In Wirklichkeit, so McFaul, hätten die USA in Kiew in letzter Minute zu vermitteln versucht, unter anderem mit Hilfe eines Telefonats zwischen Vizepräsident Joe Biden und Janukowitsch.[63]

Über die unmittelbaren und die weiterreichenden Motive Moskaus zur Intervention im Nachbarstaat wurden nach und nach sowohl vom Kreml als auch von Kommentatoren in aller Welt die unterschiedlichsten Erklärungen präsentiert. Dass Pläne zur Annexion der Krim längst in Moskaus Schubladen lagen, war unstrittig. Offenkundig wurde aber auch, dass die konkreten Vorbereitungen zu dem Coup und die Entscheidungsabläufe wenig konsistent waren. Improvisationen dominierten das Geschehen. Das sprach gegen ein von langer Hand geplantes Vorgehen. Dass das Warum nicht vom Wie der Aktion zu trennen war, hat Daniel Treisman überzeugend dargelegt. So viel scheint sicher: Putin und seine engsten Mitarbeiter sahen nach dem Sturz von Janukowitsch zuallererst dringenden Handlungsbedarf, um die russische Schwarzmeerflotte in Sewastopol zu sichern.[64] Das plötzliche Machtvakuum in Kiew tat aber auch ungeahnte Möglichkeiten auf, ein geradezu ideales ‹window of opportunity›, um gleich noch die Krim ‹heimzuholen›.[65]

Putin war von seinen Silowiki aus den Sicherheitsorganen über alle Vorgänge informiert und hatte mit ihnen auch engsten Kontakt in den Stunden der Entscheidung. Zu diesem Kreis gehörten der Vorsitzende der Präsidialadministration, Sergei Iwanow, der Sekretär des Sicherheitsrates, Alexander Bortnikow, und der Leiter des Geheimdienstes (FSB), Nikolai Patruschew, kraft ihrer Ämter allesamt Hüter des staatlichen Gewaltmonopols nach innen wie nach außen. Ihr Gewicht war in Putins dritter Präsidentschaft gewachsen. Putin stand in dieser Oligarchie der Geheimdienstler aber das letzte Wort zu, gerade wenn es um so heikle außenpolitische Entscheidungen ging wie die Besetzung der Krim. Nach ursprünglichem Zögern nahm Putin das Heft in die Hand.[66] Er rühmte sich öffentlich damit, das Unternehmen höchstpersönlich konzipiert und angeleitet zu haben. Das Bravourstück der schnellen und gewaltlosen Landnahme der Krim ging tatsächlich glatt über die Bühne. Es waren russische Spezialeinheiten in ihren grünen Kampfanzügen, aber ohne Hoheits- und Funktionsabzeichen, die die Besetzung effizient und geräuschlos durchführten. Sie gingen als «grüne Männchen» in die Militärgeschichte ein. Putin zeigte sich über den gelungenen Coup höchst zufrieden. Viele Kommentatoren sagten ihm das Talent eines glänzenden Taktikers nach. Die Regisseure des Putinkults konnten ihren Präsidenten als Taktiker wie als Strategen, überhaupt als einen erfolgreichen Feldherrn hochleben lassen. Er siegte zum dritten Mal: nach dem Krieg 2000 gegen die Tschetschenen und 2008 gegen Georgien, jetzt gegen die Ukraine.

Nicht wenige Autoren erklärten die Handlungen Putins damit, dass er sich aufgrund seiner Herkunft aus dem KGB und seines konspirativen Denkens einfach nicht habe vorstellen können und wollen, dass die ukrainische Volksbewegung spontan und ohne äußere Hilfe seitens westlicher Geheimdienste zustande gekommen war. Tatsächlich hatte Putin bereits angesichts der großen Demonstrationen in Russland Ende 2011 die Meinung geäußert, diese seien von Hillary Clinton, der damaligen amerikanischen Außenministerin, angeordnet worden. Unklar bleibt, ob Putin von solchen Annahmen tatsächlich überzeugt war oder ob er sie nur der antiamerikanischen Stimmungsmache in Russland zuliebe in den Vordergrund schob. Dem bekannten russischen Schriftsteller Wiktor Jerofejew zufolge trifft Letzteres zu.[67]

Putin selbst legte in seiner großen Rede, die er am 18. März 2014 im Kremlpalast vor den Abgeordneten beider Parlamentskammern, Gouverneuren und Vertretern der Öffentlichkeit hielt, ausführlich die Gründe und Motive dar, die ihn zur Intervention auf der Krim bewogen hatten. Er argumentierte mit historischen und kulturellen Gemeinsamkeiten von Russen und Ukrainern. Diese «gehörten einfach zusammen», sie seien «ein Volk». Es folgten polemische Ausfälle gegen den Westen, vor allem gegen die USA. Diese hätten sich seit zwei Jahrzehnten nicht vom Völkerrecht, sondern vom permanenten Recht des Stärkeren leiten lassen. Die Politik der EU habe sich sowohl gegen die Ukraine wie gegen Russland gerichtet und «gegen eine Integration im eurasischen Raum». Russland habe sich ständig um den Dialog und die Kooperation mit dem Westen bemüht, habe «ehrliche Beziehungen auf Augenhöhe» gesucht. Niemand sei jedoch auf die Angebote aus Moskau eingegangen. Vielmehr habe man versucht, Russland «in irgendeine Ecke zu drängen». Jetzt aber müsse Russland endlich als «ein selbständiger, aktiver Akteur der internationalen Gemeinschaft» anerkannt werden, man müsse seine nationalen Interessen «berücksichtigen und respektieren».[68]

Im Kern lief die «Krimrede» Putins darauf hinaus, der Ukraine ihr Recht auf eine eigenständige Staats- und Nationsbildung abzusprechen. Außerdem wurde das russische Trauma des Verlusts des Imperiums ebenso deutlich wie das Syndrom der gekränkten Großmacht. Kaum nachvollziehbar war Putins Behauptung, der Westen stelle sich gegen Integrationsprojekte Russlands in Eurasien. Auffällig war auch, dass für Russland eine Zusammenarbeit mit dem Westen nur «auf Augenhöhe» möglich sei. Die wiederkehrende Forderung, Kooperation sei an die «Gleichrangigkeit» der Akteure gebunden, spiegelte offenkundig Wahrnehmungen wider, die aus der Ära einer «bipolaren Welt» stammten. Jetzt ging es Moskau sichtlich darum, mindestens diesen Status der Gleichrangigkeit zurückzuerhalten, aber darüber hinaus auch ein weltpolitischer Spieler zu sein.

Betrachtet man die Annexion der Krim weniger als Momentaufnahme der Konfliktsituation im Frühjahr 2014, sondern eher im Rahmen der für den neuen Putinismus typischen Strukturmerkmale, so traten die folgenden Phänomene in den Vordergrund: der erhöhte Anspruch auf Weltgeltung, der Machtzuwachs der politischen Falken im Innern, der erstarkte Führerkult um Putin und die rückwärts gewandte Ideologie des Konservatismus im Verein mit dem neuen, orthodox verbrämten «Staatspatriotismus», wie der Nationalismus verharmlosend hieß. Eine besondere Neuheit war, dass im Zuge der «Radikalisierung des Putinismus», wie Andreas Heinemann-Grüder feststellte, «Politik als Krieg» betrieben wurde.[69]

Es war wenig überraschend, dass in den staatlichen Medien schon beim Ausbruch des Ukrainekonflikts ein aufwändiger Propagandafeldzug inszeniert wurde, um die «Heimholung» der Krim zu rechtfertigen und zu preisen. Die aggressiven Informationsströme heizten die Entstehung einer feindseligen Stimmung gegenüber der Ukraine wie gegenüber dem Westen kräftig an. Das Thema eignete sich vorzüglich dazu, Russland alsbald in einen nationalen Großmachttaumel zu versetzen. Die Zustimmung zu Putin erreichte neue Höchstwerte von weit über 80 Prozent. Selbst das Herrschaftssystem des Putinismus mit seinem schwachen Parlament und den künstlichen Kremlparteien fand erstmals Anerkennung. Vorstellungen von Russlands nationaler Größe und Einzigartigkeit sahen sich bestätigt. Ebenso die Gewissheit, dass das Land unter Putin wieder zu einem unverzichtbaren weltpolitischen Spieler geworden war. Das Syndrom der gekränkten Großmacht war über Nacht verflogen.[70]

Nach der Annexion der Krim scheute Moskau auch nicht davor zurück, die in der Ostukraine aufgeflammten separatistischen Bewegungen zu unterstützen.[71] Die Aufständischen im Donbass, vor allem in den Regionen Lugansk und Donezk, wurden mit Geld, Ausbildung, Waffen und schwerer Militärtechnik versorgt.[72] Die EU und die USA reagierten auf die aggressive Politik Russlands mit einer Reihe von Sanktionen, vornehmlich von der Vorstellung geleitet, Russland könne so zum Einlenken bewegt und der Status quo ante wiederhergestellt werden. Die Sanktionen wurden zeitlich und inhaltlich gestaffelt zum Einsatz gebracht.[73] Im Sommer 2014 wurden sie ausgedehnt und verschärft; dies geschah vor dem Hintergrund der Eskalation der Kämpfe in der Ostukraine, aber noch vor dem Abschuss der malaysischen Passagiermaschine MH17 am 17. Juli 2014. Dass dieser durch eine russische Flugabwehrrakete, wohl in Rebellenhand, erfolgte, wie eine internationale Untersuchungskommission ermittelte, ist von russischer Seite mit verschiedenen Gegenhypothesen bestritten worden.[74] Dieses Ereignis gab jedoch der Sanktionsspirale weiteren Auftrieb. Die EU verhängte ein Waffenembargo und schränkte den Zugang zum Kapitalmarkt der EU für bestimmte russische Banken und Unternehmen ein. Es handelte sich also um zielgerichtete, nicht um umfassende Sanktionen. Die kurzfristigen unmittelbaren Sanktionsfolgen im Banken- und Finanzsektor fielen heftiger aus als antizipiert.[75] Angesichts der weiter anhaltenden Kämpfe in der Ostukraine wurde im Januar 2015 die Sanktionsliste erneut ausgeweitet und verlängert.[76]

Bald stellte sich heraus, dass alle Hoffnungen auf ein Einlenken Moskaus trogen. Ungeachtet all der internationalen Aufmerksamkeit, die dem zweiten Minsker Abkommen vom Februar 2015 und Putins augenscheinlicher Befürwortung der Übereinkunft zuteil wurde, blieb der Waffenstillstand brüchig. Da Russland die Separatisten weiter unterstützte und auch die ukrainische Armee nicht abrüsten wollte, kam ein Ende der bewaffneten Auseinandersetzungen nicht in Sicht. Es zeigte sich, dass die Sanktionen des Westens nur eine begrenzte, überwiegend ökonomische Wirkung entfalteten. Angesichts des verstärkten Drucks von außen scharte sich das Volk umso enger um seinen nationalen Führer.[77] Einseitige Informationen führten dazu, dass die russischen Bürger die Stoßrichtung der EU-Sanktionen, die Aufforderung nämlich, im Ukrainekonflikt einzulenken, gar nicht verstanden. Vielmehr verdichteten sich Vorstellungen davon, dass die USA wie die EU in erster Linie auf eine Schwächung Russlands und auf den Sturz des Putin-Regimes hinarbeiteten.

Als Antwort auf die Brüsseler Sanktionen verfügte der Kreml seinerseits einen Stopp von Agrarimporten aus den EU-Staaten. Zeitgleich zu den beiderseitigen Sanktionskriegen verschärften sich die Informationskriege zwischen Russland und dem Westen. Dabei erkannte man im Westen erst spät die eigenen Versäumnisse bei einer objektiven Aufklärung der russischen Gesellschaft. So gewann der Putinismus im Krieg der Sanktionen und Informationen fürs Erste die Oberhand gegenüber dem Westen. Ein krasses Beispiel für die weitreichende Macht der Medien in Putins Propagandastaat: Selbst die öffentliche Vernichtung von Nahrungsmitteln, die am Embargo von Agrarprodukten aus der EU vorbei nach Russland geschmuggelt worden waren, löste in der Bevölkerung mehr Zustimmung als Ablehnung aus. [78]

Ukraine und Krim: Kraftprobe mit dem Westen

Die Ursachen und Hintergründe des Ukrainekonflikts wurden in Publizistik und Politikwissenschaft leidenschaftlich und kontrovers diskutiert. In Deutschland warnten im Dezember 2014 sechzig Personen des öffentlichen Lebens mit einem Appell «Wieder Krieg in Europa? Nicht in unserem Namen!» vor einer Konfrontation mit Russland. Eine kritische Replik, vornehmlich von Osteuropaspezialisten, ließ nicht auf sich warten.[79] Weltweit meldeten sich Politologen zu Wort. Zum Teil entwickelte sich der Diskurs über die mutmaßlichen Ursachen des Ukrainekonflikts zu einer Art Glaubenskrieg. Auf der einen Seite die linksorientierten amerikanischen Politologen, die vor allem an der Politik Washingtons Kritik übten, und diametral entgegengesetzt positioniert die liberalen russischen Regimekritiker, die ihrerseits um den Nachweis bemüht waren, dass von einer militärischen Bedrohung oder auch nur von irgendeiner Kränkung Russlands seitens des Westens niemals die Rede sein konnte. Die Amerikaner John Mearsheimer und Steven Cohen führten die Gruppe der Washington-Kritiker und «Putin-Versteher» an. Ihre These war, dass der Westen aufgrund der NATO-Osterweiterung Russland bedroht habe, wofür sich Putin jetzt räche. [80]

Die Front der Gegner dieser Argumentation war unter den Russlandexperten, ob Historiker, Politologen oder Diplomaten, bei weitem größer. Sie konnten sich auch darauf stützen, dass von Putin selbst der Verweis auf die NATO-Osterweiterung als Hintergrund für die Krim-Annexion überhaupt erst post factum und dann auch nur als ein Gravamen unter vielen Faktoren zur Sprache gebracht worden war. So legten mehrere Experten dar, dass das Thema der NATO-Osterweiterung in der Kommunikation zwischen Moskau und Washington seit Jahren überhaupt nicht mehr aufgetaucht war.[81] Die russische regimekritische Politologin Lilija Schewzowa sah in Putins Behauptungen von einer Bedrohung und Demütigung des Landes durch den Westen in erster Linie ein Mittel der politischen Legitimierung der russischen Führung selbst. Der Kreml setze die «Legende» von der Kränkung Russlands außerdem auch als Mittel der Erpressung in der Außenpolitik ein, um mit Gegenmaßnahmen für den Fall weiterer angeblicher Erniedrigungen zu drohen.[82]

Der Soziologe Lew Gudkow diagnostizierte bei Putin einen ausgeprägten Unterlegenheitskomplex, der letztendlich seinen Ausfällen gegen den Westen zugrundeliege.[83] Auch Hans-Henning Schröder hob in seiner Analyse vom April 2016 der «geistigen Grundlegung der russischen Außenpolitik heute» die psychologische Seite der von Russlands Elite subjektiv wahrgenommenen Bedrohung seitens des Westens hervor. Er stellte fest, dass sich die Moskauer Elite bisweilen vom Westen bedroht fühlte, dass es aber für sie eine weitaus «schlimmere» Wahrnehmung war, vom Westen «ignoriert» zu werden. Moskau formuliere, so Schröder, seine Politik «aus einem Gefühl der Unterlegenheit» heraus.[84] Das aggressive Auftreten in jüngster Zeit wäre dann als Überkompensation zu verstehen. Typisch dafür sei das wiederholte Verlangen, nur «auf Augenhöhe» mit westlichen Akteuren, sei es die EU, seien es die USA, verhandeln zu wollen.

Schewzowa und andere meinten, dass es dem Kreml in erster Linie gar nicht um die Ukraine ging, sondern um ein Kräftemessen mit dem Westen. Dmitri Trenin argumentierte noch weiter: Es gehe weder um die Ukraine noch um Europa, sondern letztlich um eine neue, freilich noch unbestimmte Weltordnung.[85] Auch von offizieller russischer Seite hörte man Ähnliches. So sagte auch Putin, die Ukrainekrise sei vor allem eine Entgegnung an die Adresse der USA und ihrer westlichen Verbündeten, die sich selbst als

‹Sieger› des Kalten Krieges betrachteten und sich deshalb vom Recht des Stärkeren treiben ließen.[86] Der russische Außenminister Sergei Lawrow schlug auf der Münchner Sicherheitskonferenz im Februar 2015 in dieselbe Kerbe. Die Ukrainekrise sei ein Mittel, den Westen dazu zu zwingen, «ein neues Sicherheitssystem auf der Grundlage der Wiederherstellung der Helsinki-Prinzipien zu schaffen».[87] All diesen Aussagen lag offenbar die gleiche Argumentationslogik zugrunde: die Inbesitznahme der Krim wie Russlands Position in der Ukraine als ein Pfand in der Hand Moskaus bei seiner Kraftprobe mit dem Westen. Es ging darum, den Anspruch Russlands auf Weltgeltung neu zu behaupten.

In den unterschiedlichen Bemühungen, die Hintergründe, unmittelbaren Motive und weiterreichenden Zielsetzungen des Kreml im Ukrainekonflikt herauszufiltern, wird ein doppelter Aspekt wenig beachtet, der eigentlich für die Politik Moskaus wie Kiews und für den Umgang der beiden miteinander gleichermaßen relevant ist: Die mit der Auflösung der UdSSR in Gang gesetzte Staats- und Nationsbildung in beiden Ländern ist eine komplexe Transformation, die hier wie dort noch in vollem Gang ist. Der Konflikt zwischen den beiden slawischen «Bruderstaaten» ist somit Ausdruck ein und desselben Prozesses. Im Zuge der Identitätssuche sind unvermeidlich Nationalismen auf beiden Seiten aufgetreten, die sich gegenseitig hochschaukelten. Gemäß ihrem Selbstverständnis als historisch etablierte Vormacht gerierte sich jedoch die russische Seite gegenüber dem kleineren Bruder als unerbittlicher Vormund und versuchte, ihm die eigenständige nationale Identität ebenso wie die staatliche Souveränität streitig zu machen.

Viele Autoren haben die friedliche Auflösung der UdSSR als die größte Errungenschaft der Wende von 1991 gelobt. Der Konflikt um die Ukraine zeigt jedoch bis heute, dass damals doch nicht das letzte Wort der Geschichte gesprochen worden ist. Im Falle Russlands bleibt das Trauma um den Verlust des Imperiums weiter virulent. Das Syndrom der gekränkten Großmacht verflog zwar in der nationalen Verzückung über die «Rückeroberung» der Krim. Die Zustimmung zu Putin stieg enorm und sie ging seither nur geringfügig zurück. Umfragen belegen, dass die hohe Zustimmung zu Putin in erster Linie auf seinem Image als glänzender Feldherr, als außenpolitisches Genie, ja als Weltenlenker beruht. Dies wirft jedoch die Frage auf, wie lange wohl eine solche Reputation bestehen bleiben kann und muss, um das Land zusammenzuhalten und die Gesellschaft zufriedenzustellen.

5. Der Unrechtsstaat und seine Opfer (seit 2004)

Selektive Justiz, Organisiertes Verbrechen, Geheimdienstmethoden

Dieses Kapitel behandelt am Beispiel einzelner Justizfälle den Charakter des Putinismus als Unrechtsstaat. Dabei kommt dieser recht unterschiedlich daher. Mal in Gestalt selektiver Justiz, mal als rechtsfreier Raum für das Organisierte Verbrechen oder für Geheimdienstmethoden, mal als Gefängnisterror oder in der Rolle der Justiz als Büttel der Exekutive. Vergleichende Studien heben die «allgemeine Gesetzlosigkeit» und die «Ungleichheit der Bürger vor dem Gesetz» sogar als Hauptmerkmale des autoritären Regimes in Russland hervor.[1] Tatsächlich stehen die realen Verhältnisse im krassen Widerspruch zu den in der russischen Verfassung verankerten Geboten der Rechtsstaatlichkeit, Gewaltenteilung und Unabhängigkeit der Justiz, den Prinzipien, die eigentlich Rechtssicherheit und Gleichheit der Bürger vor dem Gesetz garantieren. Erklärungen für diese Diskrepanz sind in den Wirkungen der unter Putin entstandenen Machtvertikale und des «bürokratischen Kapitalismus» zu suchen. Zu alledem kommt der landesübliche, traditionell tief verankerte Rechtsnihilismus hinzu: das Recht gilt hier nichts. «Recht und Gerechtigkeit haben wenig oder nichts miteinander zu tun», urteilt Angelika Nussberger in ihrer *Einführung in das russische Recht*.[2] Selbst Präsident Dmitri Medwedew wandte sich wiederholt gegen den Rechtsnihilismus als die notorische Missachtung von Gesetz und Recht und beklagte auch die fehlende Unabhängigkeit der Gerichte. Seinen völlig zutreffenden Einsichten folgten indessen keine tatkräftigen Schritte zu einer erfolgreichen Überwindung der Missstände.

Der regimekritische Soziologe Lew Gudkow machte als Hauptgrund für den allgemeinen moralischen Niedergang die grassierende Korruption und die Schwäche der staatlichen Institutionen aus. Nicht unabhängige professionelle Werteliten, sondern «der korrupte Unrechtsstaat selbst» habe die Deutungshoheit von Eigentum, Moral, Kultur und Gesetz übernommen. Die «schwachen und sklerotisierten Gerichte» könnten folglich das Eigentum nicht mehr schützen. Dies wirke sich unvermeidlich negativ auf den wirtschaftlichen Wettbewerb aus.[3] Diese Einschätzung teilen auch andere Autoren. Sie sehen die Eingliederung der Justiz in die Machtvertikale als Hauptursache für die Entstehung des «korrupten Unrechtsstaats» und die dazugehörige Gesetz- und Rechtlosigkeit.

Die Prozesse gegen die Ölmagnaten Michail Chodorkowski und Platon Lebedew, der Fall Sergei Magnitski und das Massaker in Kuschtschowskaja bergen brisantes Material zum korrupten Unrechtsstaat. Allesamt veranschaulichen sie die Rechtlosigkeit wie überhaupt die systemimmanente Ungerechtigkeit des Regimes, doch werfen sie ein je unterschiedliches Licht darauf. Während uns in den Prozessen gegen die Ölmagnaten die Justiz als willfährige Handlangerin der politischen Führung in deren absolutem Anspruch auf Macht und Eigentum entgegentritt, illustriert der Fall Magnitski, wie der Kampf gegen staatliche Korruption zum tödlichen Verhängnis für den Entdecker der Straftaten werden kann. Das Massaker von Kuschtschowskaja hingegen beleuchtet die fatale Rechtlosigkeit einzelner Bürger als Folge einer auf Korruption beruhenden Komplizenschaft zwischen Gerichten, Verwaltungsbehörden und Verbrecherbanden.

Zu den dunklen Seiten des Unrechtsstaats gehört auch die Schutzlosigkeit kritischer Journalisten oder Oppositioneller gegenüber ihren Gegnern in Staat und Gesellschaft. Hier zeigt sich die Ohnmacht der Justiz beim Auffinden der kriminellen Auftraggeber von Übergriffen und Mordanschlägen, denn häufig erschöpfen sich die Ermittlungen in der Verhaftung der Personen, die die Verbrechen ausgeführt haben. Eklatante Beispiele dieser Form des systemimmanenten Unrechts sind die Morde an der regimekritischen Journalistin Anna Politkowskaja und dem liberalen Oppositionspolitiker Boris Nemzow. Der mit Polonium in London ausgeführte

Giftmord an dem Systemkritiker Alexander Litwinenko rückt eine weitere Facette des russischen Unrechtsstaates in den Vordergrund: Auch in diesem Fall blieben die Verantwortlichen ein Mysterium, und die Personen, die die Tat nachweislich ausgeführt hatten, wurden vor der Auslieferung an Londoner Justizbehörden durch den russischen Staat bewahrt und selbst vor Gerichtsaussagen beschützt.

Der Ölmagnat Chodorkowski und sein Konzern Jukos

Der Startschuss für den Kampf zwischen der Staatsmacht und dem Ölmagnaten Michail Chodorkowski fiel am 19. Februar 2003 auf einem Treffen von Großunternehmern mit der Kremlführung. Vor laufenden Kameras kam es zu einem lebhaften Wortgefecht zwischen Putin und Chodorkowski. Während dieser den Präsidenten mit dem Vorwurf konfrontierte, dass die Korruption in den staatlichen Unternehmen immer weiter anwachse, fragte Putin maliziös, wie denn wohl Chodorkowski zu seinen ergiebigen Öllizenzen gekommen sei, ob da nicht auch Korruption eine Rolle gespielt habe. Dieser öffentliche Schlagabtausch war der Beginn einer sich verschärfenden Konfrontation zwischen dem Oligarchen und dem Präsidenten. Aus der Sicht der Kremlführung häuften sich die «Provokationen» des Unternehmers. Dazu gehörte, dass dieser eine autonome Wirtschaftspolitik auf dem russischen Ölmarkt ebenso wie gegenüber China und gegenüber amerikanischen Großunternehmen verfolgte. Dazu gehörte weiter, dass der Erdölkonzern Jukos seine Lobbytätigkeit in der Duma intensivierte und dass Chodorkowski bei den bevorstehenden Parlamentswahlen nicht nur die demokratischen Parteien, sondern auch die Kommunisten finanziell unterstützte, hingegen nicht die Kremlpartei «Einiges Russland».[4]

Höchstes Misstrauen erregten schließlich mögliche politische Ambitionen des Oligarchen. Chodorkowski strebe selbst höchste politische Ämter an, rumorte es. Am 26. Mai 2003 erschien im Internet eine Schmähschrift mit dem Titel *Oligarchischer Umsturz*.

Darin beschuldigten die Polittechnologen Stanislaw Belkowski und Josif Diskin den Konzernchef, einen Umsturz zu planen. Als Auftraggeber dieses «Manifests» galten Putins Silowiki, die, wie sich bald herausstellen sollte, in Wirklichkeit ihrerseits einen Coup landen wollten, nämlich eine feindliche Übernahme des Jukos-Konzerns. Dem Manifest zufolge plante Chodorkowski mit anderen Oligarchen, Russlands «präsidentielle Republik in eine präsidentiell-parlamentarische (quasi französisches Modell)» umzuwandeln und bereits 2004 eine Regierung auf Parteienbasis zu bilden, wobei Chodorkowski selbst das Amt des Ministerpräsidenten übernehmen wolle. Bei diesen Überlegungen hatten die Polittechnologen und demnach auch die mutmaßlichen Umstürzler völlig übersehen, dass eine parteiengestützte Regierung mit der geltenden Verfassung problemlos vereinbar und die französische semi-präsidentielle Verfassungsordnung sogar das ausdrückliche Bezugsmodell der russischen Verfassungsgeber gewesen war. Im Übrigen hatte Putin selbst nur wenige Wochen zuvor in seiner Jahresbotschaft an das Parlament in Aussicht gestellt, eine «Regierung zu bilden, die sich auf die parlamentarische Mehrheit stütze».[5]

Der Streit um einen angeblichen Umsturz offenbarte somit auf allen Seiten ein fehlgeleitetes Verfassungsverständnis. Putin packte wohl auch noch die Sorge, es könnte mit dem Putsch doch etwas auf sich haben. Er ruderte schleunigst von seinem Ausblick auf eine «Parteienregierung» zurück und erklärte auf seiner Pressekonferenz am 20. Juni, dass eine «parlamentarische Republik» zu Russland gar nicht passe. Er schloss eine derartige Möglichkeit ein für allemal aus und revidierte so seine eigene Jahresbotschaft. Nach seiner Haltung zu dem «Manifest» befragt, antwortete er, man sollte «einzelnen Geschäftsleuten nicht erlauben, das politische Leben des Landes im Sinne ihrer unternehmerischen Interessen zu beeinflussen».[6] Damit warf er Chodorkowski klar den Fehdehandschuh vor die Füße.

Sygar berichtet, dass der drohende «oligarchische Umsturz» Putin weniger umtrieb als die abgehörten Telefongespräche Chodorkowskis, über die er dank der Dienste seiner Silowiki und unmittelbar über Igor Setschin, den damaligen Stellvertretenden Leiter der Präsidialadministration, genau unterrichtet war: Chodorkowski hatte sich wiederholt abfällig über den Präsidenten geäußert.[7] Es war daher wenig überraschend, dass der Oligarch endgültig in Ungnade fiel. Eine Welle öffentlicher Verunglimpfungen in den staatlichen Fernsehkanälen brach nun über Chodorkowski herein. Der Kampf zwischen der staatlichen Macht und dem Wirtschaftspionier ging in die zweite Runde. So kamen neben den typischen Geheimdienstmethoden jetzt auch die Waffen des Putin'schen Propagandasystems zum Einsatz. Die gelenkten Medien versuchten nachhaltig Stimmung gegen Chodorkowski und gegen alle Reichen und Oligarchen im Lande zu machen. Polittechnologen hatten Hochkonjunktur, sie sollten im Auftrag ihrer Hintermänner aus den informellen staatlichen Strukturen die öffentliche Meinung über die Geschicke von Jukos steuern.

Kurz nach Erscheinen des «Manifests» wurde der Jukos-Mitgesellschafter Platon Lebedew wegen angeblicher Steuerhinterziehung verhaftet. Chodorkowski erhielt eine Vorladung der Staatsanwaltschaft. Es wurde ihm mitgeteilt, dass auch gegen ihn ein Verfahren wegen Steuerhinterziehung eingeleitet worden sei. Am 25. Oktober 2003 wurde Chodorkowskis Privatjet bei einem Zwischenstopp in Nowosibirsk von Bewaffneten umstellt, er wurde verhaftet und nach Moskau ins Gefängnis gebracht.[8]

Unterdessen ging der mit der Jukos-Affäre losgetretene Kampf der informellen Kremlgruppen um Macht und Besitz in eine weitere Runde. Es war nicht nur das übliche Ringen zwischen unterschiedlichen Seilschaften, sondern es ging zugleich um einen Richtungskampf zwischen den Anhängern des ursprünglichen «oligarchischen» Kapitalismus und großer Handlungsfreiheit für die Wirtschaft einerseits und den Vorkämpfern einer stärker vom Staat kontrollierten Wirtschaftsordnung, also eines «bürokratischen Kapitalismus», andererseits. Konkret: die in der Regierung verbliebenen Vertreter der «Jelzin-Familie» gegen Putins Silowiki. Hatten sich diese mit dem «Manifest» positioniert, so waren es jetzt Jelzins Liberale, die ihrerseits mit einer Art Gegenschrift an die Öffentlichkeit gingen. Sie hatten zu dem Zweck den Polittechnologen Gleb Pawlowski engagiert, der behauptete, die Silowiki selbst würden eine Verschwörung anzetteln, die gegen Putins Kurs gerichtet sei. Sie bezweckten damit, so Pawlowski, den in ihren Augen schwachen und zögerlichen Präsidenten zu einem stärker entschlossenen Auftreten herauszufordern. In dem großen Schlagabtausch zogen letztlich die Altliberalen den Kürzeren gegen die Silowiki. Diese demonstrierten mit ihrem Sieg, dass ihre Seilschaft bei weitem schlagkräftiger war als der Präsidialamtschef, der Regierungschef, der Vorsitzende des Föderationsrates und etliche Minister zusammengenommen. Die Silowiki profitierten in ihrem erfolgreichen Kampf auch von ihrer Unterstützung durch den mächtigen Generalstaatsanwalt.[9]

Im Sommer 2004 gewann die allgemeine Einschätzung an Boden, «die neue Oligarchie der Sicherheitsorgane» habe mit dem Vorgehen gegen den Ölmagnaten ihre allgemeine Vorherrschaft in Staat und Wirtschaft festigen wollen. So gesehen ging es um viel mehr als um persönliche Abrechnungen mit Chodorkowski. Manche sahen die Eroberung von Jukos als den ersten großen Schritt zur Gründung einer Kremlin Petroleum Export Corporation, KremPEC, mit nicht minder ehrgeizigen Zielen als die von der OPEC verfolgten. Die Vorstellung von Russland als neuer Energiesupermacht etablierte sich.[10]

Neben diesem eher außenpolitischen Aspekt der Jukos-Affäre waren die innenpolitischen Weiterungen des Falles nicht minder relevant. Die ersten im Oktober 2003 einsetzenden Strafverfahren gegen Chodorkowski und dessen Mitgesellschafter Lebedew waren zwar in mancher Hinsicht ein einzigartiger Vorgang, ansonsten illustrierte aber das einvernehmliche Vorgehen von Justiz und Regierung die für die Umverteilung von Vermögen auch in anderen Fällen übliche feindliche Übernahme. Diese *rejderstwo* (darin steckt englisch «raid») genannte Praxis zielte darauf ab, mit Hilfe von Gericht und Staatsanwaltschaft bestimmte Unternehmen neuen Wirtschaftsbossen oder dem Staat zuzuführen.[11] Zweifellos ging es im Fall Jukos darüber hinaus auch um einen spektakulären Schauprozess, durch den die Staatsmacht einen brillanten Pionier der Marktwirtschaft vor den Kadi zwang und zugleich ein abschreckendes Exempel für alle anderen Oligarchen der Jelzin-Zeit statuierte. Das *rejderstwo* verlief in diesem Fall besonders brisant, wurde doch beträchtliches und lukratives Privateigentum auf äußerst gewundenen Wegen dem Staat und seinen neuen Oligarchen zugeführt. So stellte die Versteigerung der Jukos-Tochtergesellschaft Juganskneftegas an eine Briefkastenfirma und der anschließende Erwerb dieses Juwels aus dem Jukos-Konzern durch das staatliche Unternehmen Rosneft einen gewiss zweifelhaften Eigentumstransfer dar. Selbst Putins persönlicher Wirtschaftsberater nannte den Vorgang den «Schwindel des Jahres».[12]

Aus Putins Sicht entsprach die fragwürdige Auktion von Juganskneftegas jedoch ganz den Regeln einer normalen Marktwirtschaft. Und den Prozess gegen Chodorkowski beschrieb er sogar als Paradebeispiel dafür, dass in Russland jedermann vor dem Gesetz gleich sei. Dies spricht der Realität der keineswegs unabhängigen Gerichtsbarkeit Hohn und veranschaulicht die Vorgaukelung einer korrekten Rechtsprechung und eines untadeligen Regierungshandelns als Herrschaftsmethode schlechthin. Zudem verfolgte die politische Führung, als sie im Vorfeld der Parlamentswahlen 2003 einen reichen und «korrupten» Unternehmer wie überhaupt alle Oligarchen anschwärzte, populistische Motive. Da kam die Verhaftung von zwei Sündenböcken wie Chodorkowski und Lebedew gerade recht.

Das selektive Vorgehen der Justiz war unübersehbar. Mit der Verfolgung der beiden Öltycoons gelang es dem Kreml gut, andere selbstbewusste und womöglich ebenfalls aufmüpfige «Bisinesmeny» einzuschüchtern. Sie hatten gleich Chodorkowski die gesetzlich eingeräumten Steuerschlupflöcher genutzt und sahen sich jetzt praktisch mitangeklagt. Folglich zeigten sie sich schnell bereit, gegenüber der staatlichen Führung eine Demutshaltung einzunehmen, um ähnlichen Strafverfolgungen zu entgehen. Das Urteil gegen Chodorkowski und Lebedew erging im Mai 2005. Es lautete – dem Wortlaut der Anklage exakt entsprechend – auf Betrug, Veruntreuung, Steuerhinterziehung und Vollstreckungsvereitelung. Die Staatsanwaltschaft beantragte eine Strafe von zehn Jahren Haft im Straflager. Davon zog das Gericht lediglich ein Jahr ab. Auffällig war, dass sich das Gericht erst gar nicht bemühte, die nicht wenigen Verfahrensmängel zu verbergen. Erst im Jahr 2011 wurden sie vom Europäischen Menschenrechtsgerichtshof in Straßburg kritisiert. Der stellte Verletzungen des Rechts auf einen fairen Prozess sowie des Rechts auf den Schutz von Eigentum fest und rügte die Haftbedingungen. Das Gericht verneinte indessen den Missbrauch des Strafverfahrens zu politischen Zwecken. [13]

Im Februar 2009 wurde Chodorkowski nach Jahren der Lagerhaft in Krasnokamensk im östlichen Sibirien und in Tschita nach Moskau gebracht, um sich einem weiteren Prozess wegen Unterschlagung von Ölverkäufen und Geldwäsche zu stellen. In diesem Prozess verzichteten die Moskauer Gerichte darauf, auch nur den Anschein eines rechtsstaatlichen Vorgangs einzuhalten. Waren die beiden Angeklagten im ersten Prozess wegen Steuerhinterziehung verurteilt worden, so wurden sie diesmal des Diebstahls von Erdöl im Volumen von 350 Millionen Tonnen und weiter des Diebstahls von Aktien einer Tochtergesellschaft beschuldigt. Der Prozess schien sich zugunsten der Angeklagten zu wenden, nachdem es der Verteidigung gelungen war, prominente Zeugen heranzuholen: den langjährigen Wirtschaftsminister German Gref, den amtierenden Industrie- und Handelsminister Wiktor Christenko, weiter den seinerzeitigen Zentralbankchef Wiktor Geraschtschenko und Putins früheren Premierminister Michail Kasjanow, nunmehr allerdings eine Führungsfigur der politischen Opposition. Sie legten allesamt Zeugnis zugunsten der Angeklagten ab. Sie bestätigten, dass der inkriminierte Diebstahl nicht ohne Kenntnis der staatlichen Aufsichtsgremien möglich gewesen wäre. Dies entzog der Anklage den Boden.

Die entlastenden Zeugenaussagen wurden allerdings im Urteilsspruch nicht berücksichtigt. Das Gericht behauptete vielmehr, die Aufsichtsbehörden seien vorsätzlich getäuscht worden. Nicht nur dieses aberwitzige Vorgehen legte die Absurdität des Prozesses offen. Rechtsexperten im In- und Ausland wiesen bald auf die vielen Ungereimtheiten und Widersprüche hin, die klar zeigten, dass das Gericht von Anfang an keineswegs um Wahrheitsfindung bemüht war, sondern offensichtlich als loyaler Büttel der Exekutive fungierte, um Chodorkowski und Lebedew noch bis 2017 hinter Gittern zu halten.[14] Noch vor der Urteilsverkündung am 30. Dezember 2010 gefiel sich Putin mit dem öffentlichen Ausspruch «Ein Dieb gehört ins Gefängnis» in einer klaren Vorverurteilung Chodorkowskis. Sein Verdikt hallte als gezielte Stimmungsmache gegen den Oligarchen lange nach.

In einem weiteren Prozess wurde der Berufungsantrag der Verurteilten abgelehnt. Dass er keineswegs die autonome Angelegenheit eines unabhängigen Gerichts war, ging auch aus Aussagen von Natalija Wassiljewa hervor, Gerichtsassistentin und Pressesprecherin des Vorsitzenden Richters Wiktor Danilkin: Dem Richter sei der Urteilsspruch von dem übergeordneten Moskauer Stadtgericht aufgezwungen worden. Danilkin habe mehrfach telefonische Instruktionen erhalten. Diese Beobachtung deutet daraufhin, dass die schon in der Sowjetzeit praktizierte «Telefonjustiz» auch in der postsowjetischen Zeit nicht aus der Mode gekommen war: telefonisch übertragene Anweisungen der Exekutive an die Justiz hinsichtlich des gewünschten Urteilsspruchs. Da einschlägige empirische Studien diesen fortgesetzten Missbrauch bestätigen, liegt die Annahme nicht fern, dass gerade in dem politisch so brisanten Prozess gegen Jukos davon Gebrauch gemacht wurde.[15]

Der Vorwurf der neuerlichen «Telefonjustiz» passte zu den vielen kritischen Stimmen, die über den zweiten Prozess gegen Chodorkowski alsbald laut wurden. Amnesty International erklärte die beiden Angeklagten im Mai 2011 zu «gewaltlosen politischen Gefangenen», da es keine Zweifel mehr daran gebe, dass der zweite Strafprozess grob fehlerhaft und politisch motiviert gewesen sei.[16] Demgegenüber legten es die russischen staatlichen Fernsehkanäle darauf an, den Fall Jukos weiterhin zu Propagandazwecken zu instrumentalisieren. So wurde Chodorkowski unter anderem auf dem Kanal *Rossija* am 1. September 2011 als ein «Monster» dämonisiert, das in Diebstahl und sogar in Mord verwickelt sei.[17] Wie schon im Jahr 2003 wurde im Vorfeld der Dumawahlen eine populistische Stimmung gegen die Oligarchen der Jelzin-Zeit und zugunsten des vorgeblich volksnahen Regierungslagers erzeugt.

In der Ära Medwedew gab es Anzeichen zur Korrektur der Rechtsprechung in der Causa Jukos. So forderte der beim Präsidenten offiziell angesiedelte «Rat für den Schutz der Menschenrechte und für die Entwicklung der Zivilgesellschaft» zum Jahresende 2011 nachdrücklich die Aufhebung des jüngsten Urteils gegen Chodorkowski und Lebedew.[18] Die an der Ausarbeitung der Expertise beteiligten Wissenschaftler fühlten sich von den Gegnern ihrer gutachterlichen Tätigkeit unter Druck gesetzt und schikaniert. Aus diesem Grund setzte sich der bekannte Ökonomieprofessor von der «Höheren Schule für Wirtschaft», Sergei Gurijew, bei einer Auslandsreise nach Frankreich ab. Er ziehe Paris einem Ort wie Krasnokamensk vor, sagte er unter Anspielung auf Chodorkowskis ersten Lageraufenthalt in Ostsibirien.[19]

Der «Rat für den Schutz der Menschenrechte» folgerte aus der juristischen Expertise, dass der zweite Prozess gegen die Öltycoons «fundamentale Rechtsverstöße» aufgewiesen habe. Er forderte daher den Generalstaatsanwalt auf, eine Annullierung des Urteils zu beantragen. Während Präsident Medwedew mit der Initiative des Rats konform ging, zeigte sich Putin weiterhin unnachgiebig. So sagte er im Rahmen seines Bürgerdialogs am 15. Dezember 2011, dass zwar jeder russische Präsident ein mögliches Gnadengesuch Chodorkowskis zu prüfen hätte, dass dieses jedoch das Schuldeingeständnis des Antragstellers voraussetze. Einem derartigen Ansinnen hatte sich Chodorkowski jedoch immer widersetzt.[20]

Überraschend wurde der ehemalige Jukos-Chef am 20. Dezember 2013 freigelassen. Er hatte im November ein Gesuch zur Begnadigung eingereicht, jedoch ohne es mit einem Schuldeingeständnis zu begleiten, wie alle beteiligten Akteure bezeugten, darunter der frühere deutsche Außenminister Dietrich Genscher, der sich mehrfach bei Putin für eine Freilassung des Ölmagnaten eingesetzt hatte. Chodorkowski hatte sich an Putin gewandt und angesichts der schweren Erkrankung seiner Mutter aus «familiären Gründen» um Begnadigung gebeten. Dem Gesuch wurde stattgegeben. Dann ging alles ganz schnell. Chodorkowski wurde mit einem von Genscher organisierten Privatjet direkt nach Berlin ausgeflogen.[21] Er hätte noch bis August 2014 in Haft bleiben müssen. Ende Januar 2014 kam Platon Lebedew aufgrund eines Urteils des Obersten Gerichts Russlands frei.[22]

Über die Motive für die unerwartete Freilassung Chodorkowskis schwirrten Gerüchte und Spekulationen umher. Verbreitet war
die Annahme, dass Putin mit der Geste kurz vor der Eröffnung der
Olympischen Winterspiele in Sotschi für gut Wetter im Verhältnis
zum Westen sorgen wollte. In einem Interview mit der Moskauer
Zeitung *Moskowski Komsomolez*, das am 26. Januar 2014 erschien,
meinte Chodorkowski jedoch, die Initiative zur förmlichen Statt-
gabe des Begnadigungsgesuchs sei von Putin selbst ausgegangen,
der gegenüber «einem Teil seiner Entourage» seine persönliche
Entscheidungsautonomie unter Beweis stellen wollte. Er habe diesen Personen zeigen wollen, dass sie «nicht die Möglichkeit haben,
alle Entscheidungen des Präsidenten zu beeinflussen».[23] Aus Chodorkowskis Sicht war seine Freilassung für Putin demnach ein
willkommener Anlass, sich als primus inter pares im regierenden
Syndikat zu behaupten und die abweichenden Kräfte wieder unter
Kontrolle und in Balance zu bringen.

Der Anwalt Magnitski, Einzelkämpfer gegen die Korruption

Während die beiden Chodorkowski-Prozesse belegen, wie leicht
Russlands Justiz zugunsten politischer und wirtschaftlicher Interessen der herrschenden Kaste zu instrumentalisieren ist, zeigt der
Fall Magnitski die Ohnmacht eines Einzelkämpfers gegen die Korruption von Staatsbeamten: Die Staatsgewalt kann jederzeit und
ungehindert mit Gegenanzeigen und mit willkürlichen Gewalt-
maßnahmen im Strafvollzug zurückschlagen. Der ehrgeizige junge
Anwalt Sergei Magnitski arbeitete in Moskau als Wirtschaftsprüfer
und Berater für das amerikanische Investment-Unternehmen Her-
mitage Capital. Im Rahmen seiner Tätigkeit initiierte er eine be-
hördliche Untersuchung, um auffällig hohe Steuerrückerstattun-
gen an Beamte des Innenministeriums zur Aufklärung zu bringen.
Magnitski war auf einen gigantischen Korruptionsfall gestoßen, in
dem Beamte dieses Ministeriums einen Betrag in Höhe von insgesamt 230 Millionen Dollar aus der Staatskasse für sich abgezweigt
hatten. Nachdem er Zeugnis gegen die Beamten abgelegt hatte,

wurde er selbst am 24. November 2008 unter dem Vorwurf der Mittäterschaft an einer Steuerhinterziehung festgenommen.

Er kam in das berüchtigte Moskauer Butyrka-Gefängnis in Untersuchungshaft. Der Leiter der Untersuchungsabteilung des Innenministeriums hatte den Fall Magnitski am 6. November 2008 ausgerechnet dem Beamten, Oberstleutnant Artjom Kusnezow, übertragen, der durch die Aussage des jungen Anwalts schwer belastet worden war. Während seiner Haft übten Kusnezow und andere Druck auf ihn aus, seine Zeugenaussage zurückzunehmen. Magnitski hielt Stand. Er schrieb während seiner Haft vierhundertachtzig Beschwerdebriefe über die menschenunwürdigen Haftbedingungen an unterschiedliche Behörden, darunter einen langen Bericht an den Generalstaatsanwalt. Seine Eingaben blieben ohne Antwort. Das Drama des rechtgläubigen David gegen den mächtigen Goliath des russischen Staates nahm seinen fatalen Lauf. Magnitski verbrachte elf Monate in Untersuchungshaft in wechselnden Gefängnissen unter äußerst schlechten Bedingungen. Er erkrankte an Pankreatitis, doch wurde ihm medizinische Hilfe verwehrt. Magnitski starb im November 2009 im Alter von siebenunddreißig Jahren im Gefängnis Matroschskaja Tischina («Matrosenruhe»).[24]

Nicht nur die Verteidiger Magnitskis bekräftigten, dass die Anschuldigungen gegenüber ihrem Mandanten fingiert waren. Auch der «Rat für Menschenrechte und Zivilgesellschaft» beim Präsidenten, der den Fall in einer Rechtsexpertise überprüfen ließ, kam zu diesem Ergebnis. Schon in dem 2011 vorgelegten Zwischenbericht des Rats war festgestellt worden, dass Ermittler des Innenministeriums ebenso wie Richter und Ärzte den Tod Magnitskis verschuldet hätten. Es liege ein klarer Interessenkonflikt vor, insofern als dieselben Untersuchungsbeamten, gegen die sich die Korruptionsvorwürfe gerichtet hatten, das Verfahren gegen Magnitski durchführten. Im Ergebnis kamen die Gutachter zu dem Schluss, dass es berechtigte Gründe zu der Annahme gebe, Magnitski habe nicht nur keine medizinische Hilfe erhalten, sondern sei mit einem Gummiknüppel so lange geschlagen worden, bis sein Tod eintrat. Dafür sprächen Quetschungen an seinem Körper und gebrochene

Finger. Übereinstimmend wurde von allen Überprüfungsinstanzen festgestellt, dass Magnitski zuletzt in einer Isolationszelle mit Handschellen ans Bett gekettet und in einer Zwangsjacke vorgefunden worden sei. Fünfzehn Minuten nach seinem Tod sei ärztliches Personal zugelassen worden.

Im Dezember 2011 wurde ein fünfundsiebzig Seiten langer Abschlussbericht der Gutachter vorgelegt. Der Titel des Berichts nahm das erschreckende Ergebnis der Untersuchung vorweg: «Folter und Ermordung Sergei Magnitskis und die Bemäntelung durch die russische Regierung». Der Bericht enthielt auch über hundert Dokumente und Fotos, mit denen die systematische Folter Magnitskis belegt wurde. Der Leiter der Moskauer Öffentlichen Kontrollkommission und der Moskauer Helsinki-Gruppe, Waleri Borschtschow, äußerte gegenüber Interfax: «Die Tatsachen, über die wir verfügen, untermauern die Meinung, dass er als Folge von Schlägen starb. In Wahrheit wurde er getötet.»[25]

Präsident Medwedew hatte bereits 2009 eine Untersuchung des Falles Magnitski angeordnet. Daraufhin wurden zwei Gefängnisärzte beschuldigt, während einige der involvierten Polizeibeamten sogar befördert wurden und Auszeichnungen erhielten. Innenminister Raschid Nurgalijew ging im September 2011 mit wortreichen Drohungen gegen etwaige schuldige Polizeioffiziere im Fall Magnitski vor, gab jedoch an, niemanden konkret belangen zu können. Ende Dezember 2011 händigten die Ratsmitglieder die Expertise zum Fall Magnitski Präsident Medwedew aus. Sie plädierten für ein strafrechtliches Vorgehen gegen die Personen, die in den Tod Magnitskis involviert waren. Die Untersuchungen des Falles liefen jedoch völlig ins Leere. Unterdessen kam von amerikanischer Seite Schützenhilfe. Senator Ben Cardin brachte im Frühjahr 2011 den «Sergei-Magnitski-Act» auf den Weg, der ein Einreiseverbot und finanzielle Sperren gegen einige Dutzend russischer Beamter erwirken sollte, die in der Sache schuldig geworden waren. Gegen diese «Magnitski-Liste» verwahrte sich das russische Außenministerium mit der Drohung eines Einreiseverbots für US-Ermittler, die den umstrittenen russischen Waffenhändler Wiktor But hinter Gitter gebracht hatten.

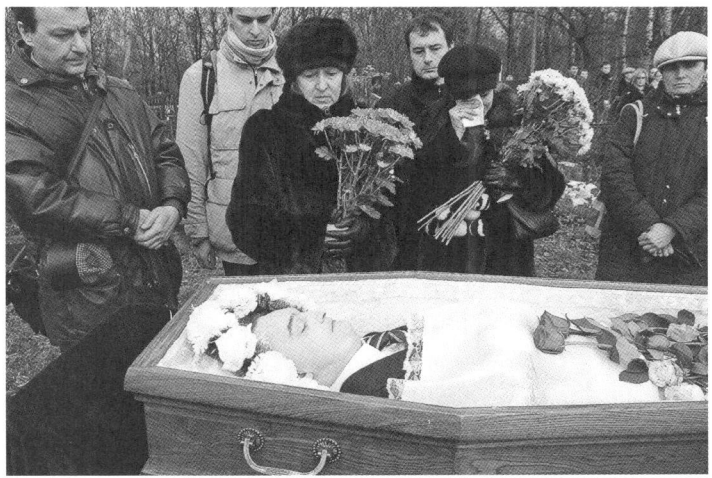

Tod eines Wirtschaftsprüfers: Freunde und Verwandte stehen am
20. November 2009 am offenen Sarg von Sergei Magnitski, der Korruption
aufdecken sollte, selbst verhaftet wurde und unter «verschärften Haftbedingungen» ums Leben kam.

Der Fall Magnitski wuchs sich zu einem heiklen politischen
Konflikt zwischen Moskau und Washington aus. Denn kaum hatte
Präsident Obama das Magnitski-Gesetz mit seiner Unterschrift in
Kraft gesetzt, übte Putin für diese «Herabsetzung» Russlands eine,
wie er sagte, «angemessene» Vergeltung. Und zwar mit einem
wahrhaftigen Paukenschlag.[26] Ende Dezember 2012 unterschrieb
Putin seinerseits ein Gesetz, das die Adoption russischer Waisenkinder durch US-Bürger verbot. Es wurde nach dem Namen eines
in den USA zu Tode gekommenen russischen Adoptivkindes
«Dima-Jakowlew-Gesetz» benannt. Erwartungsgemäß protestierte
der russische Präsidentenrat für Menschenrechte gegen das Gesetz. Sogar Außenminister Sergei Lawrow drückte seine Missbilli-
gung aus, hatte doch sein Ministerium gerade erst mit viel Mühe
und Aufwand mit der amerikanischen Seite einen bilateralen Vertrag über Adoptionsfragen ausgehandelt. Der russische Menschenrechtsbeauftragte Wladimir Lukin nannte das Dima-Jakowlew-
Gesetz einen emotionalen «Racheakt auf Kosten von Kindern»,

der gegen die Verfassung verstoße.[27] Am 13. Januar 2013 demonstrierten Tausende in Moskau gegen das «Schurkengesetz».[28] Putins Akt der Vergeltung löste darüber hinaus eine soziale Tragödie
aus, warteten doch eine Reihe russischer Kinder bereits auf die
Ausreise in die USA, wo sie von ihren neuen Eltern erwartet
wurden. Seit Jahren waren viele amerikanische Elternpaare erfolgreich um die Adoption russischer Waisenkinder bemüht, darunter
kranke und behinderte Kinder. Putins Gesetz schob dem einen
Riegel vor. Zugleich heizte er mit dem «Dima-Jakowlew-Gesetz»
den Antiamerikanismus im Lande kräftig an.

Als Putin auf der Pressekonferenz im Dezember 2012 mit Fragen
nach dem Dima-Jakowlew-Gesetz überhäuft wurde, ließ er seinen
antiamerikanischen Gefühlen freien Lauf. Er sei von dem Magnitski Act und der damit verbundenen «Herabsetzung Russlands»
aufs Äußerste getroffen. Dann holte er zum Gegenangriff aus und
warf den USA Menschenrechtsverletzungen und Folter vor, sei es
in Abu Ghreib oder in Guantanamo, wo Menschen ohne Anklage
festgehalten würden und «in Ketten» gehen müssten «wie im Mittelalter». Die USA hätten im eigenen Land die Folter legalisiert.
Putin steigerte seine Empörung noch und wetterte: «Stellen Sie
sich vor, bei uns wäre so etwas passiert! Mit Haut und Haaren hätten sie uns gefressen! Einen Riesenlärm in der ganzen Welt ver-
anstaltet! Aber hier muckst sich keiner, alles bleibt still.»[29] Putins
Tirade gegen die USA wegen des «antirussischen» Magnitski-Ge-
setzes setzte sich noch eine Weile fort. Der Auftritt machte mehr
als deutlich, in welch hohem Maß Putins Politik von Gefühlen geleitet war.

Der Fall Magnitski erreichte einen weiteren tragischen Höhepunkt, als im Spätherbst 2012 gegen den Toten posthum ein Strafverfahren wegen Steuerhinterziehung und illegaler Geschäftsfüh-
rung eingeleitet wurde. Der Fall pervertierte zu einer «staatlich
dirigierten Strafjustiz», wie die *Neue Zürcher Zeitung* kommentierte.[30] Auch in der russischen Öffentlichkeit stieß das Vorgehen
auf Befremden. So schrieb die *Moscow Times* am 17. Dezember,
dass man Ähnliches in Europa seit tausend Jahren nicht erlebt
habe. Tatsächlich kann nach russischem Recht ein derartiges Ver-

fahren auch nur auf das besondere Verlangen der Familie des Verstorbenen geführt werden. Magnitskis Mutter und andere Verwandte hatten sich natürlich ausdrücklich dagegen verwahrt.

An dem Fall Magnitski schieden sich die Geister weiter. Die Verteidiger des Putin-Regimes traten nachdrücklich für eine russische Außenpolitik ein, die sich jeder Form von «Beleidigung» des Landes tatkräftig entgegenstelle. Während Medwedew als Staatsoberhaupt ein offenes Ohr für die Untersuchung der Causa Magnitski gezeigt hatte, sah er sich nun als schwacher Premier bemüßigt, die Position Putins bis in die Wortwahl hinein zu übernehmen. So verunglimpfte er jetzt den verstorbenen Magnitski als kleinen «Buchhalter», der nicht an der Suche der Wahrheit, sondern am Profit für seine Auftraggeber interessiert gewesen sei.[31] Russlands Oppositionelle dagegen zeigten sich angesichts des Sergei-Magnitski-Act und ähnlicher diskutierter Maßnahmen in europäischen Staaten erfreut darüber, dass der Westen endlich wieder zu einer stärker wertorientierten kritischen Russlandpolitik zurückgefunden habe. Andere machten ihre anhaltende Kritik an wichtigen ungeklärten Aspekten des Falles fest, so an der zentralen Frage, wo denn wohl die 230 Millionen Dollar «Steuerrückzahlungen» abgeblieben waren.[32]

Der Fall Magnitski vermittelte gleich mehrere Botschaften: Einmal die Erkenntnis, dass Aufrufe zur Bekämpfung der Korruption in Russland so lange ins Leere laufen müssen, wie es keine unabhängigen Untersuchungs- und Justizorgane gibt, die ein faires und effizientes Verfahren gewährleisten könnten. Ein System, in dem die Wächter der Einhaltung von Recht und Wahrheit sich selbst kontrollieren, gibt vorzugsweise Anlass zu Selbstgerechtigkeit, Vertuschung, Missbrauch und fortgesetzten Rechtsverletzungen. Tod im Gefängnis ist in Russland im Übrigen keine Seltenheit. Über den notorischen Gefängnisterror hinaus illustrierte die Causa Magnitski das Bemühen der politischen Führung, um jeden Preis das Ansehen des Staates hochzuhalten und dessen Vertreter zu exkulpieren, auch im Fall des eindeutigen Fehlverhaltens von Beamten und Richtern. Davon zeugte insbesondere das Nachtreten in dem Prozess gegen einen Toten wie auch Putins Behauptung, Magnitski sei keineswegs gefoltert worden, sondern an einer «Herzattacke» gestorben. Diese Aussage, die Putin auf Nachfragen zum Fall Magnitski auf seiner Pressekonferenz am 20. Dezember 2012 machte, belegt einmal mehr die systemtypische vorsätzliche Täuschung der Öffentlichkeit oder, wie die Gutachter sich ausgedrückt hatten, die «Bemäntelung» von Unrecht «durch die Regierung». Bill Bowring bezeichnete die Vernebelungstaktik in Justizfällen als ein typisches Merkmal des in Russland herrschenden «Tarnkappenautoritarismus».[33]

Das Massaker in Kuschtschowskaja

Das Organisierte Verbrechen als ein weiteres Phänomen des russischen Unrechtsstaates hat seit den Anfängen der Marktwirtschaft und der Entstehung eines oligarchischen Kapitalismus, in dem Staat und Geschäftswelt verschmolzen, einen fruchtbaren Boden gefunden. Experten wie Sergei Tscheluchin vertreten die Ansicht, dass der russische Staat selbst seit Mitte der neunziger Jahre nach Mafiagesetzen funktioniere. Korrupte Regierungen im Zentrum wie in den Regionen hätten durch ihre Zusammenarbeit mit «organisierten Verbrechergruppen» einen «neuen kriminellen Staat» geschaffen.[34] Diese weitreichende Aussage passt jedenfalls zu den Hintergründen des spektakulären Verbrechens von Kuschtschowskaja.

In dem nur 35 000 Einwohner zählenden Ort in der Region Krasnodar wurden am 5. November 2010 zwei Familien, insgesamt zwölf Personen, darunter vier Kinder, von einer Verbrecherbande in einer Art Racheakt hingemetzelt. Die Tat war der vorläufige Höhepunkt einer bereits zwölf Jahre anhaltenden Terrorherrschaft einer organisierten Verbrecherbande unter dem Kommando von Sergei Zapok. Die Bande stand offenkundig unter dem schützenden «Dach» (kryscha) der lokalen und regionalen Behörden. Die örtliche Bevölkerung wurde all die Jahre schikaniert, ihr Land konfisziert, Frauen vergewaltigt. Selbst vierzehnjährige Mädchen wurden von den Verbrechern am Schultor geschnappt und mitgenommen.[35]

Nach dem Massaker von Kuschtschowskaja gab man sich allerorts bestürzt, auch in Moskau. Medwedew sprach von einer «direkten Verschmelzung krimineller Gruppen» mit den örtlichen Behörden. Der Gouverneur der Region Krasnodar meinte lakonisch, Ähnliches gebe es in allen Regionen Russlands. Präsident Medwedew entließ den Polizeichef von Krasnodar und beauftragte den Gouverneur und den zuständigen «Bevollmächtigten Vertreter des Präsidenten», die Schuldigen auf schnellstem Wege zu finden.[36] Außerdem schlug er die Einrichtung neuer mobiler und elektronischer «Empfangsbüros» vor, um die Kommunikation der Behörden mit den Bürgern und den Schutz ihrer Rechte zu verbessern.[37] Er knüpfte daran die Hoffnung, dass Vorkommnisse wie das Bandenverbrechen von Kuschtschowskaja dann schneller ruchbar würden. Medwedews Initiative war wenig erfolgversprechend. Sie ähnelte eher dem Versuch, das sowjetische Beschwerdewesen auf einen technisch neuen Stand zu bringen. Dies konnte kaum das Grundübel der Verfilzung von Behörden und Verbrechen beenden und einen besseren Rechtsschutz gewährleisten. Wie prekär eine kritische Eingabe für die Beschwerdeführer ausgehen kann, hatte sich genau in dieser Angelegenheit schon früher gezeigt. So waren bereits fünf Jahre zuvor Beschwerdebriefe über die Verbrecherbande an die Moskauer *Rossijskaja Gaseta* geschickt worden. Als Reaktion darauf wurden die Absender der Briefe verhaftet.[38]

Immerhin löste das Verbrechen von Kuschtschowskaja in Russland eine breite öffentliche Debatte über die tieferen Ursachen der Tragödie aus. Ein Kommentator meinte, dass selbst in der UdSSR ein solches Maß an Gesetzlosigkeit, wie es in der Region Krasnodar sichtbar wurde, dank der damals gegenseitigen Kontrollen von Partei und Sicherheitsdiensten unvorstellbar gewesen wäre.[39] Andere stellten den heutigen Mangel an effizienten Kontrollen und Gegenkontrollen, die daraus folgende faktisch institutionalisierte Gesetzlosigkeit und Ungerechtigkeit in den Mittelpunkt, dazu die allgegenwärtige Korruption. In der Tat bietet dieses Übel einen wichtigen Schlüssel zum Verständnis der Vorgänge. Dass die jahrelangen Missetaten der Verbrecherbande von den lokalen und regionalen Verwaltungsapparaten, von der Staatsanwaltschaft, der Polizei und den Gerichten systematisch vertuscht wurden, hatte seinen Grund ja gerade darin, dass ihr Schweigen von der Bande «gekauft» worden war. Dies habe die bescheidenen Gehälter der Beamten etwas aufgebessert, wie manche Kommentatoren verständnisvoll einräumten.

Der angesehene Rechtsanwalt und Mitglied der «Gesellschaftskammer», Henri Resnik, ging in seiner Einschätzung der Hintergründe des Verbrechens am weitesten: Die örtlichen Rechtsvollzugsorgane stünden letztlich unter dem Schutz der «Kryscha», der höchsten Institutionen im Lande, vom Parlament bis zum Kreml. Denn diese täten nichts, um die Wurzeln des Verbrechens zu bekämpfen.[40] Dies war ein Fingerzeig gegen die politische Führung, die für die Entstehung des Unrechtssystems verantwortlich sei, weil sie aus einem falschen Verständnis von politischer Stabilität heraus dafür gesorgt habe, die Gewaltenteilung zu schleifen und die Organe der Rechtswahrung in die Machtvertikale zu integrieren.

Im November 2013 verurteilte das Bezirksgericht von Krasnodar den Kopf der Verbrecherbande, Sergei Zapok, und seine engsten Mittäter zu lebenslanger Haft. Zapok starb im Juli 2014 an einem Blutgerinnsel im Gefängniskrankenhaus. Ein Mittäter erhängte sich in der Zelle. Unter den immer noch verängstigten Dorfbewohnern wollten Gerüchte nicht verstummen, dass der Bandenführer im Ausland überlebt habe und nur sein Doppelgänger begraben worden sei. Sie erreichten eine Exhumierung des Toten, der sich zur allgemeinen Erleichterung tatsächlich als der gefürchtete Verbrecher Sergei Zapok herausstellte.[41]

Ende 2015 machte die Zapok-Bande erneut Schlagzeilen. Der Oppositionelle Aleksei Nawalny war in seinen Recherchen über Korruption in Russland, die seine «Antikorruptionsstiftung» regelmäßig durchführt, auf den Namen Zapok gestoßen, und zwar im Zusammenhang mit den Söhnen des amtierenden Generalstaatsanwaltes Juri Tschaika, die durch dubiose Geschäftsverbindungen und einen luxuriösen Lebensstil aufgefallen waren. Nawalny machte seine Entdeckungen am 1. Dezember 2015 in der Annahme publik, dass die Behörden bei dem Namen Zapok aufhorchen und auf seine Signale reagieren würden.[42] Es gab Hinweise auf Verbindungen zwischen den Söhnen des Generalstaatsanwalts und Zapoks Verbrecherring. Dabei gerieten vor allem die unmittelbaren Untergebenen Tschaikas, Gennadi Lopatin und Alexei Starowerow, als Verbindungsoffiziere ins Visier. Nawalny berichtete über die obskuren Geschäfte und die von den Söhnen Tschaikas angehäuften Reichtümer im Werte von etlichen Millionen von Dollar. Die Erwägung war, dass die Söhne bei ihren krummen Deals von der «Kryscha» durch ihren Vater profitiert hätten.[43]

Während die Öffentlichkeit durchaus Interesse an den Enthüllungen zeigte, blitzte Nawalny damit beim Kreml ebenso ab wie beim Generalstaatsanwalt selbst. Tschaika verwahrte sich gegen die, wie er meinte, allzu offenkundigen Versuche, ihn persönlich zu diskreditieren. Die Anschuldigungen seien völlig aus der Luft gegriffen und die Untersuchungen gewiss gegen Geld in Auftrag gegeben worden. Auch Medwedew und Putins Sprecher Dmitri Peskow wiegelten ab. Es bestehe keinerlei Interesse an den Aktivitäten von Tschaikas «erwachsenen Söhnen». Diese hätten mit dem Generalstaatsanwalt selbst nicht das Mindeste zu tun.[44] Während einige Politiker meinten, Tschaika sollte sich in einer «parlamentarischen Fragestunde» rechtfertigen, war es für den Kommunistenführer Sjuganow eine ausgemachte Sache, dass die amerikanische CIA hinter Nawalnys Enthüllungen stand. Der landläufige Antiamerikanismus musste also einmal mehr dafür herhalten, Korruption in Russland wegzureden. In Wirklichkeit ging es bei der Tschaika-Affäre und ihrer offenkundigen Vernebelung nur um ein weiteres Symptom des notorischen «Tarnkappenautoritarismus».[45]

Die regimekritische Journalistin Anna Politkowskaja

Die bekannte regimekritische Journalistin Anna Politkowskaja wurde im Alter von achtundvierzig Jahren am 7. Oktober 2006 im Treppenhaus zum Aufzug ihres Moskauer Wohnhauses erschossen. Es geschah an Putins Geburtstag. Schnell tauchte das Gerücht auf, dass jemand dahinter stehen müsse, der dem Präsidenten schaden wollte.[46] Aber auch Putin selbst kam als möglicher Auftraggeber des Mordes ins Gespräch. Der Präsident der Republik Tschetschenien, Ramsan Kadyrow, wurde ebenso gehandelt wie Personen aus dessen Umfeld. Tatsächlich wurden schließlich Tschetschenen als die Ausführenden des Verbrechens verhaftet und verurteilt. In einem ersten Prozess klagte man im Februar 2009 vier Tschetschenen an, ließ sie mangels Beweisen jedoch wieder frei.[47] Weitere fünf Verdächtige wurden im Juni 2014 wegen Mordes an der Journalistin zu lebenslangem Arbeitslager verurteilt: vier Tschetschenen sowie ein Moskauer Polizeioffizier. Ein weiterer Moskauer Polizist wurde 2011 zu elf Jahren verurteilt, er hatte die Mordwaffe besorgt. Von den Hintermännern fehlt bis heute jede Spur.

Wer war Anna Politkowskaja und warum war sie ins Zielkreuz ihrer Mörder geraten? Sie wurde als Kind eines sowjetischen Diplomatenpaares in New York geboren, deshalb besaß sie zusätzlich zu ihrer sowjetischen auch die amerikanische Staatsbürgerschaft. Sie wuchs jedoch in Moskau auf, das sie als ihre Heimat betrachtete. Sie studierte hier Journalismus und arbeitete seit 1999 für die wegen ihres regimekritischen Charakters weit über Russland hinaus bekannte *Nowaja Gaseta*. Politkowskaja war Sonderkorrespondentin für den Nordkaukasus, zu ihren Recherchen und Beiträgen gehörten deshalb insbesondere Geschehnisse im Zusammenhang mit dem zweiten Tschetschenienkrieg. Sie war häufig vor Ort, besuchte die Familien von Kriegsopfern, führte ausführliche Interviews und schrieb über das Leben der einfachen Menschen. Bei der Geiselnahme durch tschetschenische Terroristen im Moskauer Musicaltheater Nordost versuchte sie vergeblich zu vermitteln. Sie machte sich auch auf den Weg zu dem Geiseldrama nach Beslan Anfang September 2004. Allerdings erreichte sie ihr Ziel nicht, da sie an schweren Vergiftungserscheinungen erkrankte, nachdem sie im Flugzeug eine Tasse Tee getrunken hatte. Kommentatoren gingen stets davon aus, dass es sich bei dem Vorfall um einen Mordversuch gehandelt hatte.

Bereits 2003 veröffentlichte der Dumont-Verlag ihre packende

Abhandlung über den zweiten Tschetschenienkrieg.[48] 2005 erschien im gleichen Verlag ihr Buch *In Putins Russland*, das ein Jahr
zuvor in englischer Sprache unter dem Titel *Putin's Russia* ver-
öffentlicht worden war. Kein russischer Verlag hatte sich dazu bereit gefunden. In ihren Zeitungsbeiträgen wie in ihrem Buch berichtet sie detailliert über ihre vielen Recherchen: zu Tschetschenien,
zum Organisierten Verbrechen oder zu Entstehung und Funktionsweise von Mafiastrukturen, die im Übergang von der Plan-
wirtschaft zum räuberischen Frühkapitalismus an vielen Orten
in Russland zu beobachten waren. Ihre Darstellungsweise ist an-
schaulich, ihre Botschaften aus Putins Russland sind eindringlich,
spannend, aufwühlend und erschreckend zugleich. Politkowskajas
Horrorgemälde aus Mord, Gewalt, Korruption, feindlichen Übernahmen, Komplizenschaft von Rechtsschutzorganen, Staatsanwäl-
ten oder Richtern sind aus dem gleichen Stoff wie das bereits ge-
schilderte Verbrechen in Kuschtschowskaja.

Die Autorin nennt in ihren Büchern Ross und Reiter, stets bemüht, der Wahrheit bis auf ihren tiefsten Grund zu gehen.[49] So lan-
det das Fazit ihrer Fallgeschichten immer bei den Grundmerk-
malen des Systems Putin, bei Korruption, fehlender richterlicher
Unabhängigkeit und systematischer Vertuschung. Die oberste
soziale Schicht, «die VIP-Klasse», bestehe «aus Mafia und Oligarchie», und diese sei stärker als Recht und Gesetz.[50]

Politkowskaja macht keinen Hehl daraus, dass sie Putin ablehnt,
ja verachtet. Sie vergleicht ihn mit der bekannten Figur in Gogols
Novelle *Der Mantel*, dem kleinen Beamten Akaki Akakijewitsch.
Putin sei «ein typischer Oberstleutnant des sowjetischen KGB mit
der beschränkten, provinziellen Weltanschauung eines Oberstleutnants und dem unansehnlichen Aussehen eines Oberstleutnants,
der es nicht einmal zum Oberst geschafft hat, mit den Manieren eines Offiziers der sowjetischen Geheimpolizei, der es gewöhnt ist,
seinen Mitmenschen nachzuspionieren, mit seiner Rachsucht ...».
Warum sie Putin nicht mag? «Wegen seines Zynismus. Wegen seines Rassismus. Wegen des endlosen Krieges. Wegen seiner Lügen.»
Und schließlich: «Putin, der zufällig eine enorme Macht in die
Hände bekam, gebraucht diese Macht mit für Russland katastro-

phalen Folgen. Ich mag ihn nicht, weil er die Menschen nicht mag. ... Er glaubt, dass er Zar und Gott zugleich ist, vor dem wir uns verneigen und fürchten müssen.» [51]

Politkowskaja brach in ihren Schriften mit sämtlichen Tabus des Putin'schen Propagandastaats. Ihres gefährlichen Tuns war sie sich durchaus bewusst.[52] Sie erhielt Warnungen, anonyme Anrufe und Todesandrohungen. Sie setzte sich auch mit dem Tod auseinander. Gleichwohl wollte sie nicht aufhören, «dafür zu kämpfen, dass demokratische Prinzipien in Russland endlich installiert werden und das Leben ein demokratisches wird, wobei es möglich ist, dass dieser Kampf nicht gut ausgeht. Aber das ist dann einfach so.» [53]

In ihrem letzten unveröffentlichten Text haderte sie einmal mehr mit der von Putin errichteten Machtvertikale und mit den zunehmend starren Feindbildern: «Die Reihen der Feinde bilden in der Regel die, die sich ‹an den Westen verkauft haben› – liberale Politiker, Menschenrechtsaktivisten, ‹schlechte› Demokraten (im Gegensatz zum ‹guten Demokraten› Putin).» Politkowskaja verstand sich selbst durchaus als jemand, der vom Regime zu den «Feinden» Russlands gezählt wird. Tatsächlich erscheint die Journalistin etwa in einem anonymen Eintrag der russischen Wikipedia als solche. Hier wird ihr «Russophobie» unterstellt, mit der sie in ihrem Buch so zu jonglieren verstehe, «dass der westliche Spießbürger von Hass gegen Russland und Putin erfüllt wird». Weiter heißt es hier: «Bei uns haben die Medien aus dieser Dame keine großartige Märtyrerin gemacht, aber sie hat unverhohlen einen Medienkrieg gegen Russland geführt, das Staatswesen untergraben, eine gebürtige Amerikanerin (!).»[54] Das von Putins Propagandastäben angefeuerte Feindbild von den USA scheint offensichtlich auf viele Konstellationen zu passen.

Politkowskaja hatte freundschaftliche Kontakte zu Alexei Litwinenko, der nur wenige Wochen nach ihrer Ermordung selbst auf besonders spektakuläre Weise ums Leben kam. Die beiden hatten sich zuletzt im Frühjahr 2006 in London getroffen. Bei der Gelegenheit erzählte sie ihm von ihren Todesängsten. Jedes Mal, wenn sie sich von ihren Kindern in Moskau verabschiede, habe sie das Gefühl, sie würde sie zum letzten Mal sehen. Litwinenko riet ihr dringend dazu, Russland zu verlassen. Sie sagte, sie könne ihre Eltern und ihre Kinder nicht allein zurücklassen. In ihrer letzten unveröffentlichten Schrift betonte sie, es sei für sie das Wichtigste, ihre Arbeit machen zu können, das Leben darzustellen und in den Redaktionsräumen Besucher zu empfangen, die sich sonst mit ihren Sorgen nirgendwo mehr hinwenden könnten als eben noch an die *Nowaja Gaseta*.

Anna Politkowskaja war zweifellos sowohl eine Menschenrechtsaktivistin, die besonders im Konflikt Russlands mit den Tschetschenen zu vermitteln versuchte, als auch eine regimekritische Journalistin. Durch ihre offene Darstellung konkreter Fälle von Machtmissbrauch und Korruption hatte sie sich viele Feinde geschaffen. In Putins Russland wurde sie überwiegend als Unheilsprophetin, als russische Kassandra gesehen. Ihre Warnrufe hörte die breite Öffentlichkeit nicht gern.

Der abtrünnige Agent Alexander Litwinenko

Alexander Litwinenko, Jahrgang 1962, war Angehöriger des russischen Geheimdienstes FSB, wo er dem «Kampf gegen Terrorismus und organisierte Kriminalität» zugeordnet war. Im August 1998 hatte Litwinenko ein Gespräch mit dem gerade neu bestallten Direktor des FSB, Wladimir Putin. Bei der Gelegenheit überreichte er Putin ein Dossier über kriminelle Strukturen in der Behörde. Monate später entdeckte Litwinenko, dass Putin nach dem Treffen unverzüglich eine Untersuchung über ihn angestrengt und die Abhörung seines Telefons veranlasst hatte. Litwinenko ließ sich nicht davon abbringen, die Wahrheit über krumme Dinge im russischen Geheimdienst ans Licht zu bringen. Zusammen mit vier weiteren Kollegen hielt er im November 1998 eine Pressekonferenz ab, um darüber zu berichten. Sie sprachen auch von einem Befehl, den sie erhalten hätten, um ein Attentat auf den Oligarchen und Medienmogul Beresowski zu verüben. Die Pressekonferenz war ein Spektakel mit großem Widerhall in den Medien. Ein Mitstreiter trug eine Sturmhaube, drei weitere verspiegelte Brillen. Litwinenko führte das Wort. Der Auftritt kam einem Putsch gegen den FSB gleich.[55]

Litwinenko fiel in Ungnade, hatte er es doch gewagt, brisantes Material aus dem Geheimdienst offenzulegen. Bald darauf wurde er verhaftet. Es folgte ein Freispruch, dann eine erneute Verhaftung, so ging es fort. Litwinenko beschloss zu fliehen. Auf abenteuerlichen Wegen und mit der Unterstützung von Freunden kam er mit Frau und Kind am 1. November 2000 auf dem Flughafen London Heathrow an. Er wandte sich an einen uniformierten britischen Polizisten und sagte: «I am KGB officer. I am asking for political asylum.» Die Litwinenkos konnten bleiben. Sie erhielten im Mai 2001 politisches Asyl, im Oktober 2006 die britische Staatsbürgerschaft. In den ersten Jahren leistete der Oligarch Beresowski, der bereits in London etabliert war, der Familie großzügige Hilfe. Wichtige Kontakte wurden zu dem sowjetischen Dissidenten Wladimir Bukowski und dem tschetschenischen Separatisten Achmed Ch. Sakajew geknüpft. Im Jahr 2003 wurde Litwinenko ein Teilzeitmitarbeiter des britischen Geheimdienstes M16, von dem er monatlich ein Salär bezog.[56]

Litwinenko veröffentlichte kritische Beiträge zu Russland, zusammen mit Juri Felschtinski das Buch *Blowing up Russia*. Darin wird die These vertreten, dass die Bombenanschläge, die 1999 auf russische Wohnblöcke verübt wurden, vom FSB selbst ausgingen. Einer weiteren Publikation lagen ausführliche Interviews mit Litwinenko zugrunde. Sie trug den reißerischen Titel *The Gang from the Lubyanka*. Mit diesen Veröffentlichungen schärfte der Dissident Litwinenko sein Image als Feind des russischen Geheimdienstes. Da die publizistische Tätigkeit bei weitem nicht zum Lebensunterhalt ausreichte, bemühte sich Litwinenko um Beraterjobs bei Sicherheitsfirmen, die ihren Klienten Informationen über Geschäftsmöglichkeiten in der früheren Sowjetunion lieferten. So kam es ganz gelegen, dass sich im Oktober 2004 der russische Geschäftsmann und frühere FSB-Mitarbeiter Andrei Lugowoi bei Litwinenko mit dem Vorschlag meldete, in London gemeinsam Beratergeschäfte zu betreiben. Die geschäftliche Partnerschaft unter den beiden gedieh und wuchs sich sogar zu einer Freundschaft aus,

wie es Litwinenko schien.[57] In Wirklichkeit verfolgte Lugowoi zu-
sammen mit seinem Komplizen Dmitri Kowtun vorrangig das
Ziel, Litwinenko umzubringen, und zwar völlig unmerklich, mit
Hilfe des radioaktiven Gifts Polonium 210.

Welche Gründe mochten zusammengekommen sein, um so ein
Kapitalverbrechen zu diesem Zeitpunkt auf die Tagesordnung zu
bringen? Dass Litwinenko aus der Sicht Moskaus ein nationaler
Verräter war, lag auf der Hand. Das Sündenregister war lang: Rebell und Nestbeschmutzer, Flucht, Asyl, Günstling Beresowskis,
Vorwürfe der Bombenlegung, Überläufer. Doch all dies war schon
eine Weile bekannt, und Litwinenko erschien weder von seinem
Rang als früherer Agent noch von seinem politischen Gewicht im
Asyl her als ein so großer und gefährlicher Gegenspieler, dass ein
sofortiger Gegenschlag erforderlich war. Eine heiße Spur entdeckte
der in den USA lebende frühere Spion Juri Schwez, der, erfahren
in der Begutachtung der wirtschaftlichen Bonität russischer Unternehmen, Litwinenko bei seinem Job zur Hand ging.[58] Schwez
führte ihm auch Informationen über eine «sehr hochrangige Person in der Putin-Administration» zu. Litwinenko erhielt den Bericht am 20. September 2006 und reichte ihn innerhalb von zwei
Wochen an Lugowoi weiter, möglicherweise, so Schwez, um diesem zu zeigen, wie solche Berichte angefertigt werden sollten. Über
Lugowoi muss Litwinenkos Dossier zu der fraglichen russischen
Person beim FSB gelangt sein. Und die war niemand Geringeres als
der damalige Stellvertretende Leiter der Präsidialadministration,
Wiktor Iwanow. Wegen der negativen Beurteilung sei das interessierte britische Unternehmen aus dem Deal ausgestiegen. Dem
russischen Akteur seien so «Dutzende Millionen Dollar» verloren
gegangen.[59] War dies der Anlass für die alsbaldige Hinrichtung des
Renegaten Litwinenko? Oder wollte Moskau etwaigen Risiken der
Aufdeckung von Mafiakontakten russischer Führungsmitglieder
und Putins selbst durch die spanische Justiz zuvorkommen? Tatsächlich hatte Litwinenko Kontakte zu den spanischen Ermittlern
aufgebaut. Ein Treffen Litwinenkos mit dem spanischen Staatsan-
walt José Grinda Gonzales war für den 8. November vorgesehen.[60]

Am 16. Oktober 2006 brachten Lugowoi und Kowtun erstmals

das Gift in einem winzigen Container nach London. Möglicherweise wussten die beiden nicht, dass sie überall, wo sie waren und sich bewegten, nachhaltige Strahlenspuren hinterließen, wie Scotland Yard noch geraume Zeit später nachgewiesen hat. Bei einem vereinbarten Treffen mit Litwinenko in der Sicherheitsfirma Erinys in der Grosvenor Street startete ein erster Vergiftungsversuch. Er schlug fehl, denn Litwinenko rührte weder seine Teetasse noch ein Wasserglas an. Dreißig Minuten lang warteten die Häscher vergeblich darauf, dass ihr Opfer einen Schluck nahm. Erst als die beiden das nächste Mal aus Moskau anreisten, klappte es. Es war bei ihrem Treffen am Nachmittag des 1. November 2006 um 16 Uhr 30 in der Pine Bar im Hotel Millennium. Dort herrschte zu diesem Zeitpunkt dichtes Gedränge. Überwachungskameras gab es nicht. Diesmal nahm Litwinenko ein paar Schluck grünen Tee aus einer weißen Keramikteekanne zu sich, die bereits dort stand, als er sich zu dem Treffen dazugesellte. Der Tee war angereichert mit einer hohen Dosis von radioaktivem Polonium 210. Stunden später stellten sich bei Litwinenko Übelkeit und Erbrechen ein. Zwei Tage später kam er ins Krankenhaus. Nach drei qualvollen Wochen starb er am 23. November 2006 im Alter von dreiundvierzig Jahren. Erst sechs Stunden vor seinem Tod hatten die ratlosen Ärzte, die zunächst auf eine Vergiftung mit Thallium setzten, zusammen mit Experten für Nuklearphysik Polonium 210 als die Ursache der Vergiftung ausgemacht.[61] Da dieses Gift mit Geigerzählern nicht zu ermitteln ist, war davon auszugehen, dass der Mord aus der Sicht seiner Auftraggeber und vor allem aus Sicht seiner Vollstrecker ein ungeklärtes Mysterium bleiben würde. Eine andere Version war, dass der lange qualvolle Tod eines nationalen Verräters anderen Übeltätern als abschreckendes Beispiel dienen sollte. Dieser Deutung folgte Kowtun, als er zwei Tage vor dem geplanten Anschlag darüber mit einem Bekannten sprach, wie Luke Harding herausgefunden hat.

Litwinenko konnte noch viele Stunden vor seinem Tod den Ermittlern Rede und Antwort stehen und so praktisch seine eigene Ermordung höchstpersönlich aufklären. Freunde waren dabei behilflich, Aufnahmen von dem gespenstisch aussehenden Todkranken, dem die Haare ausgefallen waren und die Augen aus dem knöchernen Gesicht hervorstachen, an die Medienöffentlichkeit zu bringen. Auch seine letzte Botschaft wurde publik gemacht. Darin erhob Litwinenko schwere Vorwürfe gegen Putin: «Sie werden es vielleicht schaffen, mich zum Schweigen zu bringen, aber dieses Schweigen hat einen Preis. Sie haben sich als so barbarisch und rücksichtslos erwiesen, wie Ihre ärgsten Feinde es behauptet haben. … Sie werden es vielleicht schaffen, einen Mann zum Schweigen zu bringen. Aber der Protest aus aller Welt, Herr Putin, wird für den Rest des Lebens in Ihren Ohren nachhallen.» Diese Anschuldigungen zusammen mit den medienwirksam ins Bild gerückten Todesqualen des Opfers erzeugten vielleicht eine «abschreckende» Wirkung, wie manche gemutmaßt hatten. Noch eher bot sich das Ganze aber als wenig professionelle Hinrichtung eines «nationalen Verräters» dar.[62] Die dunklen Schatten des Dramas fielen auf Russland zurück und verstärkten eine negative Wahrnehmung des Putin-Regimes. Dabei ereignete sich der Mordfall in einer Zeit, als der Kreml besonders bestrebt war, das bereits durch den Mord an Anna Politkowskaja deutlich getrübte Image Russlands im Ausland wieder aufzubessern.

Die britischen Polizeibehörden kamen zu einem schnellen Ermittlungsergebnis. Am 6. Dezember 2006 wurde der Tod Litwinenkos als Mord eingestuft. Im Januar 2007 beantragte Scotland Yard die Auslieferung der Verdächtigen Lugowoi und Kowtun. Der Kreml leugnete jedoch jegliche Verbindung zu der in seiner Einschätzung gewöhnlichen «Straftat», die vom Westen zu Unrecht «politisiert» werde. Eine Auslieferung der beiden wurde mit der Begründung abgelehnt, dass es die russische Verfassung verbiete, eigene Staatsbürger auszuliefern.

Während sich die offiziellen Stellen in Moskau darum bemühten, die Affäre wegzureden, löste sie jedoch seitens aufmerksamer Beobachter des Regimes ein vielfältig kritisches Echo mit unterschiedlichen Einschätzungen aus. So deutete die Journalistin Julija Latynina in der *Moscow Times* den Mord in erster Linie als Warnung an alle potentiellen Verräter. Die Polonium-Spur sei als Visitenkarte und als Nachweis dafür zurückgelassen worden, dass

Russland von den Sicherheitsorganen regiert werde.[63] Dies habe man vor allem Putin selbst vorführen wollen. Eine besonders aggressive Fraktion innerhalb der Staatssicherheit habe Putins Bemühungen um gute Beziehungen zum Westen nachhaltig zu stören versucht. Dass Litwinenko schon lange im Visier der «Organe» gestanden habe, zeigte sich Latynina zufolge daran, dass sein Konterfei als Zielscheibe für Schießübungen diente.

Pawel Felgenhauer stellte heraus, dass sowohl das vom Kreml verhängte Nachrichtenverbot in der Litwinenko-Affäre wie die beim Umgang mit Polonium notwendige Zusammenarbeit verschiedener Abteilungen im FSB darauf hindeuteten, dass der Staatspräsident in die Sache involviert und über alles voll informiert gewesen sein müsse. Es handele sich also in dem Fall nicht um die typischen Rivalitäten unter verschiedenen Geheimdienstfraktionen, sondern um eine kohärente Top-Down-Befehlskette.[64] Alexei Malaschenko vom Moskauer Carnegie-Center meinte, dass jeder Versuch, die Litwinenko-Affäre aufzuklären, in eine Sackgasse führen müsse. Er beließ es bei diesem Kommentar: «Wir wissen doch alle, dass dies (der Mord an Litwinenko) von den Sicherheitsorganen ausgeführt wurde, das ist ein offenes Geheimnis.»[65] Auf der anderen Seite sei aber ebenso klar, dass die Dienste dies aus außenpolitischen Gründen nicht zugeben könnten. Die breit vernetzte Elitenforscherin Kryschtanowskaja erzählte, ihre Freunde im FSB gäben sich überzeugt von der Federführung der eigenen Behörde in der Sache, meinten allerdings, eine so stümperhafte Ermordung wäre im sowjetischen KGB nicht vorgekommen.[66]

In London wurde die Untersuchung der Causa Litwinenko vom Oktober 2011 bis Juli 2014 fortgeführt, diesmal in der neuen Form einer «Inquiry», welche durch die Klage der Witwe des Toten, Marina Litwinenko, erzwungen worden war. Der Abschlussbericht wurde am 21. Januar 2016 durch den Leiter der Untersuchung, Richter Sir Robert Owen, offiziell vorgestellt.[67] Dieser erklärte, die Inquiry basiere auf vielen Zeugenbefragungen und sowohl allgemein zugänglichen wie geheimen Quellen. Zu den befragten Experten gehörte auch der bekannte Russlandhistoriker von der Uni-

versität Oxford, Robert Service. Er sollte unter anderem darüber
Auskunft geben, ob das Putin-Regime ein Mafiastaat sei und ob
Putin in Sankt Petersburg Kontakte mit Mafiagangs unterhalten
habe. Der Historiker wich den Fragen zum Teil aus, weil sie nicht
eindeutig zu beantworten seien. Es sei auch zu schwierig, die Komplizenschaft von Russlands Regierung in diesen Mordfällen nach-
zuweisen, doch könne er mit Sicherheit aussagen, dass Putins Präsidentschaft «ein politisches Klima der Nachsicht» erzeugt habe, in
dem die Behörden ungehindert ihrem «repressive business» nachgehen konnten. Service zeigte sich darüber empört, dass Putins
öffentliche Reaktion auf Litwinenkos Ermordung «von einer ver-
balen Nonchalance, die ans Makabere grenze», zeugte.[68] In der Tat
hatte sich Putin über die Mordanklage, die Litwinenko auf seinem
Totenbett gegen ihn erhoben hatte, auf eine ebenso hintergründige
wie hämische Weise lustig gemacht: Es lägen keine Anzeichen
dafür vor, dass dieser einen «gewaltsamen Tod» erlitten habe. «Die
Personen, die dies getan haben, sind nicht Gott, und Herr Litwinenko ist, unglückseligerweise, nicht Lazarus.»[69]

Sir Robert Owen kam in seinem Schlussplädoyer zu der klaren
Aussage, dass der russische Geheimdienst den Mord in Auftrag
gegeben habe. Die Anordnung dazu sei «wahrscheinlich» (proba-
bly) von dem damaligen Leiter des FSB, Nikolai Patruschew, und
«wahrscheinlich» auch von dem russischen Präsidenten Wladimir
Putin in Auftrag gegeben worden.[70] Owen konnte keinerlei persönliche Mordmotive der beiden Täter erkennen, wohingegen es
zwischen Putin und Litwinenko starke persönliche Animositäten
gegeben habe. Owen sah auch keinen zwingenden Zusammenhang
zwischen dem durchgestochenen «Iwanow-Bericht» und dem
Mordplan. Dieser habe schon seit Lugowois erstem Kontakt mit
Litwinenko 2004 bestanden.

In Moskau mischten sich Erleichterung und Häme über den
Owen-Bericht, der ohne direkte juristische Folgen blieb.[71] Aben-
teuerliche Spekulationen machten die Runde. Sie reichten von der
Vorstellung, Litwinenko habe sich selbst im Umgang mit Polonium kontaminiert, bis zu der These, der britische Geheimdienst
habe seinen Mitarbeiter ermordet, und zu der Saga, Lugowoi und

Kowtun seien die Opfer, Litwinenko der Täter. Wiktor Iwanow sah in der Untersuchung eine «Farce». Die gegen ihn darin erhobenen Anschuldigungen seien eine Verschwörung Großbritanniens und seiner Nachrichtendienste gegen ihn. Sergei Iwanow, selbst früher KGB-General, behauptete, der KGB habe seit 1959 niemanden mehr ermordet. Er gab auch zu bedenken, dass Litwinenko eher ein Nobody war, für den sich der russische Geheimdienst grundsätzlich nicht interessierte. Kremlsprecher Peskow meinte, der Owen-Bericht gehöre «gewiss nicht zu den Dingen, die Putins Aufmerksamkeit» fänden. Peskow selbst machte sich über den Bericht als eine «Quasi-Untersuchung» lustig. Der Rekurs des Richters auf das Wort «wahrscheinlich» zeuge doch nur von dem bekannten «spitzfindigen englischen Humor».[72]

Unterdessen machte Andrei Lugowoi in Russland Karriere. Ein Jahr nach Litwinenkos Tod wurde er Duma-Abgeordneter für Schirinowskis rechtspopulistische Partei LDPR. Im März 2015 erhielt Lugowoi von Putin den Orden für Verdienste um das Vaterland verliehen, und zwar «für seinen großen Beitrag zur Entwicklung des Parlamentarismus und seine aktive gesetzgeberische Tätigkeit». Kronanwalt Ben Emmerson deutete die Ordensverleihung an Lugowoi als demonstrative Identifikation Putins mit dem Täter.[73] Lugowoi selbst mimte weiterhin den Unschuldigen. Er unterzog sich sogar im April 2012 einem im Fernsehen übertragenen Test mit einem Lügendetektor. Auf die beiden kritischen Fragen, ob er «irgendetwas mit dem Tod Litwinenkos zu tun» habe und ob er «jemals mit Polonium umgegangen» sei, antwortete er mit einem klaren Njet. Im Zuge der Owen Inquiry war dargelegt worden, wie einfach es vor allem für einen geschulten Agenten war, einen Lügendetektor auszuspielen. So passte der fragwürdige Nachweis von Lugowois Unschuld zumindest gut in die Unterhaltungsshow des englischsprachigen russischen Propagandakanals RT, in der er gezeigt wurde.[74]

Insgesamt spiegelt sich in dem Fall Litwinenko auf besonders drastische Weise der Charakter des heutigen Russland als Geheimdienststaat wider. Der Ablauf der Affäre bis hin zur ruchlosen Beseitigung eines illoyalen und aufmüpfigen Agenten brachte typische Merkmale dieses Systemtyps an den Tag: die undurchsichtigen staatlichen Macht- und Entscheidungsmuster, verdeckte Kriminalität und Vermengung von Mafia- und Geheimdienststrukturen, dazu die politische Kultur der Lüge, die notorische Vertuschung aller Missetaten und die Exkulpation der Verantwortlichen, wobei man so weit ging, die Vollstrecker krimineller Taten auch noch auszuzeichnen.

Der Oppositionspolitiker Boris Nemzow

Boris Nemzow war das Flaggschiff der liberalen politischen Opposition in Russland. Er war neben Anatoli Tschubais einer der beiden «Jungreformer» unter Boris Jelzin, die man wegen ihres Reformeifers auch «Junge Wölfe» nannte. Sie bekleideten eine Weile das hochrangige Amt eines Ersten Vizepremiers. Zuvor hatte sich Nemzow als Gouverneur im Oblast Nischni Nowgorod erste politische Sporen und zugleich den Ruf eines Reformers erworben. Jelzin holte ihn von dort wieder nach Moskau zurück und zog ihn auch als möglichen Nachfolger im Präsidentenamt in Erwägung. Im Gefolge der Wirtschaftskrise im August 1998 entließ er jedoch die «Jungreformer» aus der Regierung. Als Jelzin im Sommer 1999 Wladimir Putin der Öffentlichkeit als seinen Wunschkandidaten für den Regierungsvorsitz und für seine Nachfolge im Präsidentenamt vorstellte, reagierte Nemzow gleich anderen politischen Spitzenfiguren dieser Zeit mit Kritik und Spott. Er sprach von einem «Akt des Wahnsinns».[75]

Zusammen mit weiteren demokratisch eingestellten Politikern gründete Nemzow 1999 den Wahlblock «Union der Rechten Kräfte», der nur ein bescheidenes Wählervotum von 8,6 Prozent zusammenbrachte. Bei den Dumawahlen 2003 blieb die Union ebenso wie die demokratische Jabloko-Partei sogar unter der für den Einzug ins Parlament festgelegten Fünf-Prozent-Hürde. Darin spiegelte sich die zunehmende Marginalisierung aller demokratischen Kräfte im System Putin. Nemzow blieb eine Speerspitze des kleinen liberalen Lagers. Er trat früh als luzider und kritischer Beobachter des «Putinismus», wie er selbst Russlands neue politische Ordnung nannte, hervor.[76]

Nemzow gab ungeachtet der erschwerten Rahmenbedingungen seine politischen Ambitionen nicht auf. 2009 kandidierte er in seiner Geburtsstadt Sotschi bei der Wahl des Bürgermeisters. Dabei wurde er systematisch an Wahlkampfauftritten behindert und in den staatstreuen Medien lächerlich gemacht. So blieb er gegen den Kandidaten der Kremlpartei «Einiges Russland», den amtierenden Bürgermeister Anatoli Pachomow, chancenlos. Erfolg hatte er schließlich mit seiner Kandidatur 2013 für die von ihm mitbegründete neue «Partei der Volksfreiheit» (PARNAS), die in das Stadtparlament von Jaroslawl einzog. PARNAS war 2012 mit der «Republikanischen Partei Russlands» (RPR) fusioniert worden. Nemzow blieb dabei einer der Ko-Vorsitzenden der Partei. Das Amt des Abgeordneten füllte er aus bis zuletzt.

Wie viele Autoren feststellten, war Nemzow ein Ausnahmepolitiker, immer frohgemut und engagiert, kämpferisch und optimistisch, stets mit einem gewinnenden Lächeln.[77] Auf allen regimekritischen Demonstrationen fand er sich in der ersten Reihe. Er ergriff mutig das Wort, etwa bei den Protesten gegen den abgekarteten Ämterwechsel zwischen Medwedew und Putin oder bei den Märschen und Versammlungen am Vorabend von Putins Inauguration Anfang Mai 2012. Immer wieder wurde Nemzow zusammen mit anderen Demonstranten auch verhaftet. Nichtsdestotrotz hielt er mit seiner Kritik an Russlands autoritärem Regime wie an der Politik Putins weiterhin nicht hinter dem Berg. Er bezeichnete Russland als einen «Mafiastaat», so etwa in einem Interview mit der ARD am 10. Dezember 2014.[78]

In einer Reihe von «Manifesten» präsentierte Nemzow niederschmetternde Einschätzungen des Putinismus. Vor seiner Ermordung war er mit der Ausarbeitung eines Enthüllungsberichts über die Beteiligung Russlands an dem Krieg in der Ostukraine beschäftigt. Die Ukrainepolitik des Kreml hatte er als einer der ganz wenigen unter den liberalen Oppositionellen von Anfang an und bis zuletzt scharf kritisiert. Er zeigte sich davon überzeugt, dass bereits seit 2012 Vorbereitungen für die Annexion der Krim im Gange gewesen waren. Vorrangiges Ziel des Kreml sei es gewesen, mit nationalistischer Euphorie die Zustimmung zu Putin wieder in die Höhe zu treiben.

In einem Interview mit der *Financial Times* nur vier Tage vor seiner Ermordung bezeichnete Nemzow Putin als ein «vollkommen amoralisches menschliches Wesen». Er sei ein «Leviathan», das leibhaftige Ungeheuer des neuen Staates, weitaus gefährlicher als das Sowjetsystem.[79] Nemzow rieb sich vor allem an dem System der Lüge, das mit dem Putinismus eingezogen sei. Dieses Thema stand auch im Mittelpunkt des Interviews, das er am 27. Februar 2015, nur wenige Stunden vor seiner Ermordung dem Radiosender *Echo Moskwy* gab. Bei der Gelegenheit nannte er Putin einen «pathologischen Lügner». Das Interview drehte sich ansonsten um den für Sonntag, den 1. März, geplanten und bereits genehmigten Protestmarsch der Opposition in Moskau.[80]

Nach dem Termin bei *Echo Moskwy* kehrte Nemzow mit seiner ukrainischen Freundin Anna Durizkaja im Café Bosco ein. Das Lokal ist ganz im Zentrum Moskaus, innerhalb der Geschäftsarkaden des GUM gelegen. Anschließend gingen die beiden gegen 23 Uhr zu Fuß in Richtung von Nemzows Wohnung. Dabei überquerten sie die Große Moskworezker Brücke unweit der mächtigen Kremlmauern. Auf der Brücke wurde Nemzow mit mehreren Schüssen aus einer Makarow-Pistole niedergestreckt.[81] Seine Gefährtin blieb unversehrt. Der Mörder hatte sich wohl von hinten angeschlichen. Nach der Tat sprang er in einen weißen Zaporoschez, der von einem Komplizen zum Tatort gesteuert worden war, und fuhr davon. Eigentümlicherweise waren die Überwachungskameras in diesem Umfeld des Kreml an dem Abend fast alle außer Betrieb.

Als Putin von dem Mord an Nemzow erfuhr, erteilte er, wie Sygar berichtet, den Auftrag zu einer schnellstmöglichen Aufklärung des Attentats. Vor dem Kollegium des Innenministeriums sagte er am 4. März: «Wir müssen Russland endlich von der Schmach solcher Tragödien befreien, wie wir sie alle miteinander erst kürzlich erlebt haben. Ich meine den feigen Mord an Boris Nemzow mitten im Zentrum unserer Hauptstadt.»[82] Ungeachtet aller Kritik Nem-

Gedenken an Boris Nemzow: Demonstration («Für die Freiheit») in Jaroslawl am 27. Februar 2016, dem ersten Jahrestag der Ermordung des Oppositionspolitikers

zows an Putin und dem Putinismus ging es bei dem Ermordeten immerhin um einen ehemaligen Ersten Vizepremier und politischen Prominenten seit der Ära Jelzin. Insofern zeigte sich der Kreml um angemessene und rasche Aufklärung bemüht. Nur wenige Tage nach der Tat meldete der Leiter des FSB, Alexander Bortnikow, erste Fahndungserfolge. Die Attentäter seien tschetschenische Sicherheitsoffiziere aus dem Bataillon Sewer (Nord) der Inneren Truppen des Innenministeriums der Russischen Föderation. Sie stünden vermutlich unter dem Befehl des stellvertretenden Bataillonsführers Ruslan Geremejew, des Leiters der taktisch-operativen Gruppe. Festgenommen wurden fünf Tschetschenen, darunter der Schütze, Saur Dadajew. Ein Mittäter, Beslan Schawanow, sei bei seiner Festnahme in Grosny aufgrund einer Explosion ums Leben gekommen. Weitere Einzelheiten der Geschehnisse nach Nemzows Ermordung wurden in ausführlichen Recherchen der *Nowaja Gaseta* dargelegt.[83] Sie ergeben ein verwirrendes Bild von den Ereignissen und den Akteuren. Deutlich wurde, dass der mögliche Befehlsgeber Geremejew sich den Ermittlungsbehörden nicht stellte. Er floh in die Vereinigten Arabischen Emirate – als offizieller Betreuer der Rennpferde des tschetschenischen Präsidenten Ramsan Kadyrow. Auch Ruslan Muchutdinow, der Fahrer Geremejews, begab sich dorthin. Zwei aus der Moskauer Tätergruppe, der Schütze Dadajew und sein Vetter Ansor Gubaschew, wurden kurz nach ihrer Rückkehr aus Moskau in Inguschetien bei der Beschaffung von Drogen auf frischer Tat von Mitarbeitern der Föderalen Drogenbekämpfung festgenommen. Sofort nach Bekanntwerden von Dadajews Verhaftung verteidigte Kadyrow ihn als einen «echten Patrioten Russlands» und als «tief religiösen Mann und mutigen Krieger». Bald zogen die in Moskau Verhafteten ihre ursprünglichen Geständnisse zurück. Der Leiter der Ermittlungsbehörde, Bastrykin, verhinderte eine Anklageerhebung gegen Geremejew in absentia und seine Ausschreibung zur Fahndung. Schließlich tauchte eine Anklageschrift auf, derzufolge als der Organisator des Verbrechens nicht Geremejew, sondern dessen Fahrer, Ruslan Muchutdinow, genannt wurde. Die Schüsse habe nicht Dadajew, sondern der bei der Verhaftung umgekommene Schawanow abgefeuert. Der wieder nach Tschetschenien zurückgekehrte Geremejew ließ verlauten, dass Dadajew den Mord an Nemzow gar nicht habe begehen können, da dieser gemeinsam mit ihm in der fraglichen Zeit in Moskau tschetschenische Regierungsbeamte bewacht haben soll. Nach dieser Version hatte also der tote Schawanow geschossen und der unauffindbare Muchutdinow als Auftraggeber fungiert. Aus alledem wird so viel sichtbar: Je verworrener die Schilderung des Tathergangs, umso deutlicher die Absicht, die Täterschaft weit weg zu schieben.

Wie würde Putin mit den Kalamitäten des Mordanschlags auf Nemzow und der klaren tschetschenischen Spur umgehen? Wie würde sich der Fall auf das bisher so enge persönliche Verhältnis des russischen Präsidenten zu dem Tschetschenienführer Kadyrow auswirken? Sygar berichtet, dass Kadyrow in den Tagen und Wochen nach dem Anschlag keine Telefonverbindung zu Putin erhielt. Er habe verzweifelt den Kontakt zu Putin gesucht und auf Instagram eine Ergebenheitsadresse nach der anderen an den russischen Präsidenten gesendet.[84] Von den Ermittlungen zum Mordanschlag auf Nemzow wurde Kadyrow von Nikolai Patruschew, dem nach wie vor einflussreichsten Mann unter den Moskauer Silowiki, nunmehr Sekretär des mächtigen Sicherheitsrates, am 11. März persönlich unterrichtet. Nur einen Tag später lancierte Kadyrow massive Vorwürfe in Richtung USA, die versuchten, «Russland zu destabilisieren, seine Wirtschaft zu untergraben, in unserem Lande Chaos und Instabilität zu säen». Immer wieder, so klagte Kadyrow weiter, sei er persönlich von den Geheimdiensten des Westens beschuldigt worden. So habe man im Zusammenhang mit der Festnahme Saur Dadajews, des ehemaligen Angehörigen der Streitkräfte des Innenministeriums der Russischen Föderation, gegen ihn «eine Kampagne in Gang gesetzt». Auch dieser Ausfall gegen den Westen mündete in eine devote Ergebenheitsadresse Kadyrows an Putin, dem er «dankbar und als Mensch ergeben» sei. Er wolle sich jedem entgegenstellen, der gegen Putin und gegen Russland vorgehen wolle.[85]

Kadyrow drängte Putin seine persönliche und politische Ergebenheit geradezu auf. Umgekehrt gingen von Putin gemischte Signale aus: Einerseits verweigerte er sich einem persönlichen Gespräch mit Kadyrow, andererseits ließ er diesem am 9. März den «Ehrenorden» für «beruflichen Erfolg, öffentliche Tätigkeit und Jahre der harten Arbeit» verleihen. Zu dem Zeitpunkt war Putin selbst für zehn Tage verschwunden. Niemand schien über seinen Verbleib Bescheid zu wissen. Sygars Quellen zufolge hatte sich Putin eine Auszeit zum «Nachdenken» genommen.[86] Worüber mochte der russische Präsident wohl in der angespannten Atmosphäre im Lande nachgedacht haben, etwa über sein besonderes Verhältnis zu dem Tschetschenenführer, der auch sein «Wolfsjunges» genannt wurde? Vielleicht auch über das eklatante Versagen der Machtvertikale im Allgemeinen und über die gefährlichen Rivalitäten zwischen föderalen und regionalen Sicherheitsorganen im Besonderen? Im Vordergrund stand wohl die persönliche Beziehung zu dem vierundzwanzig Jahre jüngeren Ramsan Kadyrow, für den er 2004 nach dem Mordanschlag auf Achmet Kadyrow, Ramsans Vater und damaligen Präsidenten Tschetscheniens, symbolisch die Vaterschaft übernommen hatte. Umgekehrt hatte Ramsan Putin öffentlich zu seinem Vater erklärt, für den er sein Leben geben würde.[87] Die geradezu rituell wiederholten Treuebekenntnisse des «Sohnes» gegenüber seinem mächtigen Moskauer «Vater» erinnerten an den Schwur eines mittelalterlichen Vasallen gegenüber seinem Lehnsherrn. Jedenfalls offenbarte sich darin ein höchst traditionelles Legitimationsmuster. So wenig dieses mit dem Moskauer Anspruch auf Durchregieren vereinbar war, so sehr passte es zu dem auf charismatischer Legitimation fußenden allgemeinen Putinkult.

Mehrere Autoren sprechen von einem Pakt zwischen Putin und Ramsan Kadyrow, demzufolge der Verbleib der Republik Tschetschenien in der Russischen Föderation gegen weitreichende Handlungsautonomie der tschetschenischen Führung gemakelt worden sei. Stanislaw Belkowski meinte, Kadyrows bedingungslose Loyalität zu Russland erlaube es ihm umgekehrt, «alle seine Feinde in jeder Ecke der Welt umzubringen».[88] Dazu passt Ramsans eigene Aussage, die er mehrere Jahre zuvor gegenüber einem *Newsweek*-Reporter gemacht hatte: «Diejenigen, die Putin kritisieren, sind keine Menschen, das sind meine persönlichen Feinde. Solange Putin auf meiner Seite steht, kann ich machen, was ich will. Allahu akbar.»[89]

Im öffentlichen russischen Diskurs über die möglichen Motive für den Mord an Nemzow wurde eine große Bandbreite sichtbar. Der Pressesprecher des Ermittlungskomitees, Wladimir Markin, zählte eine Reihe wenig glaubwürdiger Varianten auf. Dazu gehörte ein Rachemord von Islamisten wegen angeblich islamfeindlicher Einstellungen Nemzows, der sich mit der französischen Satirezeitschrift *Charlie Hebdo* solidarisiert habe. Diese Version wurde auch von Saur Dadajew vertreten, obwohl dessen Mutter jegliche Religiosität ihres Sohnes in Abrede stellte. Gestreut wurde auch die Möglichkeit einer Eifersuchtstat von Nemzows Nebenbuhlern in seinem Verhältnis mit dem Model Anna Durizkaja. Offizielle Regierungsvertreter betonten, dass Nemzow keineswegs ein politischer Konkurrent Putins gewesen sei. Dies zeige schon ein Vergleich der hohen Popularitätswerte für Putin mit dem bescheidenen Rating für Nemzow, das kaum höher als das für einen beliebigen

Durchschnittsbürger sei. Der Mord bringe Putin keinen Gewinn, sondern nur Schaden, so ein weiteres Argument von offizieller Seite.[90] Nationalpatriotische Kreise brachten, ähnlich wie Kadyrow, für den Mordauftrag amerikanische Sicherheitskräfte ins Gespräch, die das Ziel hätten, Russland zu destabilisieren.

Nemzow verkörperte gewiss für so manche Anhänger des offiziellen Kurses einen nationalen Verräter. Er habe unter anderem den Amerikanern bei der Erstellung der Liste von Personen geholfen, gegen die Sanktionen als Folge der Krimannexion angestrengt wurden. Für Rechtspopulisten und Antiliberale war Nemzow in jedem Fall ein typischer Vertreter der «Fünften Kolonne», ein Vorkämpfer für einen russischen Euromaidan. Der nationalistische Publizist Alexander Prochanow unterstellte, Nemzow habe es Putin nachgetragen, dass dieser und nicht er selber zu Jelzins Nachfolger ausgewählt worden sei, «was dann auch ein Grund für Nemzows tiefgreifenden Antiputinismus» gewesen sei. Prochanow drehte den Spieß um und dichtete Nemzows Ermordung der «liberalen Opposition» an, «einer hassenden, infernalen Opposition, die sich auf einem Feldzug des Hasses befindet».[91]

Angesichts all der Beschimpfungen der politischen Liberalen und des Toten selbst übten frühere Mitkämpfer von Nemzow wie etwa Anatoli Tschubais Selbstkritik und riefen zum Innehalten im überhitzten nationalen Diskurs auf. Tschubais klagte, dass im Land eine erhöhte Nachfrage nach Bosheit, Hass und Aggression geschaffen worden sei. Der frühere Menschenrechtsbeauftragte Wladimir Lukin meinte, dass Nemzow von dem staatlich geförderten Hass und der allgegenwärtigen Propaganda umgebracht worden sei.[92] Bezeichnenderweise wurden bei dem großen Trauermarsch für den Ermordeten am 1. März 2015 nicht wenige Transparente mit der Aufschrift «Propaganda tötet» getragen.

Die Abläufe und Hintergründe im Zusammenhang mit dem Mord an Nemzow brachten noch einen ganz anderen Aspekt ans Licht: die offenkundige Zerbröselung des staatlichen Gewaltmonopols. Wladimir Ryschkow gab dies so zu bedenken: «Natürlich regiert man in Russland offiziell mithilfe des KGB, aber es gibt daneben viele bewaffnete, quasi-terroristische Gruppen.» Deshalb seien für Anschläge wie gegen Nemzow keine präzisen Befehle von ganz oben nötig.[93] Zweifellos hatte Ryschkow die bewaffneten Gruppierungen und Privatarmeen des tschetschenischen Satrapen Kadyrow vor Augen. Die Aufdeckung der «tschetschenischen Spur» im Mordfall Nemzow drängte aufmerksamen Beobachtern jedenfalls eine zentrale Frage zur Verfasstheit von Putins Russland geradezu auf, nämlich die, ob denn der Kreml überhaupt noch die politischen Prozesse im Land kontrolliere.

6. Der späte Putinismus:
Personenkult und Weltmachtanspruch

Das Herrschaftssystem, das in Putins dritter Amtszeit entstand, kann man als «späten Putinismus» bezeichnen. In dieser Ära, in deren Mittelpunkt die Annexion der Krim steht, verstärkten sich bestehende Merkmale des Systems, kamen neue hinzu. Mit der ‹Heimholung› der Krim fand die Suche nach nationaler Identität fürs Erste eine klare Antwort. Russland erreichte im Bewusstsein seiner Führung wie seiner Bürger endlich wieder den Status einer Großmacht, den man so lange herbeigesehnt hatte. Und es blieb nicht dabei. Die Intervention in Syrien brachte dann außerdem den Nachweis von Russlands erneuertem Anspruch auf Weltgeltung. Seither drehen sich die nationalen Identitätsdiskurse darum, den besten Platz für Russland in einer neuen Weltordnung auszuloten.

Neben der Außenperspektive wandelte sich im späten «Putinismus» auch die Innenarchitektur des Systems. So veränderten sich die Methoden der politischen Legitimierung des Regimes. Nationale und militärische Mobilisierung wurden zu wichtigen Ressourcen. Im Dienst der Identitätsfindung erfolgte eine positive Umdeutung der Geschichte. Der Putinkult als eine zentrale Säule des Regimes erhielt neue Dimensionen. All dies und zumal der Sieg in der Ukraine puschten die Zustimmung zu Putin in schwindelerregende Höhen von 80 bis 90 Prozent. Zur zusätzlichen Systemstabilisierung wurden militärische Stützen eingezogen, so eine nur dem Präsidenten unterstellte «Nationalgarde» von 400 000 Mann. Angesichts dieser Neuerungen sahen Systemkritiker bereits den Beginn einer «Einmannherrschaft». Tatsächlich aber sollte sich Putins Elitenkartell, das Syndikat aus Silowiki und Oligarchen, nicht auflösen, sondern sich in seiner Zusammensetzung wandeln. Junge Technokraten gelangten in hohe Regierungsämter.

Was bedeuten all diese Veränderungen für die politische Zukunft Russlands?

«Ohne Putin gibt es kein Russland» oder: Der russische James Bond

Der Putinkult war von Anfang an ein zentrales Merkmal des «Putinismus» überhaupt. Wie in der Einleitung zu diesem Buch erwähnt, war der Journalist der *New York Times*, William Safire, der Erste, dem diese Besonderheit auffiel. Er warnte schon am 31. Januar 2000, zu einem Zeitpunkt, als Putin nur «geschäftsführender Präsident» war und sich auf das hohe Amt erst vorbereitete, vor dem «Putinismus». Fast hellseherisch beschrieb Safire das heraufziehende Phänomen als eine «neue Art des Personenkults» und als Tendenz zur «Unterdrückung der Wahrheit» sowie zum «Wiederaufleben von Russlands Machtanspruch». Nach Putins Wiederkehr ins Präsidentenamt im Frühjahr 2012 und vollends nach der propagandistischen wie militaristischen Aufrüstung der Führerherrschaft Putins in der Ukrainekrise war der Begriff des «Putinismus» in Politik und Publizistik gang und gäbe.

Bei der Charakterisierung des späten «Putinismus» stellten Beobachter vor allem exzessive patriotische Inszenierungen fest: den Glamour der Olympischen Winterspiele in Sotschi, die nationalistischen Feiern anlässlich der «Rückkehr» der Krim, die Zuspitzung der antiamerikanischen Rhetorik und den Pomp der Militärparaden auf dem Roten Platz.[1] Der Führerkult um Putin präsentierte sich jetzt als die ultimative Ressource der politischen Legitimierung. Zu den Vorstellungen, Putin sei zum Führer «berufen» oder gar «von Gott gesandt», kamen weitere Überhöhungen hinzu. Wjatscheslaw Wolodin, Stellvertretender Leiter der Präsidialadministration, ließ sich im Oktober 2014 zu der Aussage hinreißen: «Solange es Putin gibt, gibt es Russland. Ohne Putin gibt es kein Russland.»[2] In dieser Gleichsetzung von Land und Führer sieht etwa Wladislaw Inosemzew den schlagenden Beweis dafür, dass der Putinismus in den klassischen Herrschaftstypologien einen eigenständigen Typus behaupte, den des Führerkults oder «Personenkults».[3] Er hält es für überflüssig, immer weiter nach einer mehr oder wenigen passenden Formel für Russlands Scheindemokratie und den autoritären Charakter des Regimes zu suchen. Russlands heutiges Regime sei einfach gleichbedeutend mit «Personenkult».

Zu bedenken ist dabei, dass jeder Personenkult imaginiert ist, also nicht auf fotografischen Abbildungen einer Person, auf Schnappschüssen gar, beruht, sondern auf einer zielgerichteten Visualisierung, auf Images mit unterschiedlichen Zuschreibungen, Erhöhungen und Mystifizierungen. Wie kundige Experten nachgewiesen haben, findet sich ein reicher Fundus für einen abwechslungsreichen Personenkult um Putin im «kulturellen Bildgedächtnis» des Landes, das sich aus sowjetischen, zaristischen und russisch-orthodoxen Bildvorlagen speist.[4] Michail Sygars Absicht war es, in seinem Buch über «Die Metamorphosen des Wladimir Putin» zu zeigen, dass «es Putin eigentlich gar nicht gibt». Vielmehr sei «Putins gegenwärtiges Image, das eines schrecklichen Zaren, für ihn und größtenteils ohne sein Mitwirken erdacht worden – von seinem Gefolge».[5] Eine Darstellung des Putinkults sollte die Absicht der Designer des imaginierten Putin aufdecken, verknüpft mit der Frage nach Übereinstimmung oder Einswerdung von Image und Realität.

Das Phänomen des Putinkults hat mittlerweile das Interesse von Wissenschaftlern aus ganz unterschiedlichen Disziplinen auf sich gezogen, von Politologen, Historikern, Kulturwissenschaftlern und Vertretern der neueren Gender Studies. Für Politologen, West oder Ost, geht es hier ganz klar um eine besondere Form der politischen Legitimierung, die in den ehemaligen Sowjetrepubliken mit unterentwickelten Parteien und autoritärer politischer Kultur keine Seltenheit ist. In solchen Systemen wird politische Legitimität in der Regel über Wahlen hinaus durch Schaffung einer charismatischen Aura um den Staatspräsidenten erreicht. Historiker und Soziologen sehen sich ihrerseits veranlasst, nach Vorformen und Analogien – etwa zum Stalinkult – Ausschau zu halten. Genderforscher hingegen richten ihren Blick auf die mögliche Maskulinisierung der Macht, deren Ursachen und Zielsetzungen. Aus dieser

Sicht erscheint zum Beispiel die Visualisierung Putins als Action-held in Detektivfilmen aufschlussreich. Der russische Journalist Wladimir Solowjow beschrieb gegenüber einem neugierigen briti-schen Publizisten das Image Putins so: «Er ist, wenn Sie so wollen, unser James Bond.»[6]

Alexandra Engelfried hat eine gründlich recherchierte Doktor-arbeit zu dem Thema vorgelegt, mit dem viel versprechenden Titel: *Eine Ikonographie der Macht. Wladimir Putin in Kunst und Mas-senmedien Russlands.* Die Autorin sieht ihre Untersuchung zur «politischen Ikonographie» zwischen Politikwissenschaft und Kunstgeschichte angesiedelt. Tatsächlich leuchtet die Arbeit viele Bereiche breit aus, so die Medienpolitik unter Putin, die massen-mediale Imageproduktion von Putin, weiter Putins Bild in der Porträtkunst und sogar die Vermarktung Putins als Popikone. Zu Recht geht Engelfried davon aus, dass dank der Gleichschaltung der Massenmedien und der hoch entwickelten politischen Techno-logie die von Putin verbreiteten Images aus den Propagandaab-teilungen des Kreml stammen und politische Botschaften übermit-teln. Die Autorin erkennt bestimmte Rollen und Mythologeme, denen sich die offiziellen Werbefotos von Putin zuordnen lassen. Dazu gehören die Figuren des willensstarken Herrschers, des mo-dernen Feldherrn, des siegesgewissen Patrioten, des charisma-tischen Retters und des gottesfürchtigen Zaren und Landesvaters. Eine andere Seite von Putins Führerfigur werde in seinen Rollen als vielseitiger und heldenhafter Sportler sichtbar, ob als Judoka, Schwimmer, Eishockeyspieler oder mit entblößtem Oberkörper hoch zu Ross. Gerade in diesen Posen trete dem Betrachter die gezielte «Demonstration von Macht und Stärke durch maskulin-heroische Bildinszenierungen» und darüber hinaus das Bild von Putin als Sexsymbol entgegen. Demgegenüber sei eine fürsorgliche und schützende Rollenzuschreibung erkennbar, wenn Putin als Tierliebhaber auftritt, ob mit seinen Hunden, beim Füttern von Elchkälbern oder bei dem waghalsigen Versuch, von einem Flug-gerät aus Kranichen in Sibirien den richtigen Weg in den Lüften zu weisen. Bemerkenswert: Putin werde nicht nur als heldenhafter Naturbursche, sondern auch als Künstler, als Maler, Sänger, Kla-

vierspieler und überhaupt als ein Star in Szene gesetzt.[7] Diese breite
Auffächerung aller Begabungen und Fertigkeiten der Ersten Person im Staate lässt den naheliegenden Schluss zu, dass für jedermann ein sympathischer und bewundernswerter Putin im Angebot ist.

Sucht man Abbildungen von Putin, die von dessen staatsmän-
nischer Begabung, von seiner Berufung oder dem Drang, den Staat
zu neuer Stärke zu führen, zeugen, so wird man vor allem auf dem
Kunstmarkt fündig, wie die Autorin zeigt. Es sind insbesondere die
Putinporträts aus den Händen renommierter Künstler wie Nikas
Safronow oder des Künstlerpaars Dmitri Wrubel/Wiktoria Timofejewa, die Putins politische Führerrolle bildhaft in Szene setzen.
Safronow sieht sich durchaus als neuer ‹Hofkünstler›, er arbeitet
nicht im offiziellen Auftrag, sondern biedert seine Produkte nur in
erkennbarer Absicht an. Schon im Jahr 2000 malte er das klassische Herrscherporträt: Putin, der mit ernster Miene vor einem offenen Fenster posiert, das den Blick auf den Herrscherraum mit
Gebäuden staatlicher und kirchlicher Macht freigibt (Abb. S. 49).
2005 porträtierte Safronow Putin in der Aufmachung des französischen Renaissancekönigs François I., so wie dieser um das Jahr
1530 von dem Maler Jean Clouet dargestellt worden war (Abb.
S. 48). Safronows Absicht war es, den Herrscherwillen Putins im
Sinne der von dem französischen König angestrebten Zentralisierung der Macht zu deuten. Putin selbst habe an seiner Darstellung
als Renaissancefürst durchaus Gefallen genommen, meinte der
Künstler.[8] Safronow porträtierte Putin auch als Napoleon, in der
gleichen Herrscherpose wie im zeitgenössischen Präsidentenport-
rät, wobei im Bildhintergrund auch noch das brennende Moskau
zu sehen ist.

Wrubel und Timofejewa schufen gemeinsam ein monumen-
tales, aber kritisches Bildwerk mit dem Titel «2007», auf dem Themen und Akteure der Epoche in einer Collage, verteilt auf zwei
Leinwände, zusammengefasst sind. Zu erkennen sind neben Putin
und anderen namhaften Personen der Öffentlichkeit auch der ge-
fangen gesetzte Oligarch Chodorkowski und der durch Giftmord
umgekommene Alexander Litwinenko. Einem Pressefoto ist das

«Kult gibt es, aber Persönlichkeit fehlt»: Karikatur von Alexei Merinow

Bild Putins entnommen, das diesen beim Training am Schießstand zeigt. Beim Betrachter der Collage entsteht der Eindruck, Putin ziele mit seiner Waffe geradewegs auf Chodorkowski, ein Effekt, der von den Künstlern gewiss gewollt war. Litwinenkos Gesicht wurde hintersinnig in zwei Hälften dargestellt, wobei Wrubel zufolge die eine Hälfte das zivilisierte Europa, die andere hingegen dessen Gegenpol symbolisiert, eine klare Anspielung auf die dunklen Hintergründe des Todes von Litwinenko.[9] Das regimekritische Bildepos «2007» tauchte noch 2012 bei einer Ausstellung in Perm auf, weitere Präsentationen unterblieben.

Vergleiche des neuen Putinkults mit dem Stalinkult brachten grundlegende Unterschiede an den Tag. Während der Stalinkult nur von oben initiiert wurde und klaren Leitlinien zu folgen hatte, zeigt der Putinkult originelle Verbindungen von staatlich verordneten Mustern und von unten ausgehenden Initiativen. Hinzu kommt gelegentlich, wie in der Collage «2007», unverhohlene Regimekritik zum Ausdruck. Gerade in den ersten Jahren der Präsidentschaft Putins löste das Aufkommen des Personenkults als ein neues Element in der politischen Kommunikation Kritik und Verwunderung aus. Alexei Merinow glossierte 2004 das Phänomen, indem er feststellte, dass es tatsächlich einen neuen Personenkult gebe, nur mangele es an der «Persönlichkeit» dafür. Im Russischen sticht diese Pointe sofort, da der Personenkult *kult litschnosti* («Kult

«In einem gesunden Körper wohnt ein gesunder Geist»: Putin-Statue von Surab Cereteli

der Persönlichkeit») heißt. In seinem *Putinki* betitelten Bändchen illustriert der Autor mit großem Witz zum Beispiel den mit Hilfe des Kultes hergestellten Eindruck von der Omnipräsenz Putins im Land.[10]

Die Bilder von Putin, die ihn beim Fischen oder hoch zu Ross mit einem muskelgestählten nackten Oberkörper zeigen, legen eine durchaus ernst gemeinte Vorbildfunktion des sportlichen Führers nahe. So brachte die *Komsomolskaja Prawda* am 15. August 2007 ein großes Foto von Putin in dieser Pose mit der Überschrift: «Werde so einer wie Putin!» Die Zeitung lieferte dazu Anweisungen für bestimmte Leibesübungen, mit denen man sich ähnliche Muskelpakete antrainieren könne. Die Übereinstimmung von körperlicher Stählung und geistiger Gesundheit verkörpert auch die von dem Bildhauer Surab Zereteli geschaffene lebensgroße Bronzestatue von Putin als Judoka mit dem Titel: «In einem gesunden Körper wohnt ein gesunder Geist».[11] Putin selbst sieht sich in den beschriebenen Posen durchaus als Idol für eine gesunde sportliche Lebensweise, das machte er im Gespräch mit dem amerikanischen Fernsehmoderator Charlie Rose deutlich. Auf das Bild des Reiters mit entblößtem Oberkörper angesprochen und gefragt, ob er damit sein Image der Stärke kultiviere, antwortete Putin: «Wissen Sie, jemand in meiner Position muss den Menschen als Vorbild dienen. Und in den Bereichen, in denen ich das kann, muss ich das tun.»[12]

Experten der Gender Studies gehen in ihren Deutungen von den Aufnahmen Putins als sportlicher Tausendsassa und waghalsiger Superman noch viel weiter. Für sie stecken Machokonzepte, ein Kult der Maskulinität und entsprechend misogyne Werthaltungen dahinter, wenn Putin auf einer Harley mit einer Motorradgang, beim Schießen auf einen Tiger oder auf einen Grauwal, beim Sprung in einen Bobschlitten ohne Helm, beim Schwimmen in einem sibirischen Fluss, als Flieger von Jagdbombern, von Löschflugzeugen und in der Nachbarschaft eines gefährlichen Braunbären präsentiert wird. In solchen «public stunts» sieht Valerie Sperling eine Endlosserie von Macho-Aktionen.[13] Tatjana Michailowa spricht von einer «hyperbolischen Kraft der Virilität»[14] und Helena Goscilo von einer «Sexualisierung der Maskulinität».[15] Analogien zu der Figur James Bond seien unübersehbar. In der *Neuen Zürcher Zeitung* tauchte die Meinung auf, in Russland herrsche eine «Macho-Autokratie».[16]

Putin als Rückeroberer

Wie Wladimir Solowjow sieht auch der Geograph Andrew Foxall im Filmhelden James Bond eine durchaus geeignete Assoziation bei der Visualisierung Putins, hält aber den Romanhelden Jack Ryan aus den Thrillern von Tom Clancy für ein noch besser passendes Modell. Für Foxall sind die Bilder von Putin mit entblößtem Oberkörper, ob hoch zu Ross oder im Militärdrilling beim Marsch in der wildromantischen Region Tuwa, noch weit mehr als die Suggestion von Maskulinität. Er erkennt hier ein geopolitisches Skript. Die Bilder von Putin an den wilden Flüssen eines endlosen

Territoriums im Kampf mit den Elementen und manchmal in Gesellschaft der Einheimischen signalisierten Putins Verbundenheit
mit Volk und Land. Die Fotografien seien politisch. So symboli-
siere Putins Besuch auf einer Exkursion von Fotografen mit einer
auf dem Foto erkennbaren Landkarte Russlands die Bedeutung
des riesigen Territoriums: Russland als Territorialstaat mit geopo-
litischen Ansprüchen. Putin selbst versinnbildliche eine «hegemo-
nic masculinity», die sich mit Weltmachtambitionen verbinde. Als
Putin die Leitung der Geographischen Gesellschaft Russlands persönlich übernahm, sprach er Gedanken aus, die Foxalls geopolitischer Theorie Recht zu geben scheinen: «Wenn wir über Russland
reden, sagen wir oft automatisch ‹Großes Russland›», sagte er, und
weiter: «Ich wiederhole, das Ausmaß der Fläche, das Territorium,
die Bevölkerung und die Naturressourcen sind unveräußerliche
Komponenten einer Großmacht.»[17]

Dass die Außenpolitik im späten Putinismus stark von geopoli-
tischem Denken beherrscht war, hatte sich spätestens seit der Annexion der Krim offenbart. Charakteristisch für diese Weltsicht der
russischen Führung war, dass die ehemaligen Sowjetrepubliken
weiterhin als Russlands ‹natürliches› Herrschaftsgebiet galten. Dies
wurde in einem zu Ehren des fünfzehnjährigen Regierungsjubi-
läums Putins produzierten Dokumentarfilm mit dem Titel «Der
Präsident» besonders deutlich. In dem 150 Minuten dauernden
hagiographischen Streifen über all das, was unter Präsident Putin
erreicht worden ist, kommt dieser unter anderem mit der frappie-
renden Ansicht zu Wort, dass Russland sein eigenes Territorium
«freiwillig und bewusst» aufgegeben habe.[18] Damit negiert er zum
einen die tatsächliche Selbstauflösung der UdSSR, zum anderen
bekräftigt er den Herrschaftsanspruch Russlands über alle ehemaligen Sowjetrepubliken. Ein geopolitisches Axiom, das weit über
deren bisherige Einschätzung als Einflusszone hinausgeht.

In gewisser Weise markierte der Film «Der Präsident» einen
Höhepunkt im neuen Putinkult. Putin als weitsichtiger Stratege,
als erfolgreicher Feldherr und geschickter Taktiker. Putin als Rück-
eroberer «russischen» Territoriums und unerschrockener Verteidiger Russlands gegen den Westen. Diese neue Art politischer Legiti-

mierung basierte auf sogenannten außerordentlichen Maßnahmen, auf Krieg und auf der damit einhergehenden nationalistischen Mobilisierung von oben. Nikolai Petrow spricht deshalb von einer erzwungenen politischen Legitimierung, die sich grundlegend von der früher kraft Steigerung des Lebensstandards erzielten hohen Zustimmung der Bürger unterscheide. Durch den Rückgang der Einnahmen aus dem Ölgeschäft entfiel die Legitimierung des Systems über Performanz.[19] Unterdessen war aber die Saat der vielfach propagierten Feindbilder aufgegangen. Mit ihrer Hilfe wurde das Misstrauen gegen den Westen, gegen die USA zumal, in der staatlichen Propaganda bedient. Der Rausch des Sieges in der Ukraine kam hinzu. Wie der Soziologe Lew Gudkow betonte, wurden dabei Bewusstseinsstrukturen aus sowjetischer und vorsowjetischer Zeit reaktiviert. Die nationale Verzückung als Großmacht nach der Eingliederung der Krim habe das chronische Gefühl der Demütigung und der Verwundbarkeit voll kompensiert. Außerdem lebten die Menschen noch in der Erwartung, die zwischen 2002 und 2012 erfahrene materielle Verbesserung des Lebensstandards, die Putin zugeschrieben wurde, werde unweigerlich wieder zurückkommen.[20]

Als Reaktion auf die von EU und USA verfügten Sanktionen, die eigentlich dazu gedacht waren, den Kreml zum Einlenken im Ukrainekonflikt zu zwingen, stellte sich noch ein anderes Phänomen ein, das Gefühl, in trotziger Abwehrhaltung zusammenstehen zu müssen. Die Bevölkerung scharte sich in der Tat umso enger um ihren Führer Putin.[21] Die Zustimmungswerte stiegen weiter. Beobachter sahen darin den Ausdruck von starken, für archaische Herrschaftssysteme typisch paternalistischen Bewusstseinsstrukturen. Andere Autoren, so der amerikanische Putinkritiker Steven Blank, hoben als erstrangige Wirkung des Personenkults den Infantilismus und die politische Apathie in der Gesellschaft hervor.[22]

Mächtige Silowiki und eine neue Nationalgarde

So wie Putins Statur nach der Krim-Annexion in der Bevölkerung gewachsen war, so wurde auch seine Autorität im Elitenkartell, d. h. im Syndikat oder im informellen Politbüro, gestärkt. Schließlich hatte er den militärischen Erfolg gemeinsam mit seinen Silowiki erreicht. Während diese deshalb auch ihre eigene Stellung im Syndikat festigen konnten, verringerte sich das Gewicht der Oligarchen. Dies nicht zuletzt deswegen, weil sie von den Sanktionen der EU und der USA in ihren Einkünften und Geschäftsmöglichkeiten tatsächlich bis ins Mark getroffen waren. Dem von der Nachrichtenagentur Bloomberg erstellten Index der Milliardäre zufolge hatten die einundzwanzig reichsten Unternehmer Russlands im Jahr 2014 einen Gesamtbetrag von 61 Milliarden US-Dollar verloren, ein Viertel ihres zusammengerechneten Vermögens. Vor diesem Hintergrund war es nicht überraschend, dass schon Anfang 2015 Medienberichte über Veränderungen in Putins «Politbüro» auftauchten. Es hieß, Putin habe seine engste Umgebung auf die kleine Gruppe der radikalen Silowiki reduziert, die sich für die Separatisten in der Ostukraine einsetzten. Zu ihnen wurden der Sekretär des Sicherheitsrates, Nikolai Patruschew, der Leiter des Inlandsgeheimdienstes, Alexander Bortnikow, der Leiter des Auslandsgeheimdienstes, Michail Fradkow, Verteidigungsminister Sergei Schoigu sowie Innenminister Wladimir Kolokolzew gezählt. Hingegen seien die Oligarchen an den Rand gerückt, sie gelangten nicht mehr bis zu Putins Ohr.[23]

Dass Putin zusammen mit seinem engeren Zirkel an Geheimdienstlern in den Sicherheitsstrukturen weiterhin die wichtigste Stütze seines Regimes sah, wurde in der Einrichtung einer neuen Nationalgarde deutlich. Die Gründung der Garde wurde im Frühjahr 2016 beschlossen. Im Sommer wurde sie förmlich aus der Taufe gehoben. Es handelt sich um ein neues föderales Sicherheitsorgan in der Größenordnung von 350 000–400 000 Personen. Dazu wurden Truppen des Innenministeriums und der Sonderpolizei OMON zusammengelegt. Laut Gesetz soll die neue militärische Formation dem «Schutz der öffentlichen Ordnung und Sicherheit» dienen. Putin berief sich vor allem auf einen wirksameren Kampf gegen den Terrorismus, zumal Russland seit Beginn seines militärischen Engagements in Syrien Ende September 2015 noch stärker von islamistischen Terrorgruppen bedroht sei. Beobachter sehen hingegen in der neuen Einrichtung ein wichtiges Bollwerk gegen die mögliche Entstehung eines russischen Maidan oder auch gegen etwaige konspirative Widerstandszentren, die sich innerhalb des Syndikats gegen Putins Führung bilden könnten. Jedenfalls bot sich die neue Garde als ein praktischer Hebel an, mit dessen Hilfe der ständige «Krieg der Dienste» in Schach gehalten werden konnte.[24]

An die Spitze der neuen Garde berief Putin den zweiundsechzigjährigen Wiktor Solotow, der ihm bedingungslos ergeben war und dem umgekehrt Putin völlig vertraute. Solotow stand bisher den Truppen des Innenministeriums vor, zuvor hatte er dreizehn Jahre lang als Führer der Leibgarde des Präsidenten gedient. Kommentatoren meinten, Putin schaffe sich mit der neuen Nationalgarde nicht nur ein persönliches Heer an, sondern auch ein Gegengewicht zu dem Inlandsgeheimdienst FSB, der stark an politischem Gewicht hinzugewonnen hatte. So gesehen geht es einmal mehr um «checks and balances» à la russe. Wie Margarete Klein analysiert, stärkt die nur Putin untergeordnete Nationalgarde dessen Position als oberster Schiedsrichter aller «Organe» und Kremlgruppen. Schon aufgrund der neuen Einrichtung müssten die Kompetenzen unter den Diensten ein weiteres Mal verteilt werden. Indem Putin «die Karten im polyzentrischen Gefüge der Sicherheitsstrukturen neu mischt, schürt er institutionelle Konkurrenz und Unsicherheit» – zu seinem eigenen Vorteil.[25]

Auffällig erscheint, dass der Nationalgarde auch die militärischen Kader Ramsan Kadyrows unterstellt wurden, womit dem notorischen Drang des Tschetschenenführers nach Alleingängen offensichtlich ein Riegel vorgeschoben werden sollte. Letztendlich wird mit der neuen «Prätorianergarde» wohl vor allem zweierlei beabsichtigt: zum einen eine generelle Stärkung der Silowiki, zum anderen eine Verbesserung der gegenseitigen Kontrollen in diesem Lager.

Panama Papers und De-Offschorisazija

Zur gleichen Zeit, als die Nationalgarde auf den Weg gebracht wurde, machten aus heiterem Himmel die sogenannten Panama Papers Schlagzeilen. Die Pfeilspitzen dieses Unternehmens, das von einem Konsortium international agierender investigativer Journalisten zur Aufdeckung weltweiter Korruption initiiert wurde, waren nicht zuletzt gegen die millionenschweren Vertreter des Putin-Syndikats gerichtet. Die Untersuchungen brachten ans Licht, dass in den vergangenen Jahren mindestens 2 Milliarden Dollar von kremlnahen Geschäftsleuten über Scheinfirmen außer Landes und zum Teil wieder ins Land zurückgeschleust worden seien. Darüber sowie über die in Panama aufgedeckten Offshore-Konten und Briefkastenfirmen berichteten die *Süddeutsche Zeitung*, die an der Untersuchung beteiligt war, und die internationale Presse überhaupt im Frühjahr 2016 ausführlich. Im April 2017 wurden sie dafür mit dem renommierten Pulitzer-Preis ausgezeichnet. Die staatlichen russischen Fernsehkanäle übergingen die Affäre zunächst. Doch war auch die kritische *Nowaja Gaseta* an der Aktion beteiligt. Als Beschuldigungen gegen mutmaßliche russische Missetäter auch in Moskau publik wurden, setzte hier eine robuste Gegenoffensive «gegen die Informationsattacke auf den Präsidenten», wie sich Putins Sprecher ausdrückte, ein. Der Kreml wies entschieden alle Verdachtsmomente über die etwaige Betroffenheit russischer Wirtschaftspotentaten, von Vertretern der Putinführung oder gar von Putin selbst zurück. Putins Sprecher Peskow beschuldigte die Journalisten, im Auftrag des amerikanischen Geheimdienstes zu arbeiten.[26]

Auch Putin selbst schob jeglichen Verdacht weit von sich. Er konnte zu Recht geltend machen, er komme in den Panama Papers ja nicht vor. Putin stellte sich vor seinen Freund, den Cellisten Sergei Roldugin. Die westlichen Presseberichte hatten in Erwägung gezogen, dass dieser möglicherweise als Strohmann für den Geldtransport zugunsten Putins fungiert haben könnte. Putins Kommentar dazu: «Da ist nichts.» Im Rahmen seines Bürgerdialogs

«Direkter Draht» räumte Putin ein, dass die Veröffentlichungen an sich «keine falschen Informationen» über Offshore-Firmen enthielten. Er sei stolz auf solche Menschen wie Roldugin, der sein ganzes Geld «in den Erwerb von Musikinstrumenten im Ausland investiert und diese dann nach Russland gebracht» habe. Der Musiker habe sich sogar persönlich verschulden müssen, um die wertvollen antiken Geigen und Celli bezahlen zu können.[27] Die Abwehrfront gegen die Unterstellungen und Suggestionen in den Panama Papers weitete sich aus. Regierungsvertreter verwahrten sich gegen den Vorwurf der Einrichtung russischer Offshore-Unternehmen, dies sei ein grundsätzlich legaler Vorgang. Sie machten nicht zu Unrecht geltend, dass es schon seit langem zu Putins Wünschen und Forderungen gehörte, die russischen Oligarchen zur *«de-offschorisazija»*, das heißt zur Auflösung ihrer Offshore-Konten und zur Heimbringung ihres Kapitals, zu drängen.

Putin sprach ausdrücklich seine Vermutung aus, dass hinter der Pressekampagne die USA stünden. Diese wollten Unruhe stiften und interessierten sich nicht für die wahren Probleme in der Welt. Die gegen ihn gerichteten Vorwürfe seien ein Angriff auf das ganze Land. Die Anschuldigungen seien unpassend und ungerecht. Im gleichen Atemzug parierte Putin die Angriffe mit Russlands jüngsten Verdiensten um die Bewahrung des Weltfriedens. So habe Russland durch sein militärisches Engagement in Syrien gezeigt, dass es in der Lage sei, «geopolitische Probleme zu lösen».[28] Diese Aussage unterstreicht, wie sehr es Putin darauf ankam, die unleugbare Rolle des Landes als erstarkter Weltmacht in den Vordergrund zu rücken und von so lästigen Nebenthemen wie den Enthüllungen der Panama Papers abzulenken.

Der Kremlkritiker und Gründer einer Stiftung zur Korruptionsbekämpfung, Alexei Nawalny, zeigte sich nach Veröffentlichung der Panama Papers über verdeckte russische Transaktionen davon überzeugt, dass man jetzt der Wahrheit über schmutzige Insidergeschäfte, Geldwäsche und den Transfer von Geldern von Freunden Putins an weitere Freunde und zuletzt an diesen selbst näher gekommen sei. In Nawalnys Büro belustigte man sich über die offizielle Tendenz, das Problem von Briefkastenfirmen und Offshore-

Gesellschaften ganz wegzureden. In der verlogenen Haltung der Regierung erkenne man die folgende widersprüchliche Logik: «Wir haben keine Offshore-Firmen. Die anderen haben auch alle welche!»[29] Der wahren «Logik» lag freilich die Verschmelzung von politischer und wirtschaftlicher Macht als einem der konstituierenden Grundmerkmale des Regimes zugrunde. Alle Versuche von außen, dieses Fundament ins Wanken oder gar zum Einsturz zu bringen, waren deshalb wenig erfolgversprechend.

Nur wenige Tage nach dem kurzen Aufruhr über die Panama Papers landete erneut ein Querschuss aus dem Ausland in den Toren des Kreml. Diesmal ging es um Verhaftungsbefehle der spanischen Justiz für zwölf russische Bürger, darunter etliche Personen aus Putins Umgebung wie der Stellvertretende Premierminister Dmitri Kosak. Er hatte bisher im Ruf eines respektablen, vergleichsweise unbescholtenen Putin-Mitstreiters gestanden, der schon seit gemeinsamen Tätigkeiten in Petersburg an dessen Seite war. Die spanischen Justizbehörden monierten die Zusammenarbeit der Beschuldigten mit Organen der russischen Mafia, darunter dem Mafiapaten Gennadi Petrow aus Tambow.[30] In dieser Sache reagierte der Kreml ohne offizielle Stellungnahme. Diskret wurden Vertreter der russischen Staatsanwaltschaft nach Spanien mit dem Vorschlag beordert, die Rechtsverfolgung der Beklagten in eigene Hände zu übernehmen. [31]

Farblose Dumawahlen 2016

Nennenswerte Konsequenzen für eine etwaige Umbildung der politischen Führung waren weder von den spanischen Verhaftungsbefehlen noch von den Panama Papers zu erwarten. Selbst die anstehenden Wahlen hatten keine unmittelbare Bedeutung für das regierende Syndikat, konnten aber als Anlass zu Umbesetzungen in den staatlichen Führungsriegen genutzt werden. Jedenfalls arbeiteten die Medien darauf hin, die Wähler auf den sogenannten «einheitlichen Wahltag» am 18. September 2016 positiv einzustimmen, wenn auch ohne großen Drive. Ohne triftigen Grund waren die Dumwahlen vom anberaumten Wahltermin im Dezember auf Ende September vorverlegt worden. Gleichzeitig wurden in neununddreißig «Subjekten» regionale Parlamentswahlen und noch sieben regionale Oberhäupter und Stadtparlamente gewählt. Die Parlamentswahlen folgten einem neuen Wahlrecht, das bereits vor 2003 gegolten hatte. Die Stimmen wurden zur Hälfte über Parteilisten und zur anderen Hälfte in Direktwahlen ermittelt. Dies machte die Unterstützung handverlesener Kandidaten möglich.[32] Im Ergebnis siegte in den September-Wahlen erwartungsgemäß das «Einige Russland». Die Partei erhielt 54,2 Prozent des Wählervotums, mit gebührendem Abstand gefolgt von den Kommunisten mit 13,3 Prozent und Schirinowskis «Liberaldemokraten» mit 13,2 Prozent. Das «Gerechte Russland» erreichte nur 6,2 Prozent. Die Oppositionsparteien blieben chancenlos, da ihre Kandidaten bereits bei der Aufstellung und Registrierung ins Hintertreffen gesteuert wurden.[33]

Während der Kreml mit dem Wahlergebnis als solchem durchaus zufrieden war, blieb die Wahlbeteiligung stark hinter den Erwartungen zurück. Dies mochte auch der Vorverlegung der Wahlen geschuldet sein. So rutschte die Phase der Wahlkampfmobilisierung in die Sommerferien. Dies war möglicherweise ein Kalkül, um überhitzte Reaktionen, wie sie Ende 2011 zu Massenprotesten geführt hatten, von vornherein zu deckeln. Für die Russische Föderation insgesamt lag die Wahlbeteiligung bei 47,8% gegenüber 60% im Jahr 2011. In den Großstädten lag sie deutlich darunter, in Moskau bei 41,3%, in Sankt Petersburg bei 40,38%. Es kam hinzu, dass das «Einige Russland» hier und in Regionen Sibiriens einen Stimmenanteil von nur 12–15% verbuchen konnte. Demgegenüber zeigten sich die Bürger in den autonomen Republiken Tschetschenien und Tatarstan mit einem Stimmenanteil von etwa 90% als besonders treue Anhänger der «Partei der Macht». Diese geradezu sowjetischen Ergebnisse lagen dort an einer starken Mobilisierung der Wähler von oben.

Hans-Henning Schröder hob in seiner Wahlanalyse zu Recht hervor, dass die generell niedrige Wahlbeteiligung damit zu tun hatte, dass das politische System nicht über eine Verbindung von

wlast (Macht) und *narod* (Volk) verfüge.[34] Mit der farblosen, büro-
kratisch geprägten Partei «Einiges Russland» können sich die
Menschen in der Tat kaum identifizieren. So komme es, dass die
Bevölkerung mit der politischen Führung nur über den Putinkult
verbunden sei, der – wie gezeigt – seit der Annexion der Krim
noch stärker in den Vordergrund getreten war. Je mehr die künstlich geschaffenen politischen Parteien ihre Schwäche offenbaren,
umso wichtiger war es, den Putinkult weiterhin erfolgreich zu be-
dienen. Umgekehrt war Putin für seine Machtabsicherung auch
auf die Zustimmung in Form eines Wählervotums angewiesen.

Das Kaderkarussell dreht sich: Junge Technokraten

Noch wichtiger für Putins Machterhalt war es, eine Balance zwischen den unterschiedlichen Elitegruppen, von den Liberalen bis
hin zu den Ultranationalisten, aufrechtzuerhalten. Davon zeugten
die im Laufe des Jahres 2016 vollzogenen Umbildungen und Neu-
besetzungen in den Sicherheitsorganen wie auf den Kommando-
stellen der staatlichen Bürokratie. Es begann damit, dass im August 2016 Sergei Iwanow seines hohen Amtes als Vorsitzender der
Präsidialadministration, wie es hieß auf eigenen Wunsch, entbunden wurde. Die Nachricht schlug wie eine Bombe ein, war Iwanow
doch von Anfang an in Putins engster Entourage und galt als politisches Schwergewicht. Der ehemalige KGB-Generalleutnant hatte
eine Reihe herausragender Staatsposten bekleidet. Nun wurde er
mit einem neu geschaffenen Amt, dem eines «Sondervertreters für
Fragen des Naturschutzes, der Umwelt und des Transports», wenig
gnadenvoll abgefunden. Es war eine klare Degradierung. Er blieb
immerhin noch Mitglied des Sicherheitsrates, der sich schon unter
Jelzin und dann erst recht unter Putin als höchste offizielle Macht-
institution behauptet hatte. Iwanows Nachfolger an der Spitze der
Administration wurde einer seiner Stellvertreter, Anton Waino.[35]
  Während offiziell kein Grund für die Entlassung Iwanows genannt wurde, kursierten Gerüchte, dahinter stünden Uneinigkei-
ten mit Putin über die Ukrainepolitik.[36] Vielleicht sei Iwanow auch

im ständigen Konkurrenzkampf der Sicherheitsorgane unter die
Räder gekommen, habe sich der gegnerische Klan mit Wiktor
Solotow an der Spitze durchgesetzt. Tatsächlich lieferten sich die
verschiedenen Sicherheitsapparate gerade im August 2016 auffäl-
lige Hahnenkämpfe, die auch an die Öffentlichkeit gelangten. Dies
erinnerte an den von Tscherkessow kritisierten «Krieg aller gegen
alle», der 2007 über die internen Konflikte der Silowiki publik
wurde. Wie schon damals, machten auch diesmal Verhaftungen
Schlagzeilen. So wurden etliche hochrangige Mitarbeiter des Innenministeriums und des Strafermittlungskomitees wegen des
Verdachts der Korruption verhaftet. Man munkelte, dass Alexander Bastrykin an der Spitze des Strafermittlungskomitees abgelöst
werden könnte, wovon freilich nicht das erste Mal die Rede war.
Das brisanteste aller Gerüchte bezog sich auf die etwaige Zusammenlegung aller Sicherheitsorgane im Rahmen eines allmächtigen
Ministeriums für Staatssicherheit ähnlich dem sowjetischen KGB.
Die Gerüchte wurden jedoch wieder zerstreut. Was blieb, war der
Eindruck, dass die Hydra der bestehenden Sicherheitsorgane weiter dabei war, sich selbst zu zerfleischen. Damit beschädigte sie
aber ihre Funktion als institutionelle Stütze und als eine der Quellen der Legitimation für das Regime.[37]

Ein spürbar neuer Wind wehte im Herbst 2016 in der Personalpolitik des Präsidenten. Dabei wurden drei Tendenzen sichtbar:
eine Rotation unter den obersten Silowiki und Staatsbeamten,
Berufungen von Persönlichkeiten mit konservativ patriotischer
Schlagseite und ein allgemeiner Trend zur Verjüngung der Kader.
Letzteres brachte ähnliche Bewegungen unter Gorbatschow wie
unter Jelzin in Erinnerung. Beide waren von dem Gedanken fas-
ziniert gewesen, Jugendlichkeit als solche bürge für Effizienz und
politische Durchsetzungskraft. Darüber hinaus kam dabei die für
die politische Kultur des Landes typische Verwechslung von Politik
mit staatlicher Verwaltung zum Vorschein. Schon in der Sowjetunion hatte man mit dem Begriff «Politik» etwas Anrüchiges und
Willkürliches verbunden. Daran änderte sich wenig. Jelzin hatte
Putin zum Beispiel als neuen Typ eines tüchtigen «Verwaltungs-
fachmannes» präsentiert. Putin selbst bezeichnete sich gerne als

«Manager». Noch unter Jelzin und später zumal unter Medwedew wurden wieder wie in der UdSSR «Reserven» für Verwaltungskader angelegt und gefördert. Darin spiegelte sich die geradezu reflexartige Ablehnung des politischen Pluralismus und der dazugehörigen Rekrutierung verantwortungsvoller Politiker aus politischen Parteien. Im postsowjetischen Russland blieb es bei der Rekrutierung von staatlichen Spitzenpositionen aus einem Pool von Beamten, nunmehr unter der modischeren Bezeichnung als «Manager». Putins neue junge «Manager» zeigten sich jedoch – ganz ähnlich wie die Gründerväter des Regimes – zumeist gut mit der herrschenden Nomenklatura aus dem hohen Beamtentum wie aus dem Big Business vernetzt oder auch verwandt. Die Symbiose von Wirtschaft und Politik lebte auch unter den neuen Kadern fort.

Genau das traf auf den neuen Leiter der Präsidialadministration zu. Mit Anton Waino wurde ein 44-jähriger ehemaliger Diplomat in die Leitung der Administration geholt. Er entstammte einer estnischen Nomenklatura-Familie und brachte Erfahrungen in diversen Staatsapparaten, zuletzt im Protokolldienst, mit. Er war Teil der unter Medwedew angelegten «ersten Hundertschaft» in der Kaderreserve gewesen und besaß von Anfang an gute Verbindungen zur Geschäftswelt. Während sein Vater Eduard ab 2009 Vizepräsident des Automobilherstellers Awtowas war, saß Sohn Anton seit 2014 in seiner Funktion als Stellvertretender Leiter der Präsidialadministration im Aufsichtsrat von Rostec, einem Konsortium, zu dem auch Awtowas gehört. Von Anton Waino ist auch bekannt, dass er in unmittelbarer Nachbarschaft von Sergei Tschemesow, der Nr. 1 in Putins informellem Politbüro, auf einem eigenen Grundstück wohnt und außerdem eine Immobilie in einem vornehmen Moskauer Yachtklub besitzt. Waino tritt uns also in jeder Hinsicht als typischer Repräsentant der Elitekader im späten Putinismus entgegen. Fabian Burkhardt sieht in ihm ein klassisches Beispiel für eine Beamtenkarriere im heutigen autoritären System, das sich durch «techno-bürokratische wie durch kleptoneopatrimoniale Elemente» auszeichne. «Drehtüren» zwischen Bürokratie und Staatswirtschaft würden dafür sorgen, dass «Technokraten» auch als Agenten von Partikularinteressen fungieren.[38]

Im Rahmen einer weiteren Neubesetzung machte der bisherige Erste Stellvertretende Vorsitzende der Präsidialadministration, Wjatscheslaw Wolodin, Platz für eine Persönlichkeit, die auf den ersten Blick auch den neuen «Technokraten» zugerechnet werden könnte: Sergei Kirijenko, der sich schon unter Jelzin einen Namen in der großen Politik verschafft hatte. Jelzin hatte ihn 1998 zum Premierminister auserkoren, aus der Überzeugung heraus, er müsste einen jungen und begabten «Verwaltungsspezialisten ohne gegenwärtige Bindungen an irgendwelche Parteien oder Bewegungen» an die Spitze der Regierung bringen. Sein Kandidat habe auch keinerlei Beziehungen zu den «Oligarchen» jener Jahre. Kirijenko, damals Energieminister in der Regierung Tschernomyrdin, wurde im Alter von 36 Jahren gegen beträchtlichen Widerstand des Parlaments zum Ministerpräsidenten berufen. Er ging als «Kinderüberraschung» in die politischen Annalen ein, durchaus unter Anspielung an die bekannten Schokoladeneier gleichen Namens.[39] Kirijenko bekleidete auch unter Putin hohe Ämter. 2007 übernahm er die Leitung der staatlichen russischen Atomenergiebehörde Rosatom. Als Putin ihn nun zum neuen Ersten Stellvertreter des Leiters der Präsidialadministration berief und ihn für die Innenpolitik zuständig machte, löste dies in liberalen Kreisen freudige Erwartungen in ein mögliches politisches «Tauwetter» aus. Experten kommentierten hingegen, Kirijenko werde in erster Linie die erneute Präsidentschaftskandidatur Putins im Jahr 2018 vorbereiten und das gute Funktionieren der jüngsten Kaderrotationen überwachen.[40]

Im November 2016 legte die Mintschenko Consulting-Agentur den Bericht über die jüngste Zusammensetzung von Putins «Politbüro» vor. Es waren diesmal wieder acht Personen, und zwar in der folgenden Rangordnung: 1) Sergei Tschemesow, Chef des Hochtechnologiekonzerns Rostec und Freund Putins aus Dresdner Zeiten, 2) Juri Kowaltschuk, Aufsichtsratsvorsitzender der Bank Rossija, 3) Verteidigungsminister Sergei Schoigu, 4) Ministerpräsident Dmitri Medwedew, 5) Wjatscheslaw Wolodin, neuer Vorsitzender der Staatsduma, 6) Igor Setschin, Vorstandsvorsitzender der staatlichen Ölgesellschaft Rosneft, 7) Arkadi Rotenberg, Unternehmer,

8) Sergei Sobjanin, Oberbürgermeister von Moskau. Wie man sieht, teilten sich Vertreter des Business auf der einen Seite und Vertreter der höchsten staatlichen Ämter auf der anderen Seite zu gleichen Anteilen in die höchste Macht. Zu den Anwärtern auf eine Vollmitgliedschaft im neuen «Politbüro» wurden der Kommandeur der neuen Nationalgarde, Wiktor Solotow, sowie die Spitzenvertreter der Administration, Waino und Kirijenko, gerechnet.[41]

Jewgeni Mintschenko selbst urteilte über die von seiner Agentur erstellte Rangliste der Mächtigen, dass es sich grundsätzlich weiterhin um die alte Garde von Oligarchen und Silowiki handele, nur in neuer Mischung. Die Autoren des Berichts unterstreichen, dass es der Wunsch Putins sei, nicht zur Geisel seiner Umgebung zu werden. Deshalb sei der Präsident bestrebt, das Politbüro selbst in seiner Macht zu schwächen, um seine nächste Präsidentschaft auf einer neuen Machtkonstellation aufzubauen. Deshalb teste Putin junge Aufsteiger aus, «Prinzlinge» aus Elitefamilien, die sich selbst als Technokraten definierten. Zu ihnen sei Anton Waino zu zählen, weiter Alexei Djumin, Gouverneur der Region Tula, Andrei Worobjow, Gouverneur der Region Moskau, und auch Dmitri Manturow, Minister für Industrie und Handel.[42] Die Autoren des Berichts stellten auch in Rechnung, dass Putin für seine nächste Amtszeit wieder Schwung in die Kontakte zum Westen bringen möchte. Dabei könnte etwa der systemliberale frühere Finanzminister Alexei Kudrin behilflich sein. Andrei Kolesnikow vom Moskauer Carnegie-Zentrum ist überzeugt, dass die gefügigen neuen Bürokraten jeden politischen Kurs Putins mittragen würden, ganz im Unterschied zu dem bisherigen Syndikat aus Oligarchen und alten Gefährten aus den «Organen». Allerdings wird Putin, Kolesnikow zufolge, auch künftig nicht auf seine Silowiki verzichten. Putin sieht nur in der Einbeziehung von Geheimdienstlern überhaupt eine effiziente Regierung. Außerdem muss er ja an die Gewährleistung seiner persönlichen Sicherheit denken. Putin ist heute nicht mehr auf unabhängige und korrupte Figuren angewiesen. Er stört sich auch nicht an den Reichtümern seiner mitregierenden Oligarchen, solange diese diskret damit umgehen und den ihnen gestellten Aufgaben nachkommen. Putin schafft sich jetzt das Umfeld, das ihm Sicherheit gibt und Konflikte in seinem inneren Kreis minimiert. Kolesnikow zufolge sind heute die Falken (die Silowiki) für Politik und Außenpolitik verantwortlich, die Tauben (die Liberalen) für die Wirtschaft, das Business, das Budget und die Steuerpolitik. Die Falken sind allerdings eher als die Tauben in Klankriege involviert. Alle zusammen unterstützen die «Heimholung» der Krim. So weit die Analyse von Andrei Kolesnikow.[43]

Wie stabil ist das System Putin?

Wie alle diese Tendenzen zu einer neuen inneren Ausbalancierung der politischen Kräfte zeigen, hat der nach dem Ende der Sowjetunion begonnene Staatsbildungsprozess immer noch keinen klaren Abschluss gefunden. Die demokratischen Institutionen wurden nicht abgeschafft, jedoch stark unterhöhlt. Wie die jüngsten Wahlen offenbart haben, sind die Bürger immer weniger an politischer Teilhabe interessiert. Deswegen grübeln die Kremlregisseure jetzt darüber nach, welchen «Sinn» und welchen Drive man den Präsidentschaftswahlen 2018 geben könnte, um eine höhere Wahlbeteiligung zu erzielen. Wie die Jugendproteste Ende März 2017 an den Tag brachten, haben Themen wie soziale Gerechtigkeit und Kampf gegen die Korruption durchaus das Potenzial zur Mobilisierung. Wie aber lässt sich die Lösung gerade dieser Probleme seriös und entschlossen angehen, ohne die Grundfesten des Regimes selbst ins Wanken zu bringen? Nicht selten ist Korruption als das politische System schlechthin beschrieben worden, und nicht nur als eine seiner besonders herausragenden Schwächen.

Wie stabil ist das Regime des späten Putinismus überhaupt? Kundige Politologen gehen in ihren Meinungen darüber auseinander. Nikolai Petrow etwa hält das Regime für gänzlich reformunfähig. Die Machtpyramide stehe auf dem Kopf. Die exzessive Zentralisierung der Macht habe das Regime instabil und ineffizient gemacht. Zur politischen Legitimierung sei man auf immer neue militärische Siege angewiesen. Vertraute und altgediente Mitstrei-

ter hätten Putins inneren Kreis verlassen. Sie würden durch «Syko-
phanten und Diener» ersetzt. Mit solchen «Höflingen» sei kein
Staat zu machen. Auch das Management der Eliten mit Hilfe der
notorischen «Handsteuerung» schaffe keine Stabilität, im Gegenteil. Petrow verweist dabei auf die willkürlich erscheinenden Ent-
lassungen von Gouverneuren oder Oligarchen der ersten Stunde.
Er sieht in diesen Ereignissen in erster Linie den Ausdruck eines
allgemeinen Niedergangs des Systems.[44]

Tatsächlich häuften sich seit Herbst 2016 Vorgänge, die typische
Schwachstellen des Regimes bei Kompetenzkonflikten oder strit-
tigen Eigentumsansprüchen ans Licht brachten. Die Hintergründe
der Affären blieben zumeist im Dunkeln. Ebenso unterblieben
nachvollziehbare Klarstellungen vor der Öffentlichkeit. Besonders
beunruhigend erschien das Drama um den Rauswurf des «Systemliberalen» Alexei Uljukajew, des amtierenden Ministers für wirtschaftliche Entwicklung, im November 2016.[45] Dieser hatte sich gegen die Privatisierung des Ölunternehmens Baschneft und dessen
feindliche Übernahme durch das staatliche Unternehmen Rosneft
gewehrt. Angaben des Strafermittlungskomitees zufolge habe Uljukajew für seine Zustimmung zu dem Deal hohe Bestechungs-
gelder gefordert. Bei solchen Gerüchten drängt sich die Frage auf,
ob sich in dem Fall einmal mehr der Chef von Rosneft, das langjährige «Politbüro»-Mitglied und Putins enger Vertrauter, Igor
Setschin, mit den üblichen Mitteln des «Rejderstwo» zuletzt durchgesetzt hat oder welche sonstigen Faktoren in die Affäre hinein-
wirkten. Waren nur einzelne oder vielleicht sogar alle beteiligten
Akteure korrupt? Alexei Nawalny sieht das als gegeben an. Das
beweise dann nur die Richtigkeit der Annahme, das System als
solches stehe für Korruption.[46] Für den Politologen Petrow war die
Affäre nur ein weiteres Symptom im unaufhaltsamen Niedergang
des Regimes.

Demgegenüber vertreten andere Politologen wie Gleb Pawlowski und Tatjana Stanowaja die Meinung, das System verfüge
noch über ausreichende Stabilitätsmechanismen. Pawlowski gibt
sich überzeugt, das Regime werde seinen Schöpfer und «Meister»
Putin gewiss überleben. Das von Alena Ledenova als «Sistema» be-

zeichnete Regime der informellen Strukturen und die einem Kodex folgenden und tief verinnerlichten Verhaltensweisen der politischen und ökonomischen Akteure seien durchaus robust und überlebensfähig.[47] Beide Autoren verweisen auf die für den Systemerhalt wichtigen Leistungen seitens halboffizieller «Kuratoren».[48] Diese seien von der politischen Führung mit der verantwortlichen Ausführung bestimmter politischer Aufgaben und diversen Kompetenzen beauftragt. Tatsächlich üben sie staatliche Hoheitsfunktionen aus. Stanowaja nennt sie die «Arbeitspferde» des Regimes. Moskaus Oberbürgermeister Sobjanin habe sich zum Beispiel um alle Probleme Moskaus zu kümmern, Kadyrow um diejenigen Tschetscheniens. Als besonderen Kurator auf Zeit habe Putin etwa Wladislaw Surkow im Donbass eingesetzt. Bisweilen würden ganze Institutionen besondere Aufträge erhalten. So wurde der Sicherheitsrat damit betraut, sich um die Importsubstitutionen zu kümmern, die als Antwort auf die Sanktionen notwendig wurden. Eine Aufgabe weitab vom Kompetenzkatalog des Organs.

Die beiden Experten Stanowaja und Pawlowski stimmen darin überein, dass sich Einrichtungen wie das Kuratoren-System verselbständigt hätten. Im Fall einer Implosion des Putin-Regimes würden sie weiter funktionieren. Stanowaja ist sich sicher, dass das System erst dann kollabieren wird, wenn von oben wie von unten eine entsprechende Nachfrage besteht. Das System werde aber auch dann ähnlich weiter funktionieren. Wenn es Putin nicht mehr geben sollte, werde es eben einen neuen Putin geben. Augenblicklich sei die Nachfrage nach dem bestehenden Putin-System jedoch noch groß. Die hohe Zustimmung zu Putin persönlich sei weiterhin der Zement des Regimes. Was aus den verschiedenen «Putinismen» werde, die vor allem während Putins jüngster Präsidentschaft so sehr ins Kraut geschossen waren – Antiamerikanismus, Nationalismus, Populismus, Konservatismus und Paternalismus –, das sei noch eine offene Frage. Der Grad der Verinnerlichung all dieser Ismen wird in der regimekritischen Presse schon seit einer Weile diskutiert. Zugespitzt formuliert: Wird aufgrund der Wirtschaftskrise und folglich der Verteuerung der Lebenshaltungskosten das Bewusstsein der Menschen stärker von den kargen

Inhalten des eigenen Kühlschranks oder immer noch von den Propagandatiraden im staatlichen Fernsehen geprägt? Wie Wladimir Gelman in seinem Bericht über das Jahr 2016 feststellt, hat immer noch das Fernsehen die Oberhand über den Kühlschrank.[49]

Eine ganze Reihe kritischer Beobachter sehen ernsthafte Turbulenzen im Land und schließen auch revolutionäre Ereignisse nicht aus. Diese könnten unterschiedliche Formen annehmen, wiederkehrende Proteste, einen breiten Volksaufstand, eine lang anhaltende Krise ohne Aufstand, schließlich «eine Revolution in den Köpfen der Menschen und nicht auf den Straßen», so die Meinung von Waleri Solowjow.[50] In solchen Überlegungen spielt das magische Datum der Revolutionen von 1917 durchaus eine Rolle. Die politische Führung demonstriert indessen offenes Desinteresse gegenüber dem historischen Jahrestag, scheinen die damaligen epochalen Umbrüche doch so gar nicht zu der heute hochgehaltenen Konzeption einer «positiven Geschichte» zu passen.

Umwertung der Geschichte: Gründungs- und Siegesmythen

Tatsächlich gehört eine ganz neue Geschichtspolitik zu den auffälligen Entwicklungen im späten Putinismus. Diese wurde von oben in Gang gebracht gemäß der Vorstellung, eine neue, möglichst positive Sicht auf Russlands Geschichte könne bei der fortdauernden Suche nach Russlands Identität ebenso wie bei der politischen Legitimierung des Regimes Hilfestellung leisten. Putin forderte bereits im Februar 2013 die Einführung eines einheitlichen Lehrbuchs für den Geschichtsunterricht.[51] Das im Herbst vorgelegte Lehrbuchkonzept stand vor allem im Zeichen der Verteidigung von Russlands imperialer Vergangenheit. Symptomatisch die Veränderungen in den Gründungs- und Siegesmythen als Fundamenten staatlicher Geschichtspolitik: Zu den Siegesmythen von 1812 gegen Napoleon und 1945 gegen Hitlerdeutschland trat jetzt noch das Jahr 1612 gegen die Polen als neuester Mythos von Russlands Unbesiegbarkeit hinzu.[52] Putin erklärte Russland dann auch noch zum eigentlichen Sieger im Ersten Weltkrieg. Dieser verdiente Sieg sei dem Land aufgrund von Verrat in den eigenen Reihen gestohlen worden, so Putin.[53]

Zu dieser Sequenz nationaler Siege über äußere Feinde passten hingegen die Vorgänge im Revolutionsjahr 1917 so gar nicht. Präsident Putin äußerte sich kritisch über die Erfahrungen Russlands mit Volksaufständen. «Eine Weltrevolution hatten wir nicht nötig», meinte er unwirsch und schob das Thema «1917» akademischen Kreisen zur Beschäftigung zu. Er beauftragte ein Sonderkomitee mit der Organisation von Seminaren und Konferenzen. Sehr viel entschiedener wehrte Kulturminister Wladimir Medinski (Jahrgang 1970) das Gedenken an historische Revolutionsdaten ab. Er sei überzeugt, dass schon die erste Revolution von 1917, die sogenannte Bürgerliche Februarrevolution, die ganz großen Gefahren vor Augen geführt habe, die von einer liberalen Regierung zu erwarten wären.[54]

In den letzten Jahren wurde immer deutlicher, dass man mittlerweile die Geschichte aus der Wissenschaft herausgeholt und in die Propagandamaschine des Landes eingebaut hatte, um sie hier in den Dienst der Wiederbelebung des Nationalstolzes und zugleich der politischen Legitimierung zu stellen. Dieser Trend wurde seit der Rückholung der Krim besonders deutlich. Schon die Annexion war als «natürliche» Wiedervereinigung und Wiederherstellung historischer Gerechtigkeit ausgegeben worden. Dabei ignorierte man die lange Herrschaft der Krimtataren wie überhaupt den multiethnischen Charakter der Halbinsel. Moskau ging es vor allem darum, den Russen «die Perle des Imperiums» wiederzubringen.[55] In diesem wie in anderen Fällen wurde die neue offizielle Version der Geschichte zu einem Schlüsselinstrument, um die öffentliche Meinung zu beeinflussen.

Das neue «positive» Geschichtsbild machte es erforderlich, auch die Stalinzeit neu zu bewerten. So kam es zu einer peinlich ausbalancierten Neueinschätzung der positiven und der negativen Seiten der Stalinschen Politik. Um etwaige positive Seiten glaubwürdiger herauszuarbeiten, wurde die Bedeutung der Sowjetideologie für Stalin vollkommen marginalisiert. Hervorgehoben wurde stattdessen, dass Stalin den russischen Staat zu einem der beiden mächtigsten der Erde gemacht habe. In der neuen Geschichtskonzeption schrumpfte die UdSSR zu einer relativ kurzen Epoche in der tausendjährigen Geschichte Russlands zusammen, die mit der mittelalterlichen Kiewer Rus begonnen haben soll. Der mit Stalin verbundene Siegesmythos im Zweiten Weltkrieg musste allerdings unbedingt aufrechterhalten werden. Dahinter trat der stalinistische Terror im eigenen Land zurück. Dass der Sieg über Hitlerdeutschland der zentrale Gründungsmythos für das neue postsowjetische Russland blieb, wurde bei den überbordenden Feierlichkeiten anlässlich des «Siegestages» zum 70. Jahrestag im Jahr 2015 besonders nachvollziehbar. [56]

Jens Siegert hat gezeigt, welche Tücken in einer nicht wissenschaftlich verantworteten Aufarbeitung der Geschichte liegen können. So müssten vertraute patriotische Legenden weiter hochgehalten werden, auch wenn sich herausstellen sollte, dass Legende und Realität auseinanderklafften. Das wurde in der Mär über die Heldentaten der «Panfilowzy» offenkundig. In der offiziellen Geschichtsversion wehrte die 316. Schützendivision unter Generalmajor Iwan Panfilow den deutschen Angriff etwa 100 Kilometer vor Moskau heldenhaft ab. Eine Untereinheit von achtundzwanzig Mann habe dabei in einem vierstündigen Kampf achtzehn deutsche Panzer vernichtet. Alle achtundzwanzig Mann seien gefallen. Sie hätten ihren heldenhaften Abwehrkampf auf keinen Fall aufgeben wollen, um die hinter ihnen liegende Stadt Moskau zu beschützen. Entgegen den ersten sowjetischen Darstellungen ergab es sich aber bald, dass einige der totgesagten Helden wieder unter den Lebenden auftauchten. Berichte darüber verschwanden unter Stalin in den Archiven. Während Gorbatschows Glasnostpolitik wurde die Sache jedoch publik. Im Juni 2015 löste das Thema auf einem Moskauer Kongress heftige, emotional geführte Debatten aus, wollten sich doch so manche Teilnehmer ihre Helden nicht nehmen lassen. Daraufhin dekretierte Kulturminister Medinski, dass an die «epischen Sowjethelden» die gleichen Maßstäbe anzulegen seien wie an christliche Heilige. Das heißt, dass an ihrem Heldenstatus entgegen besserem Wissen nicht gerüttelt werden dürfe. Jens Siegert schloss daraus, dass für die heutigen

Herrscher Russlands die Geschichte «eben keine Wissenschaft, sondern lediglich eines der Schlachtfelder im (geo)politischen Kampf» sei.[57]

Global Player: Russland in Syrien und in der Welt

Vor diesem Deutungshorizont der russischen Geschichte bot die Intervention Moskaus in Syrien beträchtlichen Stoff, um den Nationalstolz weiter anzuheizen. Am 30. September 2015 stimmte der für die Zustimmung zu Auslandseinsätzen der russischen Streitkräfte zuständige Föderationsrat einstimmig dem Antrag des Präsidenten zu Russlands militärischem Engagement in Syrien zu. Putin berief sich auf ein Hilfegesuch des syrischen Präsidenten und auf die Notwendigkeit, den internationalen Terrorismus zu bekämpfen. Gewiss war die Initiative keineswegs nur eine Propagandaaktion im Sinne einer militärischen «show of force», um zuhause und in der Welt Eindruck zu schinden. Die Strategie reichte viel weiter. Die militärische Unterstützung des syrischen Präsidenten Assad hatte vorwiegend das Ziel, den USA Russland als Verhandlungspartner mehr oder weniger aufzuzwingen. Russland etablierte sich tatsächlich als ein wichtiger Spieler im Nahen Osten.[58]

Putin konnte sich jetzt sogar als Weltfeldherr inszenieren, was den Choreographen des Putinkults gut zupass kam. Der ganzen Welt wurde Russlands unbezweifelbare Rolle als globaler Akteur vorgeführt. In westlichen Hauptstädten war vermehrt zu hören, dass ohne Russland kein wichtiges internationales Problem gelöst werden könne. Genau das stand in Russlands außenpolitischer Doktrin vom Februar 2013, und genau auf dieses respektvolle Echo zielte Moskaus Syrienpolitik. In Russland selbst brachte das Thema Syrien frischen Wind in die langsam abflauende patriotische Mobilisierung nach der Annexion der Krim.

In den letzten Jahren debattierte man in politischen wie in akademischen Kreisen verstärkt über die Frage nach Russlands neuem Platz in der Welt und darüber hinaus über eine wünschenswerte neue Weltordnung überhaupt. Damit verband sich die weiterhin

Kein Mitleid mit James Comey: Wladimir Putin erklärt am 10. Mai 2017 vor einem Eishockey-Showmatch in Sotschi, dass ihn der Rauswurf des FBI-Chefs durch Donald Trump kalt lässt.

unbeantwortete Frage nach Russlands nationaler Identität. Wenig überraschend meldete sich dazu der russische Außenminister Sergei Lawrow zu Wort, etwa im März 2016 in einem ausführlichen, wissenschaftlich verbrämten Artikel in der Zeitschrift *Russia in Global Affairs*. Hans-Henning Schröder hat die Kernsätze aus dem Beitrag und damit die heutige Sicht des Kreml auf das Land und auf die Welt pointiert zusammengestellt, ebenso die Erwartungen Moskaus an die Haltung des internationalen Umfelds gegenüber Russland. Da geht es zuallererst um die Anerkennung Russlands als Großmacht und als einen der führenden Staaten der Welt, weiter um die Mitsprache Russlands in Europa, auf der Moskau besteht.[59] Dessen ungeachtet beansprucht man einen kulturell-zivilisatorischen Sonderweg für sich. Klipp und klar wird erklärt, dass sich Russland dem Wertekanon der EU, der Helsinki-Schlussakte und der Charta von Paris nicht zu beugen beabsichtige. Dies erscheint umso merkwürdiger, als doch Moskau an den beiden letztgenannten Dokumenten selbst mitgewirkt hatte. Eine Kooperation zwischen Russland und der EU ebenso wie zwischen Russland und den USA sei nur «auf Augenhöhe» möglich. Die inneren Verhältnisse Russlands dürften nicht vom Ausland kritisiert werden. Schröder folgerte aus alledem, dass Lawrow mit seiner Epistel wohl in erster Linie der ihm gestellten Aufgabe nachkam, die einstige Größe des Landes zu beschwören und dabei von inneren Schwierigkeiten abzulenken. Insofern dient die Botschaft des Außenministers vor allem der politischen Legitimierung, weniger der Einladung zum Dialog in der internationalen Politik.

Während der russische Außenminister die Präferenzen des Kreml in der Welt recht kategorisch vertrat, hörte man von anderen bekannten Experten der russischen Außenpolitik ganz unterschiedliche Töne. Andrei Kortunow versuchte zum Beispiel von den Erwartungen Moskaus nach dem Ende des Kalten Krieges her verständlich zu machen, warum die russische Seite im Umgang mit dem Westen immer wieder eine gleichrangige Behandlung fordere. Russland habe von einer Konvergenz geträumt, nicht davon, dass der Westen den Osten absorbiere. Im Umgang mit der EU seien von diesem Gedanken nur die «Vier Gemeinsamen Räume» übrig geblieben. Es habe sich als eine Illusion erwiesen, dass Russland zu einem gleichrangigen Partner der Europäischen Union werden könne. Gleiches gelte für das Verhältnis Russlands zur NATO. Letztlich liege die Forderung nach «Gleichheit» in den tatsächlichen Asymmetrien zwischen beiden Seiten begründet, dies sowohl in der Wirtschaft als auch in Sicherheitsfragen. Russland sei verzweifelt darum bemüht gewesen, das Abrutschen in den Rang einer peripheren Macht zu verhindern. Im Grunde spiegele sich in dem russischen Beharren auf «Gleichheit» ein tief sitzendes imperiales Trauma.[60]

Während Kortunow den russischen Habitus in der Welt aus zeithistorischer Sicht nachvollziehbar machte, ging Sergei Karaganow, eine weitere Autorität im Feld russischer Außenpolitik, noch über Lawrows apodiktische Forderungen hinaus. War Karaganow in Putins erster Präsidentschaft als feuriger Verfechter der damaligen Westorientierung des Kreml hervorgetreten, so verdammt er heute den Westen auf das Schärfste. Dabei scheint seine Kritik weit hergeholt, wenn er etwa geltend macht, der Westen sei in seinem Versuch, der ganzen Welt einen «Postmodernismus» und «Ultraliberalismus» aufzuzwingen, kläglich gescheitert. Die EU bleibe im Übrigen eine «politische Null», solange sie auf der gemeinsamen, untereinander abgestimmten Politik ihrer Mitglieder beharre und die Entscheidungen nicht diesen einzeln überlasse. Wie man sieht, missversteht Karaganow das Wesen der EU ganz grundsätzlich. Der Autor kann sich andererseits gar nicht genug über Russlands Erfolge in der Welt begeistern, sei es in der Ukraine, sei es in Syrien. Immer wieder zitiert er einen Satz aus Tolstois Werk *Krieg und Frieden*: «Eine Schlacht wird von denen gewonnen, die zum Sieg fest entschlossen sind.» Bei der wiederholten Lektüre dieser Passage sei ihm klar geworden, dass Russland über diese Entschlossenheit verfüge, deshalb sei dem Land der Sieg sicher. Kraft seines Engagements im Nahen Osten habe Russland jetzt nachweislich wieder den Status eines Global Player erreicht. Russlands künftiger Platz in der Welt sei der einer «Pazifisch-Atlantischen Macht». Eine neue Weltordnung müsse aus mehreren Polen bestehen. Ein Pol gebühre den USA, ein anderer dem Größeren Eurasien, in dem China der Wirtschaftsführer sein werde. Peking werde ausbalanciert durch Gegengewichte in Moskau, Neu Delhi, Tokio, Seoul, Teheran, Jakarta und Manila. Für die Zukunft brauche es anstelle des in die Jahre gekommenen UN-Sicherheitsrats ein neues «Konzert der Mächte», ähnlich dem Wiener Kongress. Es könne mit den drei Mächten Russland, China und USA beginnen.[61]

Wie Karaganows etwas exaltierter Beitrag zu Russlands Identitätsdebatte deutlich macht, hat die nationale und militärische Mobilisierung auch vor akademischen Vertretern der politischen Elite nicht Halt gemacht. In vielerlei Hinsicht drängen sich Vergleiche zu den intensiven Identitätsdiskursen der neunziger Jahre auf, als die «Erfindung Russlands» schon einmal auf dem Programm stand und äußerst kontroverse Debatten über den wünschenswerten Platz Russlands in der Welt ausgetragen wurden. Im Unterschied dazu scheinen viele Beiträge heute der vom Kreml vorgegebenen Linie zu folgen oder noch über diese hinauszugehen, wie im Fall Karaganows. Man muss sich dabei vergegenwärtigen, dass es seit Beginn des späten Putinismus keinen politischen Pluralismus mehr gab. Deshalb dienten und dienen die Debatten über Russlands neue Geschichtsbilder und die Stellung des Landes in der Welt als freilich unvollkommener und zugleich mit Phantastereien ausgeschmückter Ersatz für den fehlenden politischen Diskurs.

Wladimir Lukin gehört zu den wenigen herausragenden Köpfen der russischen Außenpolitik, die sich nicht von den offiziell gehandelten Identitätsidolen mitziehen lassen. Als erfahrener Diplomat, politischer Liberaler der ersten Stunde, Menschenrechtsbeauftragter und Akademiker mokiert er sich auf erfrischende Weise über Russlands disparaten Kurs in der Innen- wie in der Außenpolitik. Den Hauptgrund dafür sieht er in dem Umstand, dass sich das Land erst im Anfangsstadium seiner Identitätssuche befinde. Seiner Meinung nach wäre für die nationale Selbstidentifizierung eine klare Zuordnung zu einem bestimmten, kulturell und historisch uniformen Ganzen vonnöten, und zwar in Raum und Zeit, im individuellen und im kollektiven Unterbewusstsein. Seit den Anfängen eines postsowjetischen Staates sei es das größte Problem gewesen, sich im Verhältnis zu seinen Vorgängern, der Sowjetunion und dem zaristischen Russland, zu verorten. Lukin zufolge konnte als einziger «legitimer» Vorgänger des postsowjetischen Landes der demokratische Staat angesehen werden, der nur von Februar bis November 1917 existierte. Es sei völlig logisch und selbstverständlich gewesen, dass Russland nach der Revolution vom August 1991 die Rückkehr zur «internationalen Gemeinschaft» und zur Familie der westlichen zivilisierten Nationen eingeschlagen habe. Dies markierte allgemein den Triumph der Demokratie, das Ende der bipolaren Welt und den entscheidenden Sieg der «europäischen Werte in der Welt». Diese Orientierung Russlands brachte es mit sich, dass die imperiale, die zaristische und die kommunistische Vergangenheit verworfen wurde.

Lukin fackelt nicht lange herum. Er hält die ominöse Forderung nach Gleichrangigkeit im Umgang des Westens mit Russland für absurd. Die heutige Version der Selbstidentifizierung schaffe die kafkaeske Situation einer virtuellen Bipolarität bei Fehlen des realen bipolaren Hintergrunds. Die von Russland erwirtschafteten 1,5 Prozent des weltweiten BIP würden von den Verteidigern einer neuen Bipolarität – und darunter versteht Lukin die offizielle Kremlpolitik – als hinreichender Grund für eine Rundumkonfrontation mit einem Gegner angesehen, der mehr als 40 Prozent des globalen BIP (USA plus EU) generiere. Der heute so idealisierten und mythologisierten Vergangenheit des Landes stellt Lukin seine dezidierte Aussage entgegen, dass Russland ohne alle Zweifel zu Europa gehöre. [62]

Bei allen Unterschieden in der Einschätzung von Russlands nationaler Identität und seinem wünschenswerten Platz in der Welt scheint es einen nationalen Richtwert zu geben, auf den sich offizielle Meinungsmacher wie akademische Meinungsträger und schließlich die einfachen Bürger gewiss einstimmen und verpflichten ließen: die offizielle Aufforderung zum russischen Patriotismus, zur Identifikation mit Russland als neuem Nationalstaat schlechthin, ungeachtet seiner multiethnischen Zusammensetzung.

Die Zauberformel des Patriotismus bietet ganz unterschiedliche Identifikationen an. Ein «Verfassungspatriotismus» im Sinne eines aktiven Bekenntnisses zu den auch in Russland verbrieften freiheitlich-demokratischen Grundwerten hat wohl derzeit nur wenig Konjunktur. Zu sehr wurden diese Werte von der gesteuerten öffentlichen Meinung als westliches ideologisches Gebräu dämonisiert. Andererseits ist es auch der jetzigen politischen Führung klar, dass sie selbst – und dies ganz im Interesse der Festigung ihrer eigenen Macht – umsteuern muss, grundlegende Strukturreformen in Wirtschaft und Politik in Gang bringen muss, um so dem Land und seiner Gesellschaft reale Zukunftsperspektiven zu verschaffen. Dazu bräuchte es gar keine besonders einschneidenden Kehrtwendungen mit der Gefahr des abrupten Legitimitätsverlustes. Vielmehr käme es in erster Linie darauf an, die schon lange parat stehenden Systemreformer, etwa Alexei Kudrin, in die Regierung einzubinden. Der nationale Führer Putin selbst, der sich anschickt, für die Präsidentschaft 2018 erneut zu kandidieren, hätte es durchaus in der Hand, das Schiff wieder in eine andere Richtung zu lenken, dem Patriotismus ein neues, modernes Gesicht zu geben. Es gehört gerade zu den Vorteilen eines Propagandastaates und einer politischen Führerherrschaft der Marke «Putinismus», diesen verdeckten Weg aus der Sackgasse eines vorgeblichen Konservatismus in Richtung einer inneren Liberalisierung und breiteren Öffnung des Landes zu gewährleisten.

ANHANG

Abkürzungen

EWU	Eurasische Wirtschaftsunion, Ewrasijski Ekonomitscheski Sojus
FSB	Federalnaja Sluschba Besopasnosti, Inlandsgeheimdienst
Golos	«Die Stimme», Nichtregierungsorganisation
GRU	Glawnoje Raswedywatelnoje Uprawlenije, Hauptverwaltung für Aufklärung
Jabloko	«Apfel», Akronym aus den Namen der Parteigründer G. Jawlinski, Ju. Boldyrew, W. Lukin, demokratische Partei
KGB	Komitet Gossudarstwennoi Besopasnosti, sowjetischer Geheimdienst
KPdSU	Kommunistische Partei der Sowjetunion
KPRF	Kommunistische Partei der Russischen Föderation
LDPR	Liberaldemokratische Partei Russlands
Naschi	«Die Unsrigen», Jugendorganisation
OMON	Otrjad Mobilny Osobogo Nasnatschenija, Mobile Einheit mit besonderer Bestimmung
ONF	Obschtscherossijski Narodny Front, Allrussische Volksfront
OSK	Obedinjonnaja sudostroitelnaja korporazija, United Shipbuilding Corporation (USC)
PARNAS	Partija Narodnoi Swobody, Partei der Volksfreiheit
Rodina	«Heimat», nationalistische Partei
RSPP	Russki Sojus Promyschlennikow i Predprinimatelei, Russische Union der Industriellen und Unternehmer
RT	ursprünglich: Russia Today, englischsprachiger russischer Fernsehsender
SK	Sledstwenny Komitet, Strafverfolgungsbehörde
SWR	Sluschba Wneschnei Raswedki, Auslandsgeheimdienst
Tscheka	Tschreswytschajnaja Komissia, Außerordentliche Kommission für den Kampf gegen Konterrevolution und Sabotage
Waldai	Waldai Meschdunarodny Diskussionny Klub, Internationaler Diskussionsklub Waldai
WEB	Wneschekonombank, Außenwirtschaftsbank
WTB	Wneschtorgbank, Außenhandelsbank
ZK	Zentralkomitee (der Kommunistischen Partei)
ZIK	Zentralnaja Isbiratelnaja Komissija, Zentrale Wahlkommission

Anmerkungen

Einleitung: Putinismus als Herrschaftssystem

1 Heinrich Vogel: Manifestation der Macht. Russland und der Putinismus, in: Zeitschrift für Außen- und Sicherheitspolitik ZFAS (2015) 8:177–183 DOI 10.1007/s12399-015-0500-x, S. 177–183.

2 Lev Gudkov: The Nature of «Putinism», in: Russian Politics and Law, vol. 49, Nr. 2, März – April 2011, S. 7–33.

3 Boris Nemzow / Wladimir Kara-Murza: Ugrosa Putinisma, Nesawisimaja Gaseta, 22.1.2004.

4 Vgl. Tamas Csillag / Ivan Szelenyi: Drifting from Liberal Democracy: Traditional / Neoconservative Ideology of Managed Illiberal Democratic Capitalism in Post-communist Europe, in: Intersections. East-European Journal of Society and Politics I (1), S. 18–48.

5 Süddeutsche Zeitung, 19./20.12.2015.

6 Walter Laqueur: Putinismus. Wohin treibt Russland? Berlin 2015, S. 12, 18 f.

7 Brian Taylor: The Code of Putinism, www.ponarseurasia.org/memo/code-putinism, November 2015.

8 Alena V. Ledeneva: Can Russia Modernise? Sistema, Power Networks and Informal Governance, Cambridge University Press 2013.

1. Von Jelzin zu Putin: Wie der Kreml zur Geisel der Geheimdienste wurde (1991–2000)

1 W. Portnikow: Lizo wlasti ili wlast liz w Rossii? In: Nesawisimaja Gaseta, 22.2. 1994.

2 Margareta Mommsen: Wer herrscht in Russland? Der Kreml und die Schatten der Macht, München 2004, 2. Aufl., S. 16 ff.

3 Lilia Schewzowa / Igor Kljamkin: Eta Wsesilnaja bessilnaja wlast. Wybornaja monarchia w Rossii i jewo polititscheskaja perspektiva, in: Nesawisimaja Gaseta, 24./25.6.1998.

4 M. Mommsen: Wohin treibt Russland? Eine Großmacht zwischen Anarchie und Demokratie, München 1996, S. 293.

5 Hans-Henning Schröder: Gesellschaft im Umbruch. Schichtung, demografische Entwicklung und soziale Ungleichheit, in: Heiko Pleines / Hans-Henning Schröder (Hrsg.): Länderbericht Russland, Bonn 2010, S. 361–378.

6 Vgl. M. Mommsen: Wer herrscht in Russland?, S. 43.

7 Vgl. David E. Hoffman: The Oligarchs. Wealth and Power in the New Russia, 2. Aufl., New York 2011.

8 M. Mommsen: Wohin treibt Russland?, S. 296.

9 Vgl. M. Mommsen: Das politische System Russlands, in: Wolfgang Ismayr (Hrsg.): Die politischen Systeme Osteuropas, 3. Aufl., Wiesbaden 2010, S. 423.

10 M. Mommsen: Wer herrscht in Russland?, S. 43.

11 Ebd., S. 37 f.; dieselbe: Wohin treibt Russland?, S. 163.

12 Ebd., S. 33.

13 Ebd., S. 242 ff.

14 Wladimir Gelman: Föderalismus, regionale Politik und kommunale Selbstverwaltung in Russland, in: Heiko Pleines / Hans-Henning Schröder (Hrsg.): Länderbericht Russland, a. a. O., S. 99 ff.

15 Timothy Colton: Yeltsin. A Life, New York 2008, S. 259.

16 M. Mommsen: Wer herrscht in Russland?, S. 55.

17 J. Malkin / J. Sutschkow: Polititscheskie Technologii, Moskau 2006, S. 35 ff.

18 Ulrich Schmid: Technologien der Seele. Vom Verfertigen der Wahrheit in der russischen Gegenwartskultur, Berlin 2015, S. 15.

19 Ebd., S. 17.

20 Neil Malcolm: New Thinking and After: Debate in Moscow about Europe, in: Ders. u. a. (Hrsg.): Russia and Europe: An End to Confrontation? London / New York 1994, S. 151–181.

21 Vgl. M. Mommsen: Die europäische Union und Russland, in: Werner Weidenfeld (Hrsg.): Europa-Handbuch, 3. Aufl., Gütersloh 2004, S. 482–502.

22 M. Mommsen: Wer herrscht in Russland?, S. 136 ff.

23 Ebd., S. 148 ff.

24 Stefanie Harter, Jörn Grävingholt, Heiko Pleines, Hans-Henning Schröder (Hrsg.): Geschäfte mit der Macht. Wirtschaftseliten als politische Akteure im Russland der Transformationsjahre 1992–2001, Bremen 2003, S. 137 ff.

25 Ben Judah: Fragile Empire. How Russia Fell in and out of Love with Vladimir Putin, Newhaven und London 2013, S. 25.

26 Boris Jelzin: Presidentski Marafon, Moskau 2000, S. 254.

27 Michail Sygar: Endspiel. Die Metamorphosen des Wladimir Putin, Köln 2015, S. 17.

28 Vgl. M. Mommsen: Wer herrscht in Russland?, S. 180 ff.

29 Ebd., S. 189 ff.

30 Strobe Talbott: The Russia Hand. A Memoir of Presidential Diplomacy, New York 2002, S. 6 ff.

31 Boris Jelzin: Presidentski Marafon, S. 311 ff.

32 Jewgenij Primakow: Wosem mesjazew pljus, Moskau 2001, S. 212 ff.

33 Boris Jelzin: Mitternachtstagebuch. Meine Jahre im Kreml, Berlin und München 2000, S. 319.

34 Ebd. S. 285.

35 M. Mommsen: Wer herrscht in Russland?, S. 95 f.

36 Z. B. Georgi Satarow im Interview mit dem Moskowski Komsomolez, 23.11.2015.

37 Vgl. Michail Sygar: Endspiel, S. 219.

38 M. Mommsen: Wer herrscht in Russland?, S. 88 f.

39 Ebd., S. 95 f.

40 Fiona Hill / Clifford G. Gaddy: Mr. Putin. Operative in the Kremlin, Washington 2013, S. 9 ff.

41 N. Geworkjan / A. Kolesnikow / N. Timakowa: Ot Perwogo Liza. Razgowory s Wladimirom Putinym, Moskau 2000, S. 16 ff.

42 Georgi Satarow im Gespräch mit Olga Chwostunowa, Institute of Modern Russia, http://imrussia.org, 12.8.2015.

43 Masha Gessen: Der Mann ohne Gesicht – Wladimir Putin. Eine Enthüllung, München 2012.

44 Michael Thumann: «Vielen Dank, meine Herren!» Interviewtermin mit Wladimir Putin: So höflich ging Russlands neuer Präsident 1999 mit Journalisten um, Die Zeit, 15.2.2016, S. 16.

45 M. Mommsen: Wladimir Putin – Zerstörer der Demokratie und Begründer einer Oligarchie der Geheimdienste, in: Ellen Bos/Antje Helmerich (Hrsg.): Zwischen Diktatur und Demokratie. Staatspräsidenten als Kapitäne des Systemwechsels in Osteuropa, Berlin 2006, S. 33.

46 Vgl. Andrew Wilson: Virtual Politics. Faking Democracy in the Post-Soviet World, Suffolk 2005, S. 49 ff.; vgl. auch Michail Sygar: Endspiel, S. 20 ff., 394 f.

47 Zitiert nach Ben Judah, Fragile Empire, S. 47 f.

48 Ebd., S. 41 ff., 48 f.

49 M. Mommsen, Wer herrscht in Russland?, S. 90 ff.

50 Vgl. Arkadij Ostrovsky: The Invention of Russia. The Journey from Gorbachev's Freedom to Putin's War, London 2015, S. 267 ff.

51 Wiktor Tscherkessow, Kommersant, 9.10.2007, siehe dazu später mehr.

52 Nesawisimaja Gaseta, www.ng.ru/politics/1999–12–20/4_millenium.html.

53 Ebd.

54 Der Spiegel Nr. 2/2000, 10.1.2000.

55 Vgl. Karen Dawisha: Putin's Kleptocracy. Who owns Russia? New York, London, Toronto, Sydney, New Delhi 2014, S. 261.

56 M. Mommsen: Wer herrscht in Russland?, S. 101.

57 Michail Sygur: Endspiel, S. 25 ff.

58 M. Mommsen: Wladimir Putin – Zerstörer der Demokratie, S. 41.

2. Das System: Starker Präsident und informeller Pluralismus (2000–2007)

1 M. Mommsen: Wer herrscht in Russland?, S. 100 f.

2 Karen Dawisha: Putin's Kleptocracy, S. 268.

3 Margareta Mommsen / Angelika Nußberger: Das System Putin. Gelenkte Demokratie und politische Justiz in Russland, München 2007, S. 24 f.

4 M. Mommsen: Wer herrscht in Russland?, S. 98 ff.

5 Witali Tretjakow, in: Federal News Service, 3.10.2003.

6 M. Mommsen / A. Nußberger, S. 24.

7 Boris Kagarlitsky: The Man without a Face, Moscow Times, 27.8.2002.

8 Bettina Sengling / Johannes Voswinkel: Die Kursk. Tauchfahrt in den Tod, München 2001, S. 204 ff.

9 Angus Roxburgh: Strongman. Vladimir Putin and the Struggle for Russia, London, New York 2013, S. 58.

10 Vgl. David E. Hoffman: The Oligarchs. Wealth and Power in the New Russia, New York 2011, S. 474 ff.

11 M. Mommsen: Das politische System Russlands, S. 460.

12 D. E. Hoffman: The Oligarchs, S. 488 f.

13 M. Mommsen / A. Nußberger: Das System Putin, S. 53.

14 Ben Judah: Fragile Empire, S. 41.

15 Andreas Heinemann-Grüder: Putins Reform der föderalen Strukturen, in: Osteuropa (50), Heft 9/2000, S. 979–990.

16 M. Mommsen: Das politische System Russlands, S. 465 ff.

17 Ebd., S. 432 ff.

18 Ebd., S. 447.

19 M. Mommsen: Oligarchie und Autokratie, in: Osteuropa (60), Heft 8, August 2010, S. 36 f.

20 Vladimir Gelman: Authoritarian Russia. Analyzing Post-Soviet Regime Changes, Pittsburgh 2015, S. 91 f.

21 Ben Judah: Fragile Empire, S. 121; Karen Dawisha: Putin's Kleptocracy, S. 92.

22 K. Dawisha, ebd., S. 92 ff.

23 Andrei Piontkovsky: The Dying Mutant, in: Journal of Democracy 20, Nr. 2, April 2009, S. 52 f.

24 M. Mommsen / A. Nußberger: Das System Putin, S. 67 ff.

25 M. Mommsen: Wer herrscht in Russland?, S. 104.

26 Pavel K. Baev: The Evolution of Putin's Regime. Inner Circles and Outer Walls, in: Problems of Post-Communism, (51), Nr. 6, November-Dezember 2004, S. 5.

27 Karen Dawisha: Putin's Kleptocracy, S. 308.

28 Ivan Krastev / Gleb Pavlovsky, Tatiana Zhurzhenko: The Politics of no Alternatives or How Power Works in Russia, Interview mit Gleb Pavlovsky, Eurozine/Transit, S. 1–21. Europäische Revue, http://www.eurozine.com/articles/2011–06–09-pavlovsky-en.html.

29 M. Mommsen / A. Nußberger: Das System Putin, S. 139.

30 M. Mommsen: Oligarchie und Autokratie, S. 26.

31 Ebd., S. 41.

32 Alena V. Ledeneva: Can Russia Modernise? Sistema, Power Networks and Informal Governance, Cambridge 2013; dieselbe: How Russia Really Works. The Informal Practices that Shaped Post-Soviet Politics and Business, Ithaca und London 2006.

33 Vadim Kononenko / Arkady Moshes (Hrsg.): Russia as a Network State. What Works in Russia when State Institutions Do Not? Basingstoke, Palgrave 2011, S. 5 f.

34 Olga Krystanovskaya / Stephen White: The Formation of Russia's Directorate, in: V. Kononenko / A. Moshes, Russia as a Network State, S. 19–38.

35 Pawlowski im Interview mit Krastev u. a., Eurozine/Transit, a. a. O., S. 14.

36 Karen Dawisha: Putin's Kleptocracy, S. 293 ff.

37 Boris Reitschuster: Putins verdeckter Krieg. Wie Moskau den Westen destabilisiert, Berlin 2016; Balint Magyar: Post-Communist Mafia State. The Case of Hungary, Budapest 2016.

38 Margareta Mommsen: Machtkämpfe und Intrigen beim Wechsel von Kasjanow zu Fradkow, in: Russlandanalyse 20, Forschungsstelle Osteuropa, Bremen, 19.3. 2004.

39 Michail Sygar: Endspiel, S. 80–82.

40 Mikhail Zygar: All the Kremlin's Men. Inside the Court of Vladimir Putin, New York 2016, S. 75.

41 M. Mommsen: Wladimir Putin – Zerstörer der Demokratie, S. 45.

42 Pawlowski im Interview mit Krastew u. a., a. a. O., S. 22.

43 Mikhail Zygar: All the Kremlin's Men, S. 41.

44 M. Mommsen: Wladimir Putin – Zerstörer der Demokratie, S. 47 f.; Uwe Hal-
bach: Beslan – eine Zäsur? In: Russland-Analysen Nr. 42, 22.10.2004.
45 Ebd., S. 48 f.
46 M. Mommsen / A. Nußberger: Das System Putin, S. 42.
47 Petra Stykow: Staat und Wirtschaft in Russland. Interessenvermittlung zwischen Korruption und Konzertierung, Wiesbaden 2006, S. 140.
48 M. Mommsen / A. Nußberger: Das System Putin, S. 26.
49 Mikhail Zygar: All the Kremlin's Men, S. 91 ff.
50 Margareta Mommsen: Surkows «Souveräne Demokratie», in: Russland-Analysen Nr. 114, 20.10.2006.
51 Wladimir Pribylowski: A Tercermundial Sovereign Oligarchy, in: Russkii Zhur-
nal, 13.10.2006.
52 M. Mommsen: Plebiszitärer Autoritarismus in Russland: Der Wandel seit 2000,
in: Jerzy Mackow (Hrsg.): Autoritarismus in Mittel- und Osteuropa, Wiesbaden
2009, S. 244 f.
53 Ebd., S. 245.
54 Mikhail Zygar: All the Kremlin's Men, S. 107 ff.
55 Ebd., S. 108.
56 Ebd., S. 118 ff.
57 Lilija Ševcova: Ende einer Epoche. Russlands Bruch mit dem Westen, in: Osteuropa (58), S. 65 ff.
58 Sergei Iwanow, zitiert nach Moscow Times, 20.8.2004.
59 M. Mommsen / A. Nußberger: Das System Putin, S. 77 ff.
60 Mikhail Zygar: All the Kremlin's Men, S. 146.
61 Rossijskaja Gaseta, 17.10.2007.
62 Interfax, 16.10.2007.
63 Nesawisimaja Gaseta, 12.10.2015.
64 M. Mommsen: Das politische System Russlands, S. 428 ff.

3. Das Tandem Putin-Medwedew und die Krise
des Putin-Syndikats (2008–2012)

1 Wiktor Tscherkessow: Nelsja dopustit, chtoby woiny prewratilis w torgowzew,
in: Kommersant, 9.10.2007.
2 Pavel K. Baev: Infighting among Putin's Siloviki Escalates to a «Clan War», in:
Jamestown Foundation Eurasia Daily Monitor, www.jamestown.org, 11.10.2007.
3 Brian Whitmore: Russia: As Elections Near, Rivalries in Putin Circle Heat up,
RFE / RL, 15.10.2007.
4 Vladislav Inozemtsev: Nature and Prospects of the Putin Regime, in: Russian
Social Science Review (50), Nr. 1, Januar/Februar 2009, S. 40–60; Jewgenija Al-
baz über Kryschtanowskaja, The New Times, 16.10.2007.
5 Wedomosti, 10.10.2007: Ordinary Chekism; Smart Money Nr. 39: The General
and his Article, 15.–21.10.2007.
6 Kommersant, 23.1.2006.
7 Olga Khrystanovskaya, The New Times, Moskau 21.4.2008. Siehe dazu Peter
Reddaway: Putin's Rule: Its Main Features and the Current Diarchy: Their Inci-
pient Unraveling as the Economic Crisis Deepens, 18.2.2009, PBReddaway@cs.
com.

8   Andrei Soldatov / Irina Borogan: The New Nobility. The Restoration of Russia's Security State and the Enduring Legacy of the KGB, New York 2010, S. 5.

9   Natalya Royeva, Forum Moscow/Russia, www.forum.msk.ru, 19.11.2007.

10 Andrei Rjabow, gazeta.ru, 23.6.2010.

11 M. Mommsen / A. Nußberger: Das System Putin, S. 72 ff.

12 Mikhail Zygar: All the Kremlin's Men, S. 136 f.

13 Ebd., S. 137.

14 Moscow Times, 17.12.2007.

15 Brian Whitmore, RFE / RL, 9.11.2007.

16 Russia Intelligence: Politics & Business Inside Russia, www.russia-intelligence. fr, 11.10.2007.

17 Moscow Times, 7.12.2007; BBC Monitoring, 21.11.2007; Moscow Times, 7.12. 2007.

18 M. Mommsen: Wer wird Russland regieren? Die Kreml-AG, in: Norbert Schreiber (Hrsg.): Russland. Der Kaukasische Teufelskreis oder Die lupenreine Demokratie, Klagenfurt und Wien 2008, S. 44 ff.

19 Kommersant, 30.11.2007; Moscow Times, 5.12.2007; Jonas Bernstein: Finansgroup: How Russia's Siloviki do Business, Jamestown Foundation Eurasia Daily Monitor, www.jamestown.org, 30.11.2007.

20 Kommersant, 3.12.2007; Wremja Nowostej, 5.12.2007.

21 Moscow Times, 29.8.2007, 12.9.2007; OSC (US Open Source Center) Analysis: Kremlin Infighting Seen behind Russneft Sale Delay, 30.8.2007; Fred Weir: Kremlin Extends Grip on Oil, in: Christian Science Monitor, 10.9.2007.

22 Francesca Mereu: Sechin's Clan the Loser in a Week of Surprises, Moscow Times, 17.12.2007.

23 Anders Aslund: Russia's New Oligarchs, Washington Post, 12.12.2007; Francesca Mereu, a. a. O.

24 Konstantin Rothnov: How Putin Has Rewritten the Rules of Business, BBC News, 3.12.2007.

25 Russland-Analysen Nr. 153 / 2007, S. 2 ff.

26 M. Mommsen / A. Nußberger: Das System Putin, S. 79.

27 Mikhail Zygar: All the Kremlin's Men, S. 72.

28 Rossijsakaja Gaseta, 15.2.2008.

29 Wsja presidentskaja rat, in: Wremja Nowostej, 24.7.2008.

30 Nesawisimaja Gaseta, 11.3.2008.

31 Lilija Schewzowa, RIA Nowosti, 16.2.2008.

32 Olga Kryshtanovskaya: The Great Transition: Leaving in Order to Stay. The New President and His People, Wedomosti, 23.4.2008.

33 Nikolai Petrow, Nesawisimaja Gaseta, 1.7.2008.

34 Dmitri Furman, Nesawisimaja Gaseta, 25.1.2009.

35 Olga Kryschtanowskaja, zitiert von Alexandra Samarina, Nesawisimaja Gaseta, 26.11.2008.

36 Wremja Nowostej, 25.7.2008; The New Times, 4.8.2008. Pavel K. Baev: Duumvirate is Tested as Medvedev Speaks up against Putin, in: Jamestown Foundation Eurasian Daily Monitor, 4.8.2008.

37 «Dossier Russland», Hrsg.: Bundeszentrale für Politische Bildung, www.bpb.de/ system/files/pdf_pdf/lib/pdflib-47910.pdf, 14.6.2012.

38 Ebd.

39 Poslanie Federalnomu Sobraniju Rossijskoj Federacii, 5.11.2008, <www.krem-lin.ru/video/185>

40 Douglas Birch, AP, 1.3.2008.

41 Mikhail Zygar: All the Kremlin's Men, S. 172; OSC (US Open Source Center) Analysis: Russian Media Suggest Putin behind Presidential Term Extension, 5.12.2008.

42 BBC Monitoring: Medvedev says Presidential System only viable Option for Russia, Rossiya 24, 13.5.2011.

43 Andrei Illarionow, 25.2.2009, zitiert von Wladislaw Krasnow: The Russian Constitution at Fifteen. Discussed in Washington, <president92>@gmail.com., 30.3.2009.

44 Yury Afanasiev: The End of Russia? www.opendemocracy.net, 21.1.2009.

45 Dmitri Medwedjew: Rossija, wperiod, in: gazeta.ru, 10.9.2009; Hans-Henning Schröder: Modernisierung «von oben». Medwedjews zweiter Bericht zur Lage der Nation, Russland-Analysen 192/09, 20.11.2009.

46 Konstantin Remtschukow u. a.: «President's Team», Nesawisimaja Gaseta, 2.6. 2009.

47 The Economist: Russia's Government. New Jobs, Old Faces, 17.–23. Mai 2008.

48 Jeschednjewny Schurnal, Kommentar Alexander Ryklin, 22.7.2008.

49 Remtschukow, a. a. O.

50 Al. Dubien: Russia. Sad Return to the Past, Le Monde, 10.10.2011.

51 Mikhail Zygar: All the Kremlin's Men, S. 172.

52 Ebd., S. 198 f.

53 Anders Aslund: Schism in the Tandem is Getting Larger, Moscow Times, 27.4. 2011.

54 Ellen Barry: Bulldogs Under the Rug? Signs of Putin-Medvedev Rift, New York Times, 9.5.2011.

55 E. Ivanov: The Matter of Trust: Ivanov Report, 14.4.2011.

56 gazeta.ru, 5.8.2011; Victor Davidoff: A Stalin Slip and Putin Trick, in: Moscow Times, 10.5.2011.

57 Nesawisimaja Gaseta, 20.7.2011.

58 Pavel Baev: Putinism Eclipses Empty Promises of Russian Modernization, in: Jamestown Foundation Eurasia Daily Monitor, 20.6.2011.

59 Moscow News, 13.7.2011.

60 Mikhail Zygar: All the Kremlin's Men, S, 204 ff.

61 Russland-Analysen Nr. 226, 7.10.2011, Beiträge zu Putins dritter Präsidentschaft, S. 2–12.

62 Eberhard Schneider: «Russland intern aktuell», Deutsch-Russisches Forum c. V. (Hrsg.): Russische Innenpolitik Oktober 2011, 1–5. Berlin.

63 Mikhail Dmitriyev: «The Point of No Return: The Stolen Sun», Wedomosti, 20.10.2011.

64 E. Schneider, a. a. O., S. 5 f.

65 www.russiatoday.com, Interview Putins mit den öffentlichen Fernsehkanälen, 3.10.2011.

66 Moscow Times, 16.9.2011.

67 Moscow News, 30.9.2011.

68 Interfax, 5.10.2011; AP, 5.10.2011.

69 Alexander Kynew: Die Besonderheiten des russischen Parteiensystems, Russ-
    land-Analysen Nr. 227, 21.10.2011.
70 Russland-Analysen Nr. 228, 4.11.2011, S. 16–20.
71 Wedomosti, 13.10.2011; A. Kynew: Indirekte Wahlwerbung, in: Russland-Analy-
    sen Nr. 230, 24.11.2011, S. 2–7.
72 Alexander Kynew, ebd., S. 6.
73 H. H. Schröder: Kündigen die Bürger den Gesellschaftsvertrag? In: Russland-
    Analysen Nr. 231, S. 6–9; The Economist: Political Crisis in Russia, 10.12.2011.
74 OSCE. Internationale Wahlbeobachtung, in: Russland-Analysen Nr. 231, S. 3 f.
75 Moscow Times, 6.12.2011.
76 Alexander Makarkin: Regime and Opposition: Return of Politics, Politkom.ru,
    26.12.2011.
77 Mikhail Zygar: All the Kremlin's Men, S. 218 f.
78 Eberhard Schneider: Russland Intern aktuell, Russische Innenpolitik Dezember
    2011.
79 BBC Monitoring, Echo Moskwy Online, 3.1.2012.
80 Pavel Felgenhauer: Under Political Pressure Putin Moves his Powerbase to the
    Kremlin, Jamestown Foundation Eurasia Daily Monitor, 5.1.2012.
81 Falk Bomsdorf: «… eine moralische Niederlage der Partei der Macht», in:
    Russland-Analysen Nr. 231, 16.12.2011, S. 9 ff.
82 A. Makarkin: Regime and Opposition, a. a. O.
83 Dmitri Medwedjew: Poslanie Federalnomu Sobraniju, http.//www.kremlin.ru/
    transcripts/14088.
84 Mikhail Zygar: All the Kremlin's Men, S. 218.
85 Ebd., S. 219.

4. Konservative Wende, nationale Mobilisierung
und Ukrainekonflikt (2012–2014)

1 Boris Dubin: Macht, Masse, Manipulation, in: Osteuropa, 64. Jg., 7/2014, S. 3–11.
2 Maria Lipman: Doppelte Polarisierung. Russlands gespaltene Gesellschaft, in:
   Osteuropa, 62. Jg., Heft 6–8/2012, S. 9–22.
3 Ivan Krastev / Stephen Holmes: An Autopsy of Managed Democracy, in: Journal of Democracy, vol. 23, Nr. 3, Juli 2012, S. 33–45; Owen Matthews: Meet Igor
   the Tank Engineer. Who Needs the Urban Elites When You Have Russia's
   Heartland?, Newsweekcom, 28.5.2012.
4 Mariya Riekkinen: The «Bolotnoe Affair» and the Implementation of the Right
   to Freedom of Assembly in the Russian Federation, in: Review of Central and
   East European Law 41 (2016), S. 396–426.
5 Der Film wurde am 5. Oktober 2012 ausgestrahlt, dazu: Volker Pabst: Anatomie
   der Repression, Neue Zürcher Zeitung, 1.12.2012.
6 Föderales Gesetz der Russischen Föderation vom 20.7.2012, Rg.ru, http://rg.
   ru/2012/07/23/nko-dok.html.
7 Kerstin Holm: Staat und Furcht. Putin, die Kirche und die Kunst kunstfreier
   Kunst, in: Osteuropa 62. Jg., Hefte 6–8/2012, S. 209–218.
8 Mikhail Zygar: All the Kremlin's Men, S. 230 ff.
9 Genri Reznik: «Damit jeder weiß, was verboten ist». Eine Einlassung zum Urteil gegen Pussy Riot, in: Osteuropa, 62. Jg., Hefte 6–8/2012, S. 226–228.

10 Dokumentation. «Atmet mit uns den Duft der Freiheit!», in: Osteuropa, 62. Jg., Hefte 6–8/2012, S. 219–224.

11 Genri Reznik, a. a. O.

12 Peter Pomerantsev: The Year the Kremlin Lost Control of the Script, www.opendemocracy.net, 28.12.2012.

13 Mikhail Zygar: All the Kremlin's Men, S. 222 ff.

14 Doklad: Bolschoe Prawitelstwo Wladimira Putina i Politbjuro 2.0, Mintschenko Consulting, Moskau 21.8.2012, http//www.news.ru/russia/21aug2012/polituro. html. Siehe auch Doklad Bolschoe prawitelstwo Wladimir Putina i «Politbjuro 2.0», Jewgeni Mintschenko, Kirill Petrow, 19.11.2012.

15 Siehe den Kommentar zur Neuen Regierung und zur Präsidialadministration bei RBC Daily. Aleksei Muchin: Putin's and Medvedev's Team. Expert: The Cabinet is Well-balanced but Putin and His Men are on the Commanding Heights, 22.5.2012.

16 Margarete Klein: Wechsel im russischen Verteidigungsministerium, in: SWP-Aktuell 71, Stiftung Wissenschaft und Politik, Berlin November 2012.

17 Russland-Analysen Nr. 127/2007, 23.2.2007, S. 13.

18 M. Klein: Wechsel im russischen Verteidigungsministerium. Ebd., S. 3.

19 Joachim Willems: Die Russische Orthodoxe Kirche. Stütze der Macht und Spiegel der Gesellschaft, in: Osteuropa, 62. Jg., Hefte 6–8, S. 180–189.

20 Ebd., S. 185.

21 Mikhail Zygar: All the Kremlin's Men, S. 250.

22 Hans-Henning Schröder: Ein Land wie jedes andere in Europa…Russland und Deutschland im Wertevergleich, in: Osteuropa, 62. Jg., Hefte 6–8/2012, S. 119.

23 BBC Monitoring: Die Zweite Taufe der Rus, ausgestrahlt auf Rossija 1 am 22.7. 2013.

24 BBC Monitoring, 5.11.2013, nach Fernsehkanal Rossija, 4.11.2013.

25 Jutta Scherrer: Russland verstehen? Das postsowjetische Selbstverständnis im Wandel, in: Aus Politik und Zeitgeschichte 47–48/2014, S. 17–26.

26 Moscow Times, 22.7.2013.

27 Mikhail Zygar: All the Kremlin's Men, S. 251.

28 Nikolay Petrov: September 8 Election as a New Phase of the Society and Authorities' Coevolution, Carnegie Moscow Center, Eurasia Outlook, 5.9.2013.

29 Andrey Buzin: Überraschende Bürgermeisterwahl in Moskau, in: Russland-Analysen Nr. 263, 27.9.2013, S. 10 ff.

30 Zitiert nach Oliver Bilger: Zar Wladimir, der Freitag, Nr. 4, 23.1.2014.

31 Paul Goble: Window on Eurasia. Russia's Single Power Vertical Dividing at the Top, Commentator says, 27.8.2013; siehe dazu: Oleg Savitsky: Sovereign Democracy without Sovereign, Osobaya Bukva, 26.3.2013.

32 Richard Sakwa: Can Putinism Solve its Contradictions? www. Opendemocracy. net, 27.12.2013.

33 Alexander Rahr: Russia in Search of an Identity: Standing Separate from the West While Remaining a European Nation, Valdai Discussion Club / Moskowskije Novosti, 10.10.2013.

34 Waldai-Diskussionsklub, Youtube.com, 19.9.2013.

35 Hannes Adomeit: Innenpolitische Determinanten der Putinschen Außenpolitik, SIRIUS Heft 1, S. 33–52, Berlin 2017.

36 Elena Stepanova: The Spiritual and Moral Foundation of Civilization in Every Nation for Thousands of Years: The Traditional Values Discourse in Russia, in: Politics, Religion & Ideology, vol. 16, Nos. 2–3, 2015, S. 119–136.

37 Andrei Kolesnikov: Russian Ideology after Crimea, Carnegie.ru/2015/09/22.

38 Thomas Bremer: Die Russische Orthodoxe Kirche und das Konzept der Russischen Welt, Russlandanalysen Nr. 289, 30.1.2015, S. 6–8.

39 Jutta Scherrer: Russland verstehen?, S. 23.

40 Nina L. Khrushcheva: Inside Vladimir Putin's Mind. Looking Back in Anger, in: World Affairs, Juli/August 2014, S. 17–24.

41 Margareta Mommsen: Eurasische Wirtschaftsunion, in: Staatslexikon der Görres-Gesellschaft, Freiburg 2017; siehe auch: The Eurasian Union. The Other EU. Why Russia Backs the Eurasian Union, in: The Economist, 23.8.2014.

42 Ulrich Schmid: Nikita Michalkow als politischer Mentor Russlands, in: Russland-Analysen Nr. 211, 3.12.2010, S. 10–12.

43 Zitiert nach Ulrich Schmid: Technologien der Seele, S. 182.

44 Gordon M. Hahn: Putin Myths and Putin Ideology, Johnson's Russia List, 16.1. 2015; derselbe: Inside Putin's Head, http://gordonhahn.com, 31.1.2015.

45 Dmitri Trenin / Maria Lipman / Alexey Malashenko: The End of an Era in EU-Russia Relations, Moskau, Mai 2013.

46 Mikhail Zygar: All the Kremlin's Men, S. 234.

47 Jens Siegert: Putin, der Sieger, in: Russland-Analysen Nr. 269, 20.12.2013, S. 25 ff.

48 Lilia Shevtsova: Putin Comes out Ahead in Snowden Affair, Moscow Times, 25.7.2013.

49 Iswestija, 7.3.2000.

50 Ben Aris: Who is Vladimir Putin?, in: Business New Europe, www.bne.eu, 31.3. 2014.

51 M. Mommsen: Wer herrscht in Russland?, S. 220 ff.

52 Iswestija, 30.5.2000.

53 Nesawisimaja Gaseta, 1.6.2000.

54 Margareta Mommsen: Die Europäische Union und Russland, in: Werner Weidenfeld (Hrsg.): Europa-Handbuch, 4. Aufl., Gütersloh 2004, S. 498.

55 Ebd., S. 500.

56 Rossijskaja Gaseta, 26.4.2005.

57 Margareta Mommsen: Die Europäisch-Russischen Beziehungen – eine Europäische Initiative, in: Ellen Bos / Jürgen Dieringer (Hrsg.): Die Genese einer Union der 27, Wiesbaden 2008, S. 264–297.

58 Susan Stewart: Russland und die Östliche Partnerschaft, in: SWP Aktuell, 21. April 2009, S. 1–4.

59 Egbert Jahn: Ausdehnung und Überdehnung. Von der Integrationskonkurrenz zum Ende der europäischen Integrationsfähigkeit, in: Osteuropa, 57. Jg., H. 2–3, S. 25–45.

60 Andrij Portnov: Krieg und Frieden. Die «Euro-Revolution» in der Ukraine, in: Osteuropa, 64. Jg., H. 1, S. 7–23.

61 Thomas Vogel: Überforderung und Desinteresse. Die EU, die Nachbarschaft und die Ukraine, in: Osteuropa 64. Jg., H. 9–10, S. 51–65.

62 Alexander J. Motyl: Putin's Breathtaking Lies about Russia, CNN.com, 20.3. 2014.

63 David A. Graham: The Two Events that Turned Putin against the U. S. Former

Ambassador Michael McFaul on What Really Motivated Russia to Invade Ukraine, in: The Atlantic www.theatlantic.com, 2.7.2014.

64 Daniel Treisman: Why Putin Took Crimea. The Gambler in the Kremlin, in: Foreign Affairs, Mai/Juni 2016.

65 Andreas Heinemann-Grüder: Politik als Krieg. Die Radikalisierung des Putinismus, in: Osteuropa (64), H. 9–10, 2014, S. 79–95.

66 Hans-Henning Schröder: Hat die Putin-Administration eine Strategie? Russische Innen- und Außenpolitik in der Ukraine-Krise, in: Russland-Analysen Nr. 277, 23.5.2014, S. 2–6.

67 Viktor Jerofejew im Gespräch mit der Neuen Zürcher Zeitung: «Putin wollte die ganze Ukraine», 20.7.2015.

68 Dokumentation in: Osteuropa, 64. Jg., Heft 5–6, Mai/Juni 2014, S. 87–99.

69 Andreas Heinemann-Grüder: Politik als Krieg, a. a. O.

70 Margareta Mommsen: Eine gekränkte Großmacht? Russland und der Ukrainekonflikt, in: Perspektiven DS, 31. Jg., Heft 2, 2014, S. 99–109.

71 Heidi Reisinger/Aleksander Go'c: Hybrider Krieg in der Ukraine, Russlands Intervention und die Lehren für die NATO, in: Osteuropa, 64. Jg., Heft 9–10/2014, S. 119–134.

72 Martin Malek: Moskaus Schlachtpläne. Hintergründe zu Russlands Krieg in der Ukraine, in: Osteuropa, 64. Jg., Heft 9–10, S. 97–117.

73 Roland Götz: Die Russlandsanktionen. Ihre Konzeption, ihre Wirkung und ihre Funktion innerhalb der Russlandpolitik, in: Russland-Analysen Nr. 285, 7.11. 2014, S. 2–5.

74 Spiegel Online, Panorama, 13.10.2015; bellingcat.com/tag/mh17, 4.4.2017.

75 Gunter Deuber: Russischer Banken- und Finanzmarkt im Sanktionskorsett, in: Russland-Analysen Nr. 285, 7.11.2014, S. 6–13.

76 Vgl. dazu Sabine Fischer: EU-Sanktionen gegen Russland. Ziele, Wirkung und weiterer Umgang, SWP-Aktuell 26, März 2015.

77 Roland Götz, a. a. O.

78 Vera Belaya: Russlands Importverbot für Agrarprodukte und die Folgen für die russischen und europäischen Agrarmärkte, in: Russland-Analysen Nr. 293, 27.3. 2015, S. 2–6. Siehe auch den Leitartikel in der New York Times, «Putin vs. Parmesan», 21.8.2015.

79 Zeit Online, 11.12.2014.

80 John J. Mearsheimer: Why the Ukraine Crisis is the West's Fault, in: Foreign Affairs, www.foreignaffairs.com, September/Oktober 2014.

81 Alexander Motyl: The Ukraine Crisis According to John J. Mearsheimer: Impeccable Logic, Wrong Facts, http://www.europeanleadershipnetwork.org/the-ukraine-crises, 31.10.2014.

82 Lilia Shevtsova: Humiliation as a Tool of Blackmail, in: The American Interest, www.the-american-interest.com/2015/06/02, 2.6.2015.

83 Lev Gudkov, in: Leon Aron: Putin's Russia. How It Rose, how It Is Maintained, and How It Might End, American Enterprise Institute, www.aei.org/wp-content/uploads/2015/05/Putins-Russia.pdf; siehe auch Johnson's Russia List 97, 15.5.2015.

84 Hans-Henning Schröder: Großmacht und Geschichte. Über die geistige Grundlegung der russischen Außenpolitik heute, in: Russland-Analysen Nr. 314, 22.4.16, S. 16–20.

85 Dmitri Trenin: Ukraine Crisis Causes Strategic Mental Shift in Global Order, in: Global Times, www.globaltimes.cn, 17.5.2015.

86 Dokumentation in Osteuropa, a. a. O., S. 93. Siehe auch Putins Rede im Waldai-Klub, Sotschi, 24.10.2014, http://www.kremlin.ru/news/46860.

87 Interfax, 8.2.2015.

5. Der Unrechtsstaat und seine Opfer (seit 2004)

1   Tai Adelaja: Lawlessness Unlimited, in: Russia Profile, 16.6.2011; siehe auch Moscow Times, 20.11.2012.

2   Angelika Nußberger (Hrsg.): Einführung in das russische Recht, München 2010, S. 7.

3   Lew Gudkow: Russland in der Sackgasse. Stagnation, Apathie, Niedergang, in: Osteuropa 61. Jg., Heft 10/2011, S. 21–45.

4   Margareta Mommsen: Wer herrscht in Russland?, S. 230 f.

5   Ebd., S. 229 f.

6   M. Mommsen / A. Nußberger: Das System Putin, S. 135.

7   Mikhail Zygar: All the Kremlin's Men, S. 60.

8   M. Mommsen / A. Nußberger: Das System Putin, S. 135 ff.

9   Ebd., S. 135 ff.

10 Ebd., S. 138.

11 Richard Sakwa: Raiding in Russia, in: Russian Analytical Digest, Nr. 105, S. 9–13.

12 M. Mommsen / A. Nußberger: Das System Putin, S. 139.

13 EGMR, Beschwerdenr. 14902/04, 20.9.2011; Neue Zürcher Zeitung, 11.4.2012.

14 Otto Luchterhandt: Verhöhnung des Rechts. Der zweite Strafprozess gegen Chodorkowskij und Lebedew, in: Osteuropa 61. Jg., Heft Nr. 4/2011, S. 3–42.

15 Alena Ledeneva: Telephone Justice in Russia: An Update, in: The EU-Russia Centre Review, Online 2011, Nr. 18, S. 4–22.

16 Neue Zürcher Zeitung, 28.5.2011.

17 Nesawisimaja Gaseta, 5.9.2011.

18 Neue Zürcher Zeitung, 22.12.2011.

19 Radio Svoboda, 3.2.2014.

20 http://www.premier.gov., 16.12.2011.

21 Der Tagesspiegel, 20.11.2013.

22 Neue Zürcher Zeitung, 25.1.2014.

23 Eberhard Schneider: Russische Innenpolitik, Deutsch Russisches Forum, Januar 2014.

24 Wedomosti, 19.7.2011; Interfax, 8.12.2011; Moscow Times, 29.11.2011.

25 Wedomosti, 19.7.2011; Christian Science Monitor, 6.7.2011; Moscow Times, 29.11.2011.

26 http.//www.kremlin.ru/news/17173, 20.12.2012.

27 Zitiert nach Eberhard Schneider: Russland intern aktuell. Russische Innenpolitik Januar 2013, Nr. 45.

28 Jens Siegert: Sergej Magnitskij, Dima Jakowlew und der Aufstand der Anständigen, in: Russland-Analysen Nr. 250, 25.1.2013, S. 25 f.

29 Michail Sygar: Endspiel, S. 285, nach http://en.kremlin.ru/events/president/news/17173.

30 Daniel Wechlin: Anklage der russischen Staatsanwaltschaft gegen einen Toten, Neue Zürcher Zeitung, 1.12.2012.

31 Interview Medwedews mit Bloomberg TV, Government.ru, 23.1.2013; Itar Tass, Russian Press Review, 28.1.2013.

32 Robert Coalson: The Magnitsky Money: From Russia … And Then What?, RFE/RL, 11.3.2013.

33 Bill Bowring: Gesetze und NGOs in Russland, in: Russland-Analysen Nr. 252, 22.2.2013, S. 5. Bezug auf «stealth authoritarianism», Gordon M. Hahn.

34 Sergej Cheloukhine: The Roots of Russian Organized Crime. From Old-Fashioned Professionals to the Organized Criminal Groups of Today, in: Crime Law Soc. Change 2008, NR. 50, S. 353–374.

35 Vladimir Shlapentokh: The Vulnerability of Putin's Feudal Regime. The Massacre in the Krasnodar Region and the Riot in Moscow, shlapent@msu.edu 23.11.2010.

36 Moscow News, 6.12.2010.

37 Interfax, 12.5.2011; Nesawisimaja Gaseta, 19.5.2011.

38 BBC Monitoring Rossija 1: «Duel», Talkshow, 18.11.2010.

39 Ebd.

40 Ebd.

41 Argumenty i Fakty, 5.11.2015. Uschas Kuschtschewskoj.

42 Moscow Times, 10.12.2015.

43 Maria Lipman: How Putin Silences Dissent. Inside the Kremlin's Crackdown, in: Foreign Affairs, www.foreignaffairs.com, 18.4.16.

44 Rossija 1 T., 9.12.2015, Moscow Times, 10.12.2015.

45 Die Korruptionsaffäre des Jahres – «Tschajka-Gate», Aus russischen Blogs, Russland-Analysen Nr. 307, 18.12.2015, S. 20–23.

46 Elfie Siegl: Zum Tod von Anna Politkowskaja, Russland-Analysen Nr. 113, 13.10.2006.

47 Angelika Nußberger/Yury Safoklov: Keine Schuld und keine Sühne. Zum Ende des Prozesses im «Mordfall Anna Politkowskaja», in: Russland-Analysen Nr. 179, 13.3.2009.

48 Anna Politkowskaja: Tschetschenien. Die Wahrheit über den Krieg, Köln 2003.

49 Stephen Kotkin: All that stands between democracy and Russia is Russia, in: The New Republic, www.tnr.com, 29.5.2006.

50 Anna Politkowskaja: In Putins Russland, Köln 2005, S. 203.

51 Zitate aus ihrem Buch «In Putins Russland», S. 290 ff., S. 304.

52 Sabine Adler: Ungeklärter Mord an einer unermüdlichen Aufklärerin, in: «Kalenderblatt», 7.10.2016.

53 Norbert Schreiber (Hg.): Anna Politkowskaja – Chronik eines angekündigten Mordes, Klagenfurt 2007, S. 28 f., weiter S. 45 ff.

54 Anna Politkowskaja: Die Freiheit des Wortes, Köln 2007, S. 9 ff., auch Hans Utz: Geschichte nach 1945, Wikipedia, Text vom 4.1.2017.

55 Julian Hans: Rebell vom Dienst. Wie aus dem Agenten Litwinenko ein Gegner Putins wurde, Süddeutsche Zeitung, 22.1.2014.

56 Luke Harding: A Very Expensive Poison. The Definitive Story of the Murder of Litwinenko and Russia's War with the West, London 2017.

57 Ebd.

58 John Joseph: Litvinenko Killed over Dossier on Russian Shvets, London Reuters, 16.12.2006.

59 Harding, ebd., S. 18.

60 Ebd., S. 99.

61 Ebd., S. 166 ff.

62 Ebd., S. 164.

63 Moscow Times, 29.11.2006.

64 Pawel Felgenhauer: Russian Political Intrigue Means Putin Could not Have Been in the Dark about Litvinenko Attack, Jamestown Foundation Eurasia Daily Monitor, 29.11.2006.

65 Interfax, 9.7.2008.

66 Zitiert nach Luke Harding, S. 236.

67 Stefanie Bolzen: Ausland Litwinenko-Report. Schwere Spannungen zwischen Moskau und London, Die Welt N24, 21.1.2016. Siehe auch Süddeutsche Zeitung, 22.1.2016 und PBS, Newshour, 21.1.2016.

68 Zitiert nach Luke Harding, S. 359 ff.

69 Ebd., S. 361.

70 RFE/RL, 21.1.2016. British Inquiry Implicates Russia, Putin in Death of Ex-Agent Litvinenko; Julian Hans: Eine Spur in den Kreml, Süddeutsche Zeitung, 22.1.2016.

71 Interfax 21.1.2016.

72 L. Harding, ebd., S. 427.

73 Ebd., S. 358.

74 Ebd., S. 354.

75 Margareta Mommsen: Wer herrscht in Russland?, S. 89.

76 Nesawisimaja Gaseta, 22.1.2004.

77 Daniel Wechlin: Vom Minister zum Dissidenten. Mit dem Tod Boris Nemzows verliert die russische Protestbewegung eine ihrer vielschichtigen Figuren, NZZ 3.3.2015.

78 Tagesschau.de, www.tagesschau.de/ausland/nemzow-interview-101.html.

79 Financial Times, 23.2.2015.

80 Echo Moskwy, 27.2.2015.

81 Boris Nemzow pogib ot puli, popawschei w serdze. http://lifenews.ru/news/ 150510, 28.2.2015.

82 Michail Sygar: Endspiel, S. 374.

83 Nowaja Gaseta, Investigative Report: Wie Boris Nemzow ermordet wurde, Original 24.2.16, Übersetzung vom 26.2.2016.

84 Michail Sygar: Endspiel, S. 382 ff.

85 Sygar: Endspiel, S. 377 f.

86 Ebd., S. 382.

87 Ebd., S. 378 ff.

88 Zitiert nach Michael Thumann: Tschetschene vom Dienst. Nach dem Mord an dem russischen Oppositionspolitiker Boris Nemzow: Warum führt die Spur wieder einmal in den Kaukasus? Die Zeit, Nr. 11, 12.3.2015.

89 Zitiert nach Oleg Orlow, Echo Moskwy, 9.3.2015.

90 Wladimir Posner auf <pozneronline.ru>, 1.3.2015.

91 Zitiert in den Russland-Analysen Nr. 292, Aus russischen Blogs, 13.3.2015, S. 8 f.

92 Julian Hans: Tod des Kritikers. Die Ermordung von Oppositionsführer Boris Nemzow zeigt, wie sehr Hass, Angst und Lügen Russland inzwischen regieren. Beobachtungen aus der Kampfzone Moskau, Süddeutsche Zeitung Nr. 50, 2.3. 2015.

93 Wladimir Ryschkow im Gespräch mit Michael Thumann, Die Zeit Nr. 10, 5.3.2015, S. 3.

6. Der späte Putinismus: Personenkult und Weltmachtanspruch

1 Vladimir Ryzhkov, Moscow Times, 25.8.2015.

2 Jens Siegert: Putin! In: Russland-Analysen Nr. 285, 7.11.2014, S. 31 f.

3 Vladislav Inozemtsev: Russia's flirtation with fascism. Putinism is real, but fleeting, The Daily Star (Libanon), 2.8.2016.

4 Alexandra Engelfried: Eine Ikonographie der Macht. Wladimir Putin in Kunst und Massenmedien Russlands, Dissertation Ruhr-Universität Bochum, S. 225.

5 Michail Sygar: Enspiel, S. 394.

6 Wladimir Solowjow, zitiert nach A. Harding: Why is Putin Popular?, BBC News, 8.3.2000, <http://news.bbc.co.uk/1/hi/world/europe/669247stm.>

7 Alexandra Engelfried, Eine Ikonographie der Macht, S. 38 ff.

8 Ebd., S. 133 ff.

9 Ebd., S. 158, Bild Nr. 87, 88.

10 Aleksei Merinow: Putinki, Moskau 2004, siehe die Zeichnung zum kult litschnosti S. 116.

11 Alexandra Engelfried: Eine Ikonographie der Macht, Bild Nr. 76.

12 CBSNews.com, All Eyes on Putin, Charlie Rose in 60 Minutes, Interview mit Putin, 27.9.2015.

13 Valerie Sperling: Sex, Politics, & Putin. Political Legitimacy in Russia, Oxford, New York 2015, S. 294 ff.

14 Tatiana Mikhailova: Putin as the Father of the Nation: his Family and Other Animals, in: Helena Goscilo (Hrsg.): Putin as Celebrity and Cultural Icon, Milton Park, Oxfordshire 2013, S. 65–81, S. 67.

15 Helena Goscilo: Russia's Ultimate Celebrity, in: Dieselbe (Hrsg.): Putin as Celebrity, S. 180 ff.

16 Neue Zürcher Zeitung, 13.12.2014.

17 Andrew Foxall: Photographing Vladimir Putin: Masculinity, Nationalism and Visuality in Russian Political Culture, in: Geopolitics 18 (2013), S. 132–156, bes. S. 139, 142, S. 148.

18 Ivan Tsetkov: Russia Direct: ‹The President› and the cult of personality 2.0, www.russia-direct.org, 7.5.2015. Siehe auch Jens Siegert: Was suchen wir in Putins Kopf? In: Russland-Analysen Nr. 316, 20.5.2016, S. 20–22, auch Euromaidan Press, 28.14.2015, http://euromaidanpress.com.

19 Nikolai Petrov: Russia's Ruling Regime Must Modernize or Face Collapse, Moscow Times, 22.1.2016.

20 Lew Gudkow, Interview mit «The Village», Über die Wirksamkeit der Propaganda in Russland, in Russland-Analysen Nr. 308, 22.1.2016, S. 7–13.

21 Mikhail Alexseev / Henry E. Hale: A New Wave of Russian Nationalism? What Really Changed in Public Opinion after Crimea, Ponars Eurasia, www.ponarseurasia.org, Mai 2015.

22 Stephen Blank: I, Putin. The Russian Cult of Personality, The Interpreter, www.interpretermag.com, 26.5.2015.

23 Eberhard Schneider: Russland intern aktuell, Nr. 69, Russische Innenpolitik Januar 2015; Schneider bezieht sich auf Mitteilungen der Nachrichtenagentur Bloomberg vom 23.1.2015. Siehe weiter Fred Weird: Oligarchs out, ‹Siloviki› in? Why Russia's Foreign Policy is Hardening, Free E-mail Newsletters, World / Europe, 2.2.2015.

24 Margarete Klein: Russlands neue Nationalgarde. Eine Rückversicherung für Putin gegen Massenproteste und illoyale Eliten, SWP Aktuell 55, August 2016, bes. S. 4.

25 Ebd.

26 Siehe zum Beispiel SZ 4.4.2016, 5.4.2016, SZ 8.4.2016, SZ 15.4.2016, SZ 27.4.2016.

27 SZ 8.4.16, NZZ 6.4.16.

28 SZ 8.4.2016.

29 SZ 5.4.2016.

30 Mark Galeotti: Putinism Won't End with a Bang, but a Warrant. www.opendemocracy.net, 13.5.2016.

31 Cornelia Gerichsweiler: Spaniens Justiz nimmt Putins Umfeld ins Visier, in: Neue Zürcher Zeitung, 17.5.2016.

32 Alexandr Kynew: Besonderheiten russischer Wahlen 2016, in: Russland-Analysen Nr. 319, 1.7.2016.

33 Kirill Rogov: Putins müde Macht. Die Wahlen vom 18. September wurden zum Lehrstück in Sachen Manipulation. Denn die Russen sind ermattet, Süddeutsche Zeitung 26.9.2016. Siehe auch Julian Hans: Kreml-Partei holt Dreiviertelmehrheit, Süddeutsche Zeitung 20.9.2016.

34 Hans-Henning Schröder: Russland im Herbst 2016, Dumawahlen und Regimeumbau, Russlandanalysen Nr. 322, 7.10.2016, S. 2–6.

35 Ebd.

36 Eberhard Schneider: Russland intern aktuell, Russische Innenpolitik August 2016, Nr. 88, S. 3.

37 Hans-Henning Schröder: Russland im Herbst 2016, a. a. O.

38 Fabian Burkhardt: Ordnung der Macht. Die Generation Anton Wainos und Russlands techno-bürokratischer Autoritarismus, in: Russland-Analysen Nr. 322, 7.10.2016, S. 13–19.

39 Margareta Mommsen: Wer herrscht in Russland?, S. 77 f.

40 Gordon M. Hahn: Putin's Surprise: The Resurrection of Sergei Kirienko, in: Russian and Eurasian Politics, https://gordonhahn.com, 22.11.2016.

41 Wladimir Gelman: Das Jahr 2016 im Rückblick: Russische Innenpolitik, in: Russland-Analysen Nr. 327, 16.12.2016, S. 17 ff.

42 Andrei Vinokurov / Alexander Atasuntsev: How Vladimir Putin Is Reshaping the Kremlin's Political Elite, Russia Beyond the Headlines/gazeta.ru, 10.11. 2016.

43 Pavel Koshkin: Hawks vs. Doves. Who will dominate in the Kremlin before the 2018 elections? Interview mit Andrei Kolesnikow, profile/pavel-koshkin, 22.11. 2016.

44 Nikolay Petrov: Putin's Downfall: The Coming Crisis of the Russian Regime, European Council on Foreign Relations, ecfr.eu, April 2016.

45 Yekaterina Sinelschikova: Experts Puzzled by Bribery Charges Against Eco-

nomy Minister Ulyukaev, Russia Beyond the Headlines, www.rbth.ru, 16.11. 2016.

46 Aleksej Nawalnij: Er ist ein hundertprozentiger Gauner – eingesperrt wurde er aber nicht deswegen, Russland-Analysen Nr. 326, aus russischen Blogs, 2.12. 2016, S. 14.

47 Gleb Pavlovsky: Russian Politics Under Putin. The System Will Outlast the Master, Foreign Affairs, Council on Foreign Relations, 2016.

48 Tatiana Stanovaya: No Putin – Collapse of the regime? Intersection, http://intersectionproject.eu, 3.3.2016.

49 Wladimir Gelman: Das Jahr 2016 im Rückblick, a. a. O., S. 19.

50 Paul Goble: With Reforms Impossible, Some Russians Predict Revolution, Baklanov Says, in: Johnson's Russia List, 1/2017, 2.1.2017.

51 Wolfram von Scheliha: Staatliche Geschichtsschreibung im Post-Imperium. Putins Einheitslehrbuch für den Geschichtsunterricht, Russland-Analysen Nr. 271. 14.2.2014, S. 2 ff.

52 Stefan Troebst: Vom «Vaterländischen Krieg 1812» zum «Großen Vaterländischen Krieg 1941–1945». Siegesmythen als Fundament staatlicher Geschichtspolitik in der Sowjetunion, der Russländischen Föderation, der Ukraine und Belarus, in: Russland-Analysen Nr. 271, 14.2.2014, S. 7–10.

53 Jens Siegert: Russische Nationalstaatsbildung, in: Russland-Analysen Nr. 294, 24.4.2015, S. 23–25.

54 Neil MacFarquhar: ‹Revolution›? What Revolution?' Russia Asks 100 Years Later, in: The New York Times, 10.3.2017.

55 Wilfried Jilge: Anmerkungen zur historischen Legitimation der Krim-Annexion in Russland, in: Russland-Analysen Nr. 291, 27.2.2015, S. 2–6.

56 Thomas Sherlock: Russian politics and the Soviet past: Reassessing Stalin and Stalinism under Vladimir Putin, in: Communist and Post-Communist Studies 49 (2016), S. 45–49. Siehe auch Anna Becker: Mythos Stalin. Stalinismus und staatliche Geschichtspolitik im postsowjetischen Russland der Ära Putin, Berlin-Brandenburg 2016, S. 66 ff.

57 Jens Siegert: Geschichtsdiskussionen als Politikersatz, in: Russland-Analysen Nr. 324, 4.11.2016. S. 20–22.

58 Margarete Klein: Russlands Syrienintervention, in: Russland-Analysen Nr. 309, S. 2–5. Siehe auch Jens Siegert: Was will der Kreml in Syrien? Ebd., S. 18–20.

59 Hans-Henning Schröder: Großmacht und Geschichte. Über die geistige Grundlegung der russischen Außenpolitik heute, Russland-Analysen Nr. 314, 22.4. 2016, S. 16 ff., siehe auch Derselbe: Selbstgespräch in der Wagenburg, in: Russland-Analysen Nr. 285, 7.11.2014, S. 26–30.

60 Andrei Kortunov: The Splendours and Miseries of Geopolitics, Valdai Discussion Club, http://valdaiclub.com, 16.1.2015; derselbe: Russia and the West: What Does «Equality» Mean? Russian International Affairs Council, http://russiancouncil.ru, 1.11.2016.

61 Sergei Karaganov: A Year of Victories. What's Next? Rossijskaja Gaseta, 17.1. 2017; derselbe: The Victory of Russia and the New Concert of Nations, Limes, www.limesonline.com, 1.3.2017.

62 Vladimir Lukin: The Foreign Policy of Post-Soviet Russia: A Quest for Identity, in: Strategic Analysis, vol. 40, Nr. 6, S. 486–497, http://dx.doi.org/10.1080/09700 161.2016.1224071.

Literaturhinweise

Bos, Ellen/Segert, Dieter (Hrsg.): Osteuropäische Demokratien als Trendsetter? Parteien und Parteiensysteme nach dem Ende des Übergangsjahrzehnts, Opladen, Farmington Hills 2008

– / Helmerich, Antje (Hrsg.): Zwischen Diktatur und Demokratie. Staatspräsidenten als Kapitäne des Systemwechsels in Osteuropa, Berlin 2006

Clover, Charles: Black Wind, White Snow. The Rise of Russia's New Nationalism, New Haven, London 2016

Colton, Timothy: Yeltsin. A Life, New York 2008

Dawisha, Karen: Putin's Kleptocracy. Who Owns Russia? New York, London et al. 2014

Engelfried, Alexandra: Das Porträt des Präsidenten. Putin zwischen Kunst, Kult und Kommerz, in: Osteuropa (57), Heft 10/Oktober 2007, S. 51–66

Gel'man, Vladimir: Authoritarian Russia. Analyzing Post-Soviet Regime Changes, Pittsburgh 2015

Gessen, Masha: Der Mann ohne Gesicht. Wladimir Putin. Eine Enthüllung, München 2012

Gloger, Katja: Putins Welt. Das neue Russland, die Ukraine und der Westen, Berlin 2015

Goscilo, Helen (Hrsg.): Putin as Celebrity and Cultural Icon, Abingdon/UK, New York 2017

Gudkov, Lev: The Nature of «Putinism», in: Russian Politics and Law, vol. 49, Nr. 2, März – April 2011, S. 7–33

–: Sozialkapital und Werteorientierung. Moderne, Prämoderne und Antimoderne in Russland, in: Osteuropa (62), Hefte 6–8/2012, S. 55–83

Harding, Luke: A Very Expensive Poison. The Definitive Story of the Murder of Litvinenko and Russia's War with the West, London 2016

Heinemann-Grüder, Andreas: Politik als Krieg. Die Radikalisierung des Putinismus, in: Osteuropa (64), Heft 9–10, S. 79–95

Hill, Fiona/Gaddy, Clifford G.: Mr. Putin. Operative in the Kremlin, Washington 2013

Hoffman, David E.: The Oligarchs. Wealth and Power in the New Russia, 2., aktual. Auflage, New York 2011

Jelzin, Boris: Mitternachtstagebuch. Meine Jahre im Kreml, Berlin, München 2000

Judah, Ben: Fragile Empire. How Russia Fell in and out of Love with Vladimir Putin, New Haven, London 2013

Kononenko, Vadim/Moshes, Arkady (Hrsg.): Russia as a Network State. What Works in Russia when State Institutions do not? Basingstoke 2011

Kryschtanowskaja: Anatomie der russischen Elite. Die Militarisierung Russlands unter Putin, Köln 2005

Laqueur, Walter: Putinismus. Wohin treibt Russland? Berlin 2015

Ledenova, Alena V.: How Russia Really Works. The Informal Practices that Shaped Post-Soviet Politics, Ithaca, London 2006

–: Can Russia Modernise? *Sistema*, Power Networks and Informal Governance, Cambridge/UK, New York 2013

Mommsen, Margareta: Wohin treibt Russland? Eine Großmacht zwischen Anarchie und Demokratie, München 1996

–: Wer herrscht in Russland? Der Kreml und die Schatten der Macht, 2. Aufl., München 2004

– / Nußberger, Angelika: Das System Putin. Gelenkte Demokratie und politische Justiz in Russland, München 2007

–: Die Europäisch-Russischen Beziehungen – eine Europäische Perspektive, in: Ellen Bos/Jürgen Dieringer (Hrsg.): Die Genese einer Union der 27. Die Europäische Union nach der Osterweiterung, Wiesbaden 2008, S. 283–297

–: Systemübergang unter Gorbatschow und Jelzin: UdSSR/Russland 1987–1991–1999, in: Jerzy Mackow (Hrsg.): Autoritarismus in Mittel- und Osteuropa, Wiesbaden 2009, S. 165–181

–: Plebiszitärer Autoritarismus in Russland: Der Wandel seit 2000, ebd., S. 241–261

–: Das politische System Russlands, in: Ismayr, Wolfgang (Hrsg.): Die politischen Systeme Osteuropas, 3. aktual. Aufl., Wiesbaden 2010, S. 419–478

–: Oligarchie und Autokratie, in: Osteuropa (60) Heft 8, 2010, S. 25–46

Myers, Steven Lee: The New Tsar. The Rise and Reign of Vladimir Putin, London, New York et al. 2015

Ostrovsky, Arkady: The Invention of Russia: The Journey from Gorbachev's Freedom to Putin's War, London 2015

Pleines, Heiko/Schröder, Hans-Henning (Hrsg.): Länderbericht Russland, Bundeszentrale für Politische Bildung, Bonn 2010

Pomerantsev, Peter: Nothing is True and Everything is Possible. Adventures in Modern Russia, London 2015

Quiring, Manfred: Putins russische Welt. Wie der Kreml Europa spaltet, Berlin 2017

Reitschuster, Boris: Putins verdeckter Krieg. Wie Moskau den Westen destabilisiert, Berlin 2016

Roxburgh, Angus: The Strongman. Vladimir Putin and the Struggle for Russia, 2. Aufl., London, New York 2013

Sakwa, Richard: The Crisis of Russian Democracy. The Dual State, Factionalism and the Medvedev Succession, Cambridge/UK et al. 2011

Schmid, Ulrich: Technologien der Seele. Vom Verfertigen der Wahrheit in der russischen Gegenwartskultur, Berlin 2015

Shevtsova, Lilia: Yeltsin's Russia. Myths and Reality, Washington 1999

–: Putin's Russia, Washington 2005

Soldatov, Andrei/Borogan, Irina: The New Nobility. The Restoration of Russia's Security State and the Enduring Legacy of the KGB, New York 2010

Sperling, Valerie: Sex, Politics, and Putin. Political Legitimacy in Russia, Oxford, New York et al. 2016

Sygar, Michail: Endspiel. Die Metamorphosen des Wladimir Putin, Köln 2015

Vogel, Heinrich: Manifestation der Macht. Russland und der Putinismus, in: Zeitschrift für Außen- und Sicherheitspolitik ZFAS (2015) 8:177–183 DOI 10.1007/s12399–015–0500-x, S. 177–183

Wehner, Markus: Putins Kalter Krieg. Wie Russland den Westen vor sich hertreibt, München 2016

Wilson, Andrew: Virtual Politics. Faking Democracy in the Post-Soviet World, New Haven, London 2005

Zygar, Mikhail: All the Kremlin's Men. Inside the Court of Vladimir Putin, New York 2016

Bildnachweis

S. 43, 48, 49, 192: Aus: Alexandra Engelfried: Das Porträt des Präsidenten. Vladimir Putin zwischen Kunst, Kult und Kommerz, in: Osteuropa 57 (2007), Heft 10, S. 51–66. Vgl. dieselbe: Eine Ikonographie der Macht. Wladimir Putin in Kunst und Massenmedien Russlands, Dissertation Ruhr-Universität Bochum, 2013, Band 2

S. 99: Aus: Neue Zürcher Zeitung, 1. Oktober 2011

S. 113: © ullstein bild/White Night Press/M. Aleschkovski

S. 121: © picture alliance/ZUMAPRESS.com/Maksim Blinov

S. 122: © ullstein bild/XAMAX

S. 159: © picture alliance/dpa/Andrey Stenin

S. 180: © picture alliance/dpa/Sergei Metelitsa

S. 191: Aus: A. Merinow: Putinki, Moskau 2004, S. 116

S. 214: © picture alliance/Alexei Druzhinin

Personenregister

Die Namen werden in Dudenumschrift und deutscher wissenschaftlicher Transliteration wiedergegeben. Kursive Seitenzahlen verweisen auf Bildunterschriften.

Aus dem Verlagsprogramm

Russland und die Sowjetunion

Manfred Hildermeier
Geschichte Russlands
Vom Mittelalter bis zur Oktoberrevolution
Historische Bibliothek der Gerda Henkel Stiftung
3. Auflage. 2016. 1504 Seiten mit 11 Karten. Leinen

Manfred Hildermeier
Geschichte der Sowjetunion 1917–1991
Entstehung und Niedergang des ersten sozialistischen Staates
Historische Bibliothek der Gerda Henkel Stiftung
2., komplett überarbeitete und erweiterte Auflage. 2017.
1360 Seiten mit ca. 11 Karten. Leinen

Gerd Koenen
Die Farbe Rot
Ursprünge und Geschichte des Kommunismus
2017. 1136 Seiten mit 16-seitigem Tafelteil. Gebunden

Karl Schlögel
Das sowjetische Jahrhundert
Archäologie einer untergegangenen Welt
2017. 752 Seiten mit ca. 80 Abbildungen. Gebunden

György Dalos
Der letzte Zar
Der Untergang des Hauses Romanow
Deutsche Bearbeitung von Elsbeth Zylla
2017. 231 Seiten mit 23 Abbildungen. Gebunden

Andreas Kappeler
Ungleiche Brüder
Russen und Ukrainer vom Mittelalter bis zur Gegenwart
2017. 272 Seiten mit ca. 8 Abbildungen und 3 Karten. Broschiert
C.H.Beck Paperback Band 6284

Verlag C.H.Beck

Politik und Gesellschaft

Souad Mekhennet
Nur wenn du allein kommst
Eine Reporterin hinter den Fronten des Dschihad
Aus dem Englischen von Sky Nonhoff
2017. 368 Seiten. Gebunden

Heinrich August Winkler
Zerbricht der Westen?
Über die gegenwärtige Krise in Europa und Amerika
2017. 400 Seiten. Gebunden

Ibram X. Kendi
Gebrandmarkt
Die wahre Geschichte des Rassismus in Amerika
Aus dem Amerikanischen von Heike Schlatterer und Susanne Röckel
2017. 608 Seiten. Gebunden

Gabriele Krone-Schmalz
Eiszeit
Wie Russland dämonisiert wird und warum das so gefährlich ist
2017. 176 Seiten. Klappenbroschur
C.H.Beck Paperback Band 6286

Hasan Cobanli
Erdoğanistan
Der Absturz der Türkei und die Folgen für Deutschland
2017. 176 Seiten mit ca. 15 Abbildungen. Klappenbroschur
Beck Paperback Band 6281

Stéphanie Hennette, Thomas Piketty, Guillaume Sacriste,
Antoine Vauchez
Für ein anderes Europa
Vertrag zur Demokratisierung der Eurozone
2017. 96 Seiten. Klappenbroschur
C.H.Beck Paperback Band 6269

Verlag C.H.Beck